プレビュー法学

中村昌美　村田　彰
石井徹哉　増田英敏
石田道彦　松浦千誉
松村比奈子

不磨書房

──────〔執筆者紹介〕──────

〔執筆分担〕

なかむら まさみ 中村　昌美	（拓殖大学講師）	Ⅰ1，Ⅱ2〜4，7，8
むらた あきら 村田　　彰	（流通経済大学教授）	Ⅱ5，10，Ⅲ17
いしい てつや 石井　徹哉	（奈良産業大学助教授）	Ⅱ6，Ⅴ30〜36
ますだ ひでとし 増田　英敏	（専修大学教授）	Ⅱ9，11，12，Ⅳ22
いしだ みちひこ 石田　道彦	（金沢大学助教授）	Ⅱ13，Ⅲ18
まつうら ちよ 松浦　千誉	（拓殖大学教授）	Ⅲ14〜16
まつむら ひなこ 松村比奈子	（拓殖大学講師）	Ⅳ19〜21，23〜29

──────〔執筆順〕──────

はしがき

　この本を手にとる人は，ほとんどは，大学にはいりたてのほやほやの人ではないでしょうか。本書はそのような大学生のために企画された法学入門の本です。

　現在の社会は明治の昔から存続する既存の多くの法律をはじめ，数々の新しく制定された法律が存在し，膨大な法律によって，社会が運営されているといっても過言ではありません。法律を知らずに，社会を知ることはできませんし，ひいてはみなさんのこれからの長い人生を失敗なく送っていくことも難しくなります。

　みなさんも法律を知る必要を実感して，法学の学習を決心されたと予想できます。そのような大学生のみなさんのために，法律を知るための基本知識として必要な重点項目を，能率よく学習できるようにピックアップしました。また，現代社会で，特に問題になっている今どきの法律問題を理解するための項目もピックアップして，法学がカビの生えた退屈な学問でないことを実感できるように留意をしました。

　Ⅱ「私たちの経済生活を支える法」，Ⅲ「私たちの家族生活を支える法」は基本項目です。しっかりと勉強してください。Ⅳ「私たちの人権を守る法」，Ⅴ「私たちの安全な生活を守る法」は，現代的な法律問題項目です。法学が自分たちの生活から離れた古色蒼然としたものでないことが実感できます。アンテナを張って勉強してください。

　少し堅苦しくなりましたが，本書は本当に必要十分な知識のみを紹介することを目指していますので，気軽な気持ちで，手にとって読むことができるように工夫されています。

　（問題提起）では私たちが日常身につまされる法律問題が出されます。
　（必要な法知識）を次に読んで，解決のための方法がみえてきます。

親切にも，（解　決）で，結論がちゃんと示されています。
　みなさんは法律の条文などは読みたくないと思うでしょうが，日本は成文法の国なので，法的解決の出発点は法条分なので，**関連条文**の項目もさぼらないでチェックをしてください。1年続けると，法律アレルギーがなくなります。
　練習問題は○×をつけることには意味がありません。必要知識のエッセンスと考えてください。
　本書をアシスタントとして，みなさんが，この1年の法学の学習を無事終え，法律もおもしろい，もっと知りたいと思っていただければ非常に幸せです。

　2001年3月

執筆者全員に代わって
中村　昌美

目　次

はじめに

Ⅰ　この教科書で何を学ぶか

第1講　法とは何か ……………………………………………… 2
　1　法とは何か ……………………………………………… 2
　2　法による国家強制の意味 ……………………………… 4
　3　法の分類 ………………………………………………… 6

Ⅱ　私たちの経済生活を支える法

第2講　契約とは何か …………………………………………… 10
　1　契　約 ………………………………………………… 10
　2　契約の取消 …………………………………………… 11
　3　契約の解除 …………………………………………… 12
第3講　契約違反と救済方法 …………………………………… 16
　1　債務不履行（契約違反）の意味 …………………… 16
　2　債務不履行に対する救済手段 ……………………… 18
第4講　民事訴訟と民事執行 …………………………………… 21
　1　民事訴訟の必要性 …………………………………… 21
　2　裁判所制度 …………………………………………… 22
　3　民事訴訟の手続 ……………………………………… 23
　4　民事執行 ……………………………………………… 26
第5講　不法行為 ………………………………………………… 29
　1　不法行為の意義 ……………………………………… 29
　2　不法行為の要件 ……………………………………… 30

3　不法行為の効果 ……………………………………………………… 32
第6講　医療過誤 …………………………………………………………………… 36
　　　1　医療過誤と法的責任 ………………………………………………… 36
　　　2　医師の契約上の義務およびインフォームド・コンセント …… 37
　　　3　医学的適応と過失 …………………………………………………… 38
　　　4　医療過誤における刑事責任と民事責任 ………………………… 40
第7講　金銭消費貸借契約 ……………………………………………………… 43
　　　1　金銭消費貸借契約 …………………………………………………… 43
　　　2　利息の制限 …………………………………………………………… 44
　　　3　返済不能と対策 ……………………………………………………… 45
第8講　保証人と担保 …………………………………………………………… 49
　　　1　保証人 ………………………………………………………………… 49
　　　2　担保物権 ……………………………………………………………… 50
　　　3　相殺予約 ……………………………………………………………… 52
第9講　不動産売買 ……………………………………………………………… 56
　　　1　契約と契約自由の原則 ……………………………………………… 56
　　　2　契約の種類 …………………………………………………………… 57
　　　3　契約の成立 …………………………………………………………… 58
　　　4　不動産の売買契約の法的な構造 ………………………………… 59
　　　5　不動産の売買契約における売主（買主）の義務 ……………… 62
第10講　賃　貸　借 ……………………………………………………………… 65
　　　1　地上権および賃借権 ………………………………………………… 65
　　　2　不動産の賃貸借 ……………………………………………………… 67
　　　3　借地権 ………………………………………………………………… 67
第11講　会社とは何か …………………………………………………………… 74
　　　1　会社とは何か ………………………………………………………… 74
　　　2　会社の種類 …………………………………………………………… 75
　　　3　会社の分類の基準としての責任の態様は ……………………… 76
　　　4　有限会社と株式会社のどちらの会社形態を選ぶか …………… 77
　　　5　法人形態を選択することにより節税は可能か ………………… 78

第12講　株式会社と株主	81
1　株式会社の特質と機能	81
2　株式と資本	83
3　資本の三原則	84
4　株主平等の原則	85
第13講　労働者の解雇，退職	88
1　雇傭契約と労働契約	88
2　解雇を規制する法律	89
3　解雇予告	89
4　解雇権濫用法理	91
5　整理解雇	91
6　退職の法的性格	92

Ⅲ　私たちの家族生活を支える法

第14講　夫婦関係　結婚と離婚	98
1　家族に対する法的規制	98
2　婚姻の成立要件	99
3　婚姻の効果	100
4　離　婚	101
第15講　親子関係	105
1　家や親のための法から子のための法へ	105
2　民法の定める子の種類	106
3　嫡出推定	106
4　非嫡出子の父子関係（認知）と母子関係（分娩の事実）	108
5　準　正	109
第16講　相続と遺言	111
1　相続の意義	111
2　相続人	112
3　相続分と遺留分	112

4　遺産分割 ……………………………………………………………113
　　　5　遺　言 ………………………………………………………………113
　　　6　遺言の方式 …………………………………………………………114
第17講　高齢社会の家族と法 …………………………………………………119
　　　1　法定後見制度 ………………………………………………………120
　　　2　任意後見制度 ………………………………………………………122
　　　3　公　示 ………………………………………………………………123
第18講　高齢社会と福祉 ………………………………………………………127
　　　1　介護保険制度の目的 ………………………………………………127
　　　2　介護保険制度の仕組み ……………………………………………128
　　　3　保険給付の内容 ……………………………………………………129
　　　4　介護保険と地域福祉権利擁護事業，成年後見制度 ……………131

Ⅳ　私たちの人権を守る法

第19講　憲法総論 ………………………………………………………………136
　　　1　憲法とは何か ………………………………………………………136
　　　2　憲法の三類型 ………………………………………………………138
　　　3　立憲主義の変遷 ……………………………………………………139
　　　4　日本国憲法の特質 …………………………………………………139
　　　5　その他の憲法の種類 ………………………………………………141
第20講　平和主義と第9条 ……………………………………………………144
　　　1　日本国憲法の基本原理 ……………………………………………144
　　　2　平和主義 ……………………………………………………………144
　　　3　戦争・武力の放棄 …………………………………………………145
　　　4　戦力の不保持 ………………………………………………………146
　　　5　交戦権の否認 ………………………………………………………146
　　　6　第9条解釈における学説の対立 …………………………………147
　　　7　政府の9条解釈 ……………………………………………………148
　　　8　自衛隊の歴史 ………………………………………………………149

第21講　人権とは何か……154
1. 人権とは何か……154
2. 人権の歴史……155
3. 日本国憲法における基本的人権の種類……156
4. 人権の主体……158

第22講　法の下の平等―租税法と憲法……162
1. 憲法と租税法……162
2. 日本国憲法14条の歴史的意義……164
3. 「法の下の平等」の意味……165
4. 相対的平等と絶対的平等……165
5. 憲法14条「法の下の平等」規定は立法を拘束するか……166
6. 消費税は憲法違反か ―― 逆進性と累進性……167

第23講　精神的自由権……171
1. 精神活動の自由……171
2. 思想・良心の自由……172
3. 信教の自由……172
4. 国家と宗教との分離（政教分離）の原則……173
5. 表現の自由……174
6. 表現の自由と二重の基準論……175
7. 表現の自由の制約……176
8. 学問の自由……176
9. 憲法の私人間効力……177

第24講　経済的自由権……180
1. 経済的活動の自由……180
2. 職業選択の自由……181
3. 職業選択の自由の規制……181
4. 居住・移転の自由……182
5. 財産権の保障……183
6. 正当な補償……184
7. 正当な補償と国家賠償……184

第25講　プライバシー権 … 188
　1　新しい人権 … 188
　2　幸福追求権 … 189
　3　プライバシーの権利 … 190
　4　プライバシーの権利侵害の審査の基準 … 191

第26講　生殖の自己決定権 … 194
　1　自己決定権 … 194
　2　生殖の自由と自己決定権 … 195
　3　出生前診断とは … 196
　4　産む自由という権利 … 197
　5　産まない自由と中絶の権利 … 198
　6　出生前診断と障害者の人権 … 198
　7　不妊治療と法の限界 … 199
　8　自己決定権が人権となるためには … 200

第27講　社 会 権 … 203
　1　社会権 … 203
　2　生存権 … 204
　3　生活保護とは何か … 205

第28講　参 政 権 … 210
　1　参政権 … 210
　2　選挙権 … 211
　3　被選挙権 … 211
　4　選挙権の五原則 … 212

第29講　国民主権と天皇 … 217
　1　象徴天皇制 … 217
　2　天皇の行為 … 218
　3　行為の責任 … 219
　4　皇室外交と天皇の行為 … 220
　5　象徴天皇制の問題点 … 220

V　私たちの安全な生活を守る法

- 第30講　デュー・プロセス ……………………………………………………226
  - 1　適正手続の保障 ……………………………………………………226
  - 2　科刑手続の法定と適正 ……………………………………………227
  - 3　犯罪成立要件・刑罰の法定と適正 ………………………………229
- 第31講　罪と罰 …………………………………………………………………234
  - 1　刑法の目的・機能とは何か ………………………………………234
  - 2　犯罪の実質 …………………………………………………………235
  - 3　被害者のいない犯罪 ………………………………………………237
  - 4　被害者の承諾と犯罪の成否 ………………………………………238
- 第32講　少年非行と犯罪 ………………………………………………………242
  - 1　少年非行の意義と特徴 ……………………………………………242
  - 2　少年保護の手続 ……………………………………………………245
  - 3　少年に対する司法処分 ……………………………………………248
- 第33講　生命と刑法 ……………………………………………………………251
  - 1　治療行為の適法性 …………………………………………………251
  - 2　インフォームド・コンセント ……………………………………252
  - 3　専断的治療行為 ……………………………………………………253
  - 4　死ぬ権利 ……………………………………………………………254
  - 5　安楽死 ………………………………………………………………255
  - 6　尊厳死 ………………………………………………………………258
- 第34講　脳死と臓器移植 ………………………………………………………261
  - 1　医療技術の進展と「人」の概念 …………………………………261
  - 2　人の終期 ……………………………………………………………262
  - 3　臓器移植の適法性 …………………………………………………264
- 第35講　情報の保護 ……………………………………………………………268
  - 1　情報自己決定権 ……………………………………………………268
  - 2　個人情報の法的保護 ………………………………………………269
  - 3　財産的情報の保護 …………………………………………………271

第36講　インターネットと刑法 ……………………………………………… 277
　　1　インターネットをめぐる不正行為 ………………………………………… 277
　　2　無権限アクセスと不正アクセス禁止法 …………………………………… 279
　　3　サービス妨害・ウィルスの拡散 …………………………………………… 280
　　4　わいせつデータの頒布 ……………………………………………………… 281
　　5　著作権問題 …………………………………………………………………… 283

解　答 ………………………………………………………………………………… 287
事項索引 ……………………………………………………………………………… 289

I
この教科書で何を学ぶか

第1講 法とは何か

問題提起

法とは何ですか？
日本ではどのような法律があって、相互にどのような関係にたっているのですか？
それらの法は私たちの生活のどの分野に関わりをもち、私たちの生活をどのように守ってくれるのでしょうか。

point ① 法とは何か
② 主な法律の分類
③ 主な法律の機能

必要な法知識

1 法とは何か

(1) 法の意味

法と、ひとことでいっても、いろいろな意味があります。もっとも広い意味では、(a)すべてのルールをさします。自然界の決まり・社会的な決まり・習慣・道徳・国家の法律全部を含みます。

しかし、法学で学ぶ法は、もっと狭い意味の法を対象としています。つまりここでは、(b)法とは、法律学上の法をさします。国家が制定した決まりで、守らなければ**国家によって強制される決まり**です。狭義の法は私たちの社会生活の行為の基準（**行為規範**）となり、また法を破ると裁判により、何らかの罰を受けたり、損害賠償などの民事的な強制措置を受けることとなる（**裁判規範**）となります。

(2) 法（狭義）と道徳の関係

狭義の法と道徳（モラル・社会常識・徳義上の義務）は必ずしも同じではありません。

例えば，「人を殺さない」や「人のものを盗まない」は，私たちの道徳律でもありますが，刑法という法律によって，その遵守が強制されています。刑法を破ると刑罰が科されます。ここでは道徳と法が一致しているのです。

一方例えば，「自動車の左側通行」や「自動車の最高速度制限」のルールを破ると道路交通法により，罰金や処分を受けます。しかしこれらの法による規制は人の内心の道徳とは関連しません。右側通行・左側通行は，各国によって異なります。ご存知のようにアメリカと日本では逆です。右側が善なり，左側が悪なり，ということは全くナンセンスです。スピード違反それ自体が道徳とは直接つながりません（住宅地で時速100キロの暴走行為を行い，人命を危険にさらすのは道徳的にも避難すべきものですが）。酒税法による酒類販売の免許制，建築基準法による建築のしかたなどのさまざまな行政規制も，違反をすると法により処分を受けますが，酒類販売の免許や建物の構造が道徳の問題とは言えません。道徳とは無関係に，法が存在する場合も多いわけです。

さらに例えば，「人に親切である」，「戦争になっても決して人を殺さない」，「兄弟仲良く，親孝行をする」というようなことは，立派な道徳律ですが，これらは狭義の法―国家の法律ではなく，これらを破ったとしても，刑罰や国家的強制が加えられることはありません。むしろ，多くの国では，徴兵拒否は罰則に処せられましょう。

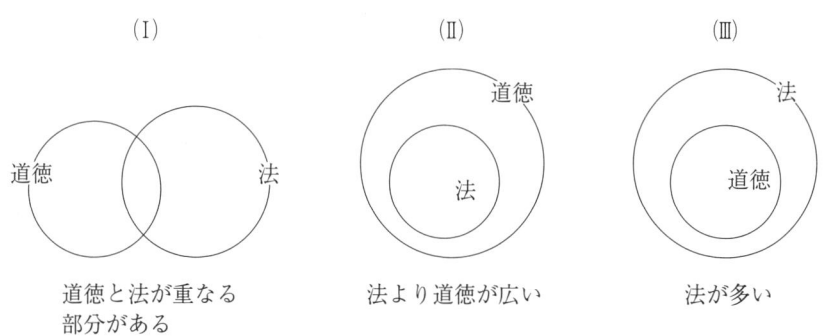

(Ⅰ) 道徳と法が重なる部分がある

(Ⅱ) 法より道徳が広い

(Ⅲ) 法が多い

(Ⅰ)(Ⅱ)(Ⅲ)がそれぞれどんな社会か考えてみましょう。

現代の国家では，(I)のかたちで法と道徳が重なりあって存在します。道徳がすべて法となり，社会生活のルールのなにもかもが，法として国家から強制されることはありません。相当の部分を，純粋な道徳として，自主的に社会の構成員が遵守しているわけです。みなさんも罰金がなくても，自分の心の中で良いと思うことを実行し，心の中で，悪いと思うことをしなかったことを思い出してください。また，現在は複雑な社会を調整するために，一見道徳とは無関係な行政的な規制を法律化したものも，ずいぶんたくさん存在します。むしろ，現在の日本は，目的のはっきりしない，既存権益保護のための行政規制的な法律が多いともいえましょう。

2 法による国家強制の意味
(1) 強制が必要なわけ

法学で扱う法とは，国家により強制される決まりをさします。強制力のない決まりは本質的には法律学においては，意味のないものです。つまり，守らなくてもなにもおこらない法ならば，モラルの低い人が得をし，モラルの高い人が損をする，最終的には全員に無視されるものとなります。法を制定する意味がなくなるわけです。例えば，「産業廃棄物を指定外の地域に投棄できない」との規制法を制定したとしましょう。しかし罰則がない。すると悪徳業者は法を破って指定外地域に廃棄して，暴利を得たとしても，特に不利益を被らない。コストをかけて，法を遵守して，廃棄処理をした業者は利潤を得にくく，企業としても存在が難しくなる。結局みながルールを破るか，ルールを破るのにやぶさかでない者のみが業者として存続し，法の存在が無駄になるわけです。法は強制すべきものと考えるのは一見怖い気がしますが，実は法によって，社会を調整してゆく現代国家では，必然的なことなのです。

(2) 法による国家強制の意味

この講では，何回も法の遵守が国家に強制されることを述べてきましたが，国家強制の意味を確認しましょう。実は，法の強制のしかたには（わかりやすくいうと責任のとらせ方）には何種類かがあります。

(a) 民事責任　個人間の財産関係・家族関係（一般的に私法といわれている）を定める法に反し，支払うべき金銭を支払わない場合，違反者は強制執行

（民事執行法）によって自己の財産を売却されて，金銭の支払いに充てられてしまいます。この責任を**民事責任**といいます。個人間の関係を定める法は，それを守らないと最後は国家によって，強制執行される，つまり，国家に強制されるわけです。

　(b)　刑事責任　　社会秩序にいちじるしく反し，違法性の高い行為は，刑法などにより禁止されています。殺人や強盗などがその例ですが，刑法の規定に反し，犯罪行為を犯すと，刑事裁判によって懲役や罰金など刑罰を受けます。この責任を**刑事責任**といいます。最も厳しい責任です。刑事責任を追及することによって，もっとも基本的な社会秩序を定める法を守らせ，法の遵守を強制し，平穏な社会秩序の維持を図るわけです。

　(c)　行政責任　　行政的な規制に関する法を実効あらしめるため，行政上の処分を行い，行政規制に関する法を強制する形もあります。道路交通法における免許の取消処分や，交通違反の過料などがその例です。宅地建物取引業の免許も，宅地建物取引業法に反した場合，取消処分を受けたりします。

　(a)民事責任，(b)刑事責任，(c)行政責任の関係はどうなっているのでしょうか。これら3つの責任には優先関係も選択関係もありません。1つの行為が民事責任，刑事責任，行政責任を定める法規に違反するかで，各々の責任の有無が決定されます。例えば酒に酔った上で，交通事故をおこして，他人に全治6カ月の負傷を与えたとしましょう。被害者に対して，まず，(a)民事責任，個人としての損害賠償責任を負います。また，人の身体に過失により傷害を与えていますので，刑法上の犯罪にあたり，業務上過失傷害の責任を負います。そして，さらに道路交通法に定めた行政上の処分を受け，免許停止・免許取消の行政責任を負います。1つの行為が三重の責任を引き起こすわけです。また，例えば借金の返済が遅れて，他人に非常に迷惑をかけた場合，返済の責任と遅延損害金を支払う民事責任を負うわけですが，借金を返さないことは一般的には詐欺罪などの犯罪を形成しませんし，刑事責任も発生しません（当初から返済の意思がなく，だましとるつもりで金銭を交付させた場合は詐欺罪が成立します）。

　また，公然わいせつ罪で刑罰を受けても，特に，被害者はいませんので，逆に，民事責任は発生しません。

3　法の分類
（1）　分野別の分類

　日本は法治主義の国家であるから，現在法律だけでも何千と存在し，その数は増大するばかりです。いかなる法律がどれだけ存在するかを完璧に調べ，知ることは，膨大な努力と一生を費やすほどの時間がかかります。またそれが一般人にとっていかほどの意味を持つものか疑問ですが，これから法律を学び始めようと考えるみなさんが，日本の法律の体系を知ることは，自分の旅行先のわかりやすい地図を見ることと同様に，法を学ぶというゴールに，より能率的にたどり着ける手段になります。法律をまず，担当分野＝受持ち別に分類してみましょう。日本ではどのような法（狭義）があって，相互にどのような関係にたっているのでしょうか。以下の表を見てください。あらましの，相互関係がわかります。

法律の分野（分担範囲）別の分類

```
          ┌ 憲法分野 ── 憲法
          │              ┌ 国会法・公職選挙法・裁判所法・その他
          ├ 行政法分野 ─┤ 内閣法・国家公務員法・地方自治法・行政手続法
公　法 ──┤              └ 所得税法・自衛隊法・その他
          ├ 訴訟法分野 ── 刑事訴訟法・民事訴訟法・破産法・その他
          │              ┌ 刑法
          └ 刑法分野 ──┤
                          └ 軽犯罪法・暴力団対策法・未成年者飲酒禁止法・その他

          ┌ 民法分野 ──┬ 民法
          │              ├ 不動産登記法・借地借家法・製造物責任法
私　法 ──┤              └ 利息制限法・区分所有法・その他
          │              ┌ 商法
          └ 商法分野 ──┼ 有限会社法・商業登記法・証券取引法・手形法
                          └ 小切手法・その他

          ┌ 労働組合法・労働基準法
          │ 男女雇用機会均等法
          │ 生活保護法
社会法 ──┤ 身体障害者福祉法
          │ 独占禁止法
          │ 割賦販売法・訪問販売法
          └ その他
```

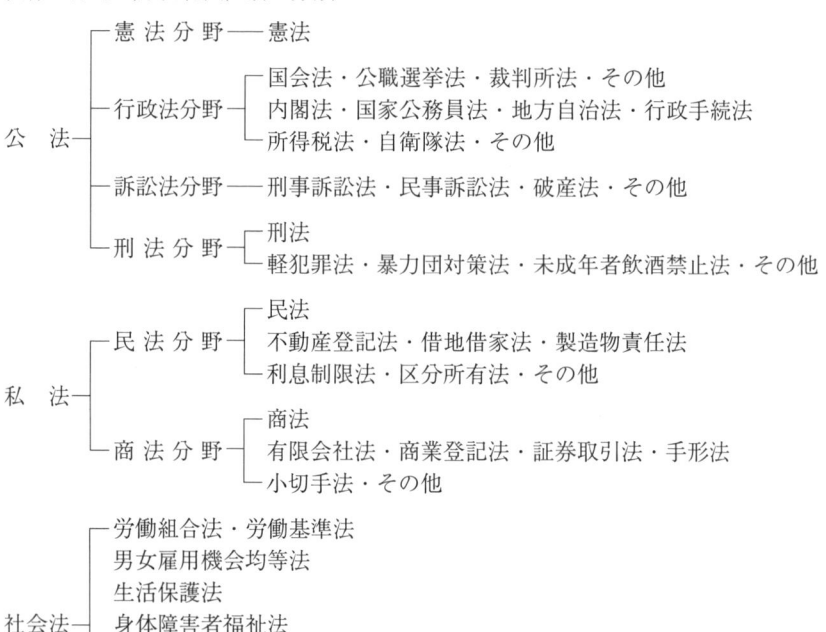

数々の法律はその定めるところの内容により**公法・私法・社会法**に分類されれます。

公法とは，国の仕組み，国と個人の関係を定める分野の法律です。

私法とは，個人間の関係を定める分野の法律です。

社会法とは，個人間の関係を国が調整する法律です。個人間の私的自治の暴走のチェックや社会的不平等を修正するために，制定されます。国家による平等を肯定する福祉国家の理想が尊重されている，現在の日本国憲法の下で，第二次世界大戦後，多くの社会法と分類される法律が制定されています。

(2) 法律の上下関係

これらの多くの法律の間で上下の関係はあるのでしょうか。

(a) 法を作る際の上下関係　　法には制定の機関，制定の手続の違いにより，**憲法**，**法律**（国会が制定する法），**政令**（内閣が制定する法），**条例**（地方自治体が制定する法），**省令**（行政機関である各省が制定する法）という異なった形式が存在します。それらの法には上下関係があり，憲法＞法律＞政令・条例＞省令の順で存在します。つまり，立法の際に上位の法に矛盾する下位の法を制定することはできませんし，上位の法の委任の範囲を越える下位の法を制定できません。また万が一，上位の法に反する下位の法を制定してしまった場合，下位の法は無効になるわけです。例えば，親を殺害したものは尊属殺人罪に処する旧刑法200条は，法の下の平等を定める憲法14条の精神に反します。法律が上位の法である憲法に反するわけです。最高裁判所も旧刑法200条が違憲無効であると判断しましたし（最大判昭和48年4月4日刑集27巻3号265頁），平成7年に200条の規定そのものが削除されました。

(b) 法を適用する際の上下関係　　問題がおきて，法を適用して，法的な結論をださなければならないときに，多数ある法の中で，どの法を選択するかは，順序が決まっています。**制定法**があるときは第一に制定法を適用します。しかし，当該事情に当てはまる制定法がない場合は**慣習**に従って裁判をせざるを得ません。さらに慣習が見あたらない状況では**条理**によって裁判をすることになります。

裁判の結果である判決＝判例は，日本のように法律は国会によって制定された成文法に限る＝**成文法主義**を採用する国では，法ではないとされています。

しかし，確定判例は裁判の指針となりますので，判例は，実質上日本でも法の一種として機能し，制定法の不十分を補ったり，不合理を修正したりしています。一方，アメリカ・イギリスは正面から判例と制定法を同じレベルの法として扱っています（**判例法主義**）。

解決

① **法とは何かについて**　法とは国家の定めた決まりで，それに従わない場合は国家によって遵守を強制されます。

② **主な法律の分類について**　法は大きく分けて公法・私法・社会法に分けられます。公法とは，国の仕組み，国と個人の関係を定める分野の法律です。私法とは，個人間の関係を定める分野の法律です。社会法とは，個人間の関係を国が調整する法律です。本講の法の分類図を確認してください。各分野で，多くの法律が存在し，社会の円満な運営にそれぞれの機能を果たしています。

③ **主な法律の機能**　私法は個人間の関係を定め，従わないものには民事責任（金銭の支払や契約の履行）を強制し，個人の権利を守ります。公法は，国家の組織運営や刑罰にを定め，国家の運営と社会秩序の維持を可能にし，私たちが平穏な日常生活を送るための社会の枠組みを作ります。社会法によって，私たちは，個人間の弱肉強食の原理から若干の保護を受け，福祉国家による一定の保護を受けることが可能になります。

〈練習問題〉

正誤を○×で答えなさい。
1　現代の社会では，法と道徳は全く別のものである。
2　刑事責任を果たすと，民事責任は免除される。
3　憲法に違反する法律でも，いったん国会が定めると，裁判所によって無効とされることはない。
4　民事訴訟法は私法である。

II
私たちの経済生活を支える法

第2講　契約とは何か

問題提起

　A子さんは新聞に入っていた折込広告をみて，ミンク製コートの購入申込をしました。コートは1着10万円もして，広告写真では外人モデルがゴージャスにきこなしていました。
　ところが，商品到着後，A子さんがコートを手に取ってみるとどうもイメージとは違っていて，しかも毛皮の質も納得のいかないものでした。A子さんは契約をやめることができますか。

point ①　契約は絶対にやめられないのか
　　　 ②　契約をやめにすることには法律上認められる原因が必要
　　　 ③　詐欺による取消。未成年による取消。売買契約の解除。クーリング・オフ制度

必要な法知識

1　契　　約

　私たちの日常の財産関係の形成は，**契約**を通してなされることが多いものです。毎日欠かすことのできない食料の買出しも，実は食品の売買契約をしていることになりますし，服を着るためには衣料品の売買契約をしなければなりません。生活の根拠である住まいを得るには，賃貸借契約をしたり，マイホームの場合は新築の請負契約をして，家を建ててもらわなければなりません。
　契約とは当事者の**申込と承諾**からなる約束ですが，法律上契約違反には，何らかの強制を課すことができる拘束力がある，とても強い約束です（第3講参照）。民法やその他の法律にも，さまざまな種類の契約類型が定められています（民法549条から696条までさまざまな契約が定められています）。私たちが

お互い納得して判断し，自由な意思で，契約を結び，それをお互いがきちんと守っていくことにより，法律関係は健全に形成され，安定した社会が形成されていくわけです（**私的自治の原則**）。私たちは自由意思で，自由な内容の契約を結ぶことが認められているのです。しかし，自由な意思・健全な判断がなされなかった場合，契約を絶対に守り通さなければならないとするのは，公平ではありません。しかし，どちらか一方がやめたいと思ったときに，契約を自由にやめることができるとすると，約束・信頼で成り立っている取引社会は破綻します。民法やその他の法律は契約をやめることができる理由をきちんと定めています。

2 契約の取消
(1) 詐　欺

民法96条は，**詐欺**によって締結するに至った契約を，被害者は**取り消すことができる**と定めています。つまり，相手の欺罔によって，誤った判断をし，契約を結んでしまった場合詐欺が成立し，契約をやめられるのです。

詐欺の構造（民96条）

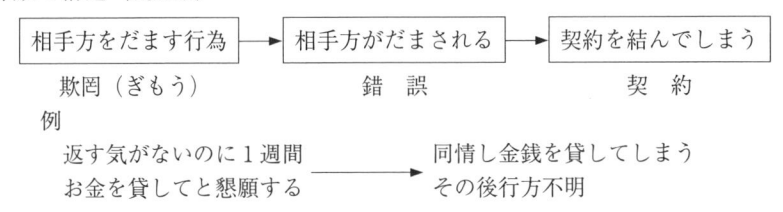

相手方をだます行為	→	相手方がだまされる	→	契約を結んでしまう
欺罔（ぎもう）		錯誤		契約

例
返す気がないのに1週間　　　　　同情し金銭を貸してしまう
お金を貸してと懇願する　　→　　その後行方不明

民法上の詐欺が成立しますと，被害者は詐欺に気がついてから5年間はその契約を取り消せます。取り消すと契約が最初から結ばれなかったものとなり，契約をそれ以上守る必要もありませんし，過去の給付を返してもらうことができます（民121条・704条）。

今回のテーマからは離れますが，**強迫**によって契約を締結した場合も民法96条は同じように契約の取消ができることを認めています。

(2) 未　成　年

A子さんが**未成年**で，親権者（親）の同意を得ないで，単独の判断で契約を結んでいた場合も，原則として契約を取り消すことが認められています（民4

条）。取消はA子さん自身と親権者の双方ができますし，A子さんが成人になってからも5年間は可能です（民126条）。

2　契約の解除
(1)　債務不履行による解除

A子さんはコートを手に取った時点で，とても品質が悪いと考え，このような品質の物の売りつけは契約違反（**債務不履行**ともいう）ではないかと考えました。契約違反＝債務不履行とはいったいどういう事態なのでしょうか。

債務不履行とは債務の本旨に従った履行をしないことです。つまり，契約内容を守らないことですが，具体的にいうと履行期に遅れる（**履行遅滞**　民412条），履行ができない状態（**履行不能**　民415条）になることです。さらに，契約内容を完全に実現しない不完全な履行も債務不履行です（**不完全履行**　民415条）。ただし，天変地異による場合などのように，契約を守れないことに本人の過失（もちろん故意も含みます）がないときは債務不履行の責任は発生しません。

何が売買契約において，契約を完全に実現していない＝不完全履行になるのかは難しい問題です。対価に見合った社会的に妥当な品質のものを供給しないときは，不完全履行ということになります。

債務不履行があった場合，約束違反をされた債権者は履行を請求したり（民414条），損害賠償を請求したり（民415条）することができます。さらに，契約の追完が見込めそうもないときは，一方的に契約を解除することもできます（民543条類推）。契約を解除すると，契約が最初から結ばれなかったものとなり，契約をそれ以上守る必要もありませんし，過去の給付を返してもらうことができます（民704条）。しかし，解除は取消と違って第三者を巻き込むことが認められていません。解除によって第三者の利益が損なわれることはないのです。一方，取消は原則として第三者にもその効力が及び，第三者の利益が損なわれることもあります。

(2)　クーリング・オフ

現在は，消費者の保護のために，取引法の分野でも，特別法が制定され，一般法である民法に優先して，特別法が適用される場合があります。**クーリン**

グ・オフは，契約後の一定期間内に消費者が無条件で契約を解約できる制度です。訪問販売・月賦販売・キャッチセールス・マルチ取引などの一定の取引について，法律で契約書面交付後8日間または，20日間の期間内で認められています（**訪問販売法**6条・17条（2001年6月1日より「特定商取引に関する法律」と改正），**割賦販売法**4条の3）。

ただし，通信販売では，割賦販売法による法律上のクーリング・オフは認められないことに注意する必要があります。消費者ならば，早く申し立てるとクーリング・オフが可能と考えるのは甘いわけです。

(3) 特約によるクーリング・オフ

契約自由の原則により，当事者では法律の規定よりも契約内容（特約）が優先します。その契約で，消費者に有利なクーリング・オフの特約が挿入されていれば，②のような特別な割賦販売，訪問販売，マルチ商法に該当しないでも，クーリング・オフが可能です。通販の業者は自らクーリング・オフの特約条項を挿入していることが一般的です。デパートやスーパーで理由のない返品を認めてくれるのも一種のクーリング・オフを，店舗側が認めたことになります。

解 決

① **詐欺による取消は難しいといえます**　ミンクのコートはA子さんからみると商品の品質に問題のあるものですが，会社は一応商品を供給しており，品質の評価は主観によるもので，会社が詐欺を働いたとは断定できず，会社の詐欺の意思を証明することは困難といえましょう。ミンクといって，例えば，ウサギの皮を売っていた場合は詐欺の証明はできますが，くずのような物でも，一応ミンクであれば民法96条による契約の取消はなかなかできないものです。

② **不完全履行による解除は可能か**　しかし，売買契約においては売主は価格相応の品質のものを供給し，買主は弁済期に代金を支払う義務を負っており，この契約の売主は債務の本旨に従った商品を供給しているものとは考えにくいわけです。したがって不完全履行－債務不履行の一類型があるといえましょう。A子さんは契約を解除して，代金の支払義務を免れます。また商品は本来会社の負担で返還すれば足ります。ただし，不完全履行における不完全の概念をめぐって意見の対立は十分予想されましょう。

③ **クーリング・オフ**　さらに一般の債務不履行によること解除を選択しなくても，この契約が割賦販売契約・訪問販売契約・キャッチセールスであれば，契約書の到着8日以内に買主は何の理由もなしに契約の申込を取り消すことができます。クーリング・オフは消費者にとっては有力な防衛手段です。一般の通信販売の場合，契約によりクーリング・オフを業者自らが認めている場合は，A子さんは，クーリング・オフを実行すればいいわけです。

④ **未成年の場合**　A子さんが未成年で，親権者（親）の同意無しで，契約をした場合は，未成年であるというだけの理由で，契約を取り消すことができます。A子さんが年齢を詐称していたり，親の同意を装った場合は保護の必要がないので，取消がききません。

●関連する条文

　　民法　　3条・4条・96条・412条・414条・415条・543条
　　訪問販売法　6条・17条
　　割賦販売法　4条の3

〈民法〉
第3条〔成年〕
　　満20年ヲ以テ成年トス
第4条〔未成年者ノ行為能力〕
　　① 未成年者カ法律行為ヲ為スニハ其法定代理人ノ同意ヲ得ルコトヲ要ス。但単ニ権利ヲ得又ハ義務ヲ免ルヘキ行為ハ此限ニ在ラス
　　② 前項ノ規定ニ反スル行為ハ之ヲ取消スコトヲ得
第96条〔詐欺ト強迫ニヨル意思表示〕
　　① 詐欺又ハ強迫ニ因ル意思表示ハ之ヲ取消スコト得
　　③ 詐欺ニ因ル意思表示ノ取消ハ之ヲ以テ善意ノ第三者ニ対抗スルコトヲ得ス

〈訪問販売法〉
第6条〔訪問販売における契約の申込みの撤回等〕
　　販売業者若しくは役務提供事業者が営業所等以外の場所において指定商品（その販売条件についての交渉が販売業者と購入者との間で相当の期間にわたり行われることが通常の取引の態様である商品として政令で定める指定商品を除く。以下この項において同じ。）若しくは指定権利若しくは指定役務につき売買契約若しくは役務提供契約の申込みを受けた場合若しくは販売業者若しくは役務提供事業者が営業所等において特定顧客から指定商品若しくは指定権利若しくは指定役務につき売買契約若しくは役務提供契約の申込みを受けた場合におけるその申込みをした者又は販売業者若しくは役務提供事業者が営業所等以外の場所において指定商品若しくは指定権利若しくは指定役務につき売買契約若しくは役務提供契約を締結した場合（営業所等において申込みを受け，営業所等

以外の場所において売買契約又は役務提供契約を締結した場合を除く。）若しくは販売業者若しくは役務提供事業者が営業所等において特定顧客と指定商品若しくは指定権利若しくは指定役務につき売買契約若しくは役務提供契約を締結した場合におけるその購入者若しくは役務の提供を受ける者（以下この条において「申込者等」という。）は，次に掲げる場合を除き，書面によりその売買契約若しくは役務提供契約の申込みの撤回又はその売買契約若しくは役務提供契約の解除（以下この条において「申込みの撤回等」という。）を行うことができる。
　一　申込者等が第五条の書面を受領した日（その日前に第四条の書面を受領した場合にあつては，その書面を受領した日）から起算して八日を経過したとき。
　二号以下略……

〈練習問題〉

正誤を○×で答えなさい。

1　詐欺によって契約をした場合，その契約は無効である。
2　消費者は契約後8日以内であればクーリング・オフが可能である。
3　未成年のときにした契約は，20歳を過ぎると取消ができない。
4　未成年者が23歳と年齢を偽って，ローン契約を結んだ場合，契約を取り消すことはできない。

第3講　契約違反と救済方法

問題提起

　Aさんは絵画収集を趣味としていて，今回ダリの珍しい初期の作品の売買契約を画商Bとしました。販売代金の半額2,000万円を支払って，さらに残金を提供して，引渡を請求したところ，画商Bは，他人に売ったので，契約をやめたいといいました。まだ，絵は画商の手元にあるようです。Aさんは，どうしても絵がほしいのですが，どうすればよいでしょうか。

point　① 債務（契約）不履行とは
　　　　② 債務不履行の効果　どのような救済手段をとれるか

必要な法知識

1　債務不履行（契約違反）の意味

　債務者が契約の内容に従った履行をしないこと，こちらが約束を守っているのに契約の相手が契約上の約束を守ってくれないことをいいます。債務不履行は，民法上3種類に分けられます。

(1)　履 行 遅 滞

　履行遅滞とは，履行期（給付行為をしないといけない時期）に契約の履行をしない違反です（民412条）。たとえば，借金を返済する期限がきているのに支払わない場合，売買契約において，6月中には納車すると約束したのに7月になってもまだこない場合などです。

　履行遅滞が成立する要件は第1に履行期を過ぎたのに履行しない。第2に履行をすることは可能（金がないのは履行不可能とはいわない）なこと。第3に履行期を過ぎたことが**債務者の責めに帰すべきこと**（**帰責事由**　履行しないことが債務者の故意または過失によること，天災などの不可抗力が働いたときや，

第三者の妨害または債権者の妨害による場合は債務者に履行遅滞の責任はありません）。たとえば，返済期限が近いのに，お金を留保せず無駄使いをして，借金が支払えない場合は債務者の過失が認められます。納車のスケジュールがいい加減だった場合も同様です。一方，債務者の責任ではない例として，自動車工場が大震災にあって生産計画に大幅な遅れが出て，納車が遅れても，債務者に過失はありません。第4に，責任を追及する債権者の側は自分の債務を履行ないし，提供を済ませていなければなりません。

(2) 履行不能

履行不能とは，契約後に債務を履行することができなくなることです（民415条）。たとえば，家の売買契約をしたのに，その家が失火で焼失して，引渡ができなくなる場合や，バレリーナが公演契約をした後に，彼女が不注意で交通事故をおこし長期入院をし，公演ができなくなった場合などです。

履行不能の要件として，第1に履行をすることが契約後不可能となることです。不可能か否かは社会常識で判断します。自然科学上の可能・不可能より柔軟に判断します。しかし，金銭債務の場合，金がないので支払えないのは履行不可能とはいえない厳しい例外ルールがあります（民419条2項）。第2に不能が債務者の責めに帰すべきこと（履行できないことが債務者の故意又は過失によること，不可抗力や第三者または債権者の妨害による場合は債務者に責任はありません）。たとえば，家の売買契約において，債務者自身の失火で，家を火事にして，売買の目的物を自分で壊してしまった場合は過失ありとなります。しかし，同じ火災による焼失でも，債務者の責任ではない例としては，大震災にあって火災に見舞われた場合や，隣家からの類焼による場合が挙げられます。

(3) 不完全履行

不完全履行とは，債務を履行はしたけれど，完全な履行がなされない契約違反です（民415条）。たとえば，欠陥のある新車の販売や，居住用に買った家の売買契約において，その家が借家人つきで住めない場合が例です。

成立要件は，第1に一応の履行があるが，契約の本来の内容にはかなっていない。第2に不完全な履行が債務者の責めに帰すべきこと（履行の不十分が債務者の故意・過失によること）です。

2　債務不履行に対する救済手段

いくら相手方債務者が債務不履行しても，自分で，債務者の金銭をとってくるとか，物を勝手に持ってくるなどの自力救済は法律上許されません。自力救済を認めると，力のある者が勝手に，自分の判断で権利を実行して，法治国家の枠組みが壊れてしまうからです。救済は民法上の救済に限ります。違反した債務者が納得しない場合は，裁判によって，権利の救済を求めなければなりません。

以下の表にまとめたものが，各種の債務不履行に対する民法上の救済方法のありかたです。

	強制履行	損害賠償	解　除
救済の方法	履行を強制する ①　裁判所の助けを借りて，直接物の引渡を請求する。 －**直接強制** ②　自分で実行して，費用を強制的に回収する。－**代替執行** 　　民414条	現実の損害と得べかりし利益の損害の補塡を請求する。 　　民415条・416条	契約をやめて，原状に戻す。ただし，損害があれば賠償はできる。 　　民541条・543条
履行遅滞	可　能 ①　直接強制 ②　代替執行 債務の種類による前者は物の引渡，後者は作為義務や不作為義務	可　能	可　能 解除の手続　催告して行う。 損害賠償もある。
履行不能	不可能	可　能	可　能 催告不要。解除の意思表示のみで行う。
不完全履行	可　能 完全なものの引渡請求や修理の代金請求を行う。 ①　直接強制 ②　代替執行	可　能	可　能 催告の要・不要は場合による。

解決

①　画商Ｂに債務不履行はあるのでしょうか　契約の内容に従った履行がないといえましょう。引渡の期日になっても履行が遅れているので履行遅滞の可能性があります。履行遅滞の要件にあてはまるかを検討しましょう。①履行期になっても絵画の引渡がない。②引渡は画商の手元にあるからその気になれば履行可能。③遅滞が他に売りたいという債務者である画商Ｂの故意または過失に由来する。④Ａさんは代金の提供をしている。以上から要件に該当しますので，履行遅滞が発生しています。他人に絵画を引き渡していると，絵画は他人のものになり，もはやＡには引き渡せないので，履行不能（最判昭和35年4月21日など）となり，履行不能としての債務不履行責任が発生することになりますが，まだ，他人に引き渡されていませんので，履行不能とはなりません。

②　履行遅滞の場合の救済手段　Ａさんは強制履行（民414条）つまり，絵画の引渡の請求ができます。しかし，また，契約を解除をして，契約関係を解消する道を選択することもできます。損害が発生していれば賠償も，ともに請求できます。原状回復義務が発生するので，販売代金の半額は返還してもらうことになります。

③　実行の方法　裁判制度の利用　民法上債務不履行責任が明確に成立しても，債務者が言うことを聞いてくれないと法律上の権利は黙っていては絵に描いた餅です。法律上は債権者が自力で救済することは認められていません。これを許すと無法状態に戻るからです。法律上の権利を実行したいときは民事訴訟で自分の権利を認めさせ，判決を取得して，それを民法・民事執行法で定められた方法で，裁判所により執行していかなければなりません。

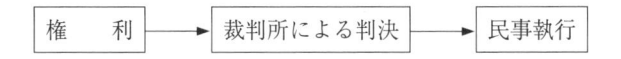

```
権　利　→　裁判所による判決　→　民事執行
```

●関連する条文

　　　民法　422条・414条・415条・541条・543条

〈民法〉
第412条〔履行期と履行遅滞〕
　①　債務ノ履行ニ付キ確定期限アルトキハ債務者ハ其期限ノ到来シタル時ヨリ遅滞ノ責ニ任ス

②　債務ノ履行ニ付キ不確定期限アルトキハ債務者ハ其期限ノ到来シタルコトヲ知リタル時ヨリ遅滞ノ責ニ任ス
③　債務ノ履行ニ付キ期限ヲ定メサリシトキハ債務者ハ履行ノ請求ヲ受ケタル時ヨリ遅滞ノ責ニ任ス

第414条〔強制履行〕
①　債務者カ任意ニ債務ノ履行ヲ為ササルトキハ債権者ハ其強制履行ヲ裁判所ニ請求スルコトヲ得但債務ノ性質カ之ヲ許ササルトキハ此限ニ在ラス
②　債務ノ性質カ強制履行ヲ許ササル場合ニ於テ其債務カ作為ヲ目的トスルトキハ債権者ハ債務者ノ費用ヲ以テ第三者ニ之ヲ為サシムルコトヲ裁判所ニ請求スルコトヲ得但法律行為ヲ目的トスル債務ニ付テハ裁判ヲ以テ債務者ノ意思表示ニ代フルコトヲ得
③④項略

第415条〔債務不履行〕
　債務者カ其債務ノ本旨ニ従ヒタル履行ヲ為ササルトキハ債権者ハ其損害ノ賠償ヲ請求スルコトヲ得債務者ノ責ニ帰スヘキ事由ニ因リテ履行ヲ為スコト能ハサルニ至リタルトキ亦同シ

〈練習問題〉

正誤を○×で答えなさい。

1　履行期になって，契約を履行しない場合はすべて履行遅滞となる。
2　履行遅滞になった場合，約束違反された債権者はまず，契約の強制履行を請求しなければならない。
3　期日にまで納品しない相手方に，催告をすれば，相手が応じなくても，一応平穏な方法であればその品をもってきてもよい。
4　不完全な履行があったばあい，解除をすることができる。
5　履行不能は物理的な実現不可能までを要求していない。

第4講　民事訴訟と民事執行

問題提起

　契約の相手方が，債務不履行をして，明らかに自分に損害賠償請求権や，強制履行請求権が，民法上の権利としてある場合でも，自力救済はできないわけです。民事訴訟で，裁判所の力を借りて，権利を実現してもらう仕組とは，どういうものなのでしょうか。

point　①　民事訴訟の必要
　　　　②　民事訴訟の構造
　　　　③　民事執行

必要な法知識

1　民事訴訟の必要性

　第3講で，述べたことですが，債務不履行をされた者は，債務不履行の種類に従って，強制履行を請求したり，損害賠償を請求したり，解除をしたりして，違反の責任を問い，救済を求めることが可能です。債務不履行をされた債権者には救済を求める民法上の権利があるわけです。相手方の債務者が納得して，応じてくれれば，問題は一応解決されますが，応じない場合でも，自力救済は法律上許されず，民法上の権利の実現を裁判所に求めることになります。このような私的な権利の実現を図る訴訟を**民事訴訟**といい，その手続は主として，民事訴訟法に定められています。刑事責任を決定する刑事訴訟とは別個の訴訟手続です。**刑事訴訟**は主として，刑事訴訟法によって手続が定められています。また，**行政訴訟**という国家の処分を争う訴訟手続があり，主として行政事件訴訟法によって，手続が定められています。

2　裁判所制度

民事訴訟とは，裁判所による強制的な私的紛争の解決制度です。

(1)　裁判所組織

訴訟は裁判所で行われますが，裁判所の組織はどのように定められているのでしょうか。裁判所の組織は憲法や裁判所法で決められています。日本では，どんな種類の裁判所があり，どこで裁判するのでしょうか。

裁判所には審級別に5種の裁判所が規定されています（裁判所法第2編第3編）。最初に裁判をする裁判所として，**簡易裁判所**と**地方裁判所**（第一審といい，どちらになるかは請求の価格＝訴額によります）があり，次に**高等裁判所**があり，最終審として**最高裁判所**が存在します。また，家庭内の紛争を解決する裁判所として，**家庭裁判所**が設置されています。

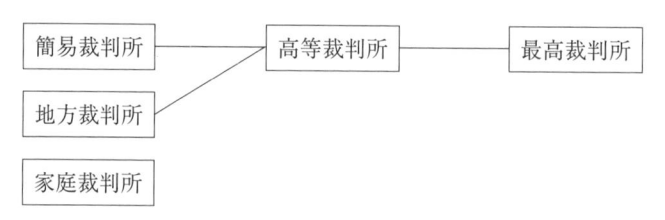

```
簡易裁判所 ─┐
            ├─ 高等裁判所 ─── 最高裁判所
地方裁判所 ─┘

家庭裁判所
```

(2)　民事訴訟と審級

民事訴訟においては，訴額（請求の金額）が90万円以上の訴訟は地方裁判所から始まり，高等裁判所に控訴し，最高裁判所に上告する構造になっています。訴額が90万円未満の場合，簡易裁判所に訴えを提起し，地方裁判所，高等裁判所を経ることになります。

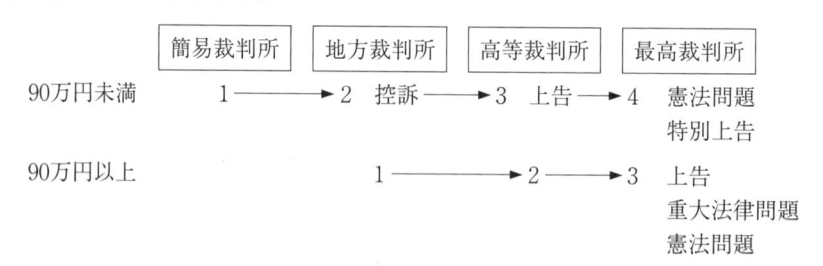

	簡易裁判所	地方裁判所	高等裁判所	最高裁判所
90万円未満	1 →	2 控訴 →	3 上告 →	4 憲法問題 特別上告
90万円以上		1 →	2 →	3 上告 重大法律問題 憲法問題

簡便な民事訴訟の手続として，民事訴訟法368条以下で，簡易裁判所において，訴額30万円以下の場合，当事者双方の合意から始める控訴のできない**少額訴訟手続**が設けられたことに注目してください。

(3) 刑事訴訟と審級

付言しますが，刑事訴訟においては，求刑が罰金以下の刑の訴訟は地方裁判所から始まり，高等裁判所に控訴し，最高裁判所に上告する構造になっています。懲役や禁固などの罰金以上の刑については，地方裁判所に訴えを提起し，高等裁判所，最高裁判所を経ることになります。

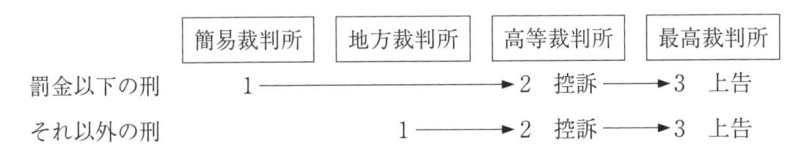

	簡易裁判所	地方裁判所	高等裁判所	最高裁判所
罰金以下の刑	1 ──→	2 控訴 ──→	3 上告	
それ以外の刑		1 ──→	2 控訴 ──→	3 上告

刑事訴訟・民事訴訟とも訴訟は3つの審級を保障しています。これを三審制といいます。また，憲法は81条で憲法訴訟に関し，最高裁判所の審理を保障します。三審制の根拠は，適正な手続による慎重な審理をはかり，誤った裁判を防止する点にあります。ひいては基本的人権の保障に寄与する点にあります。確かに，何回かの審理を経ると，より，厳密な審理と判決が下され，特に刑事裁判では，被告人の権利の保障に寄与しますが，欠点もあります。裁判は一般的に，時間と費用がかかります。そして，それを3回行うことは並大抵のことではありません。なぜ，こんなに時間がかかるのでしょうか。刑事裁判でも，民事裁判でも，裁判官はいくつもの事件を抱え，併行して事件処理を図ります（併行審理主義）。また，最高裁から下級裁判所に事件が差し戻され，やり直しが命じられる場合もあります。こんなことをしていると苦節10年，20年が経ってしまうこともありうるのです。民事訴訟の弁護士費用は自己負担で，勝訴しても，相手から回収はできません。裁判制度の改革は図られていますが，いまだに，裁判制度が簡易で便利な手続であるとはいえません。

3　民事訴訟の手続

(1) 訴えの提起

民事訴訟の手続は民事訴訟法によって，定められています。民事訴訟は**原告**（訴えを起こす人）が，裁判所に**被告**を訴えることによって開始します。当事者が対立してはじめて，訴訟が始まります。勝手に国家によって，裁判が始まることは民事訴訟の場合は，ありません。

原告の訴えを書いた書面のことを訴状といいます。訴状が被告の住所に送達されて，訴訟が始まります。訴状には所定の手数料を添えなければなりません。

(2) 口頭弁論と証拠調

訴訟が始まると，裁判官は判決のために当事者の主張や証拠を調査する期日が必要になります。口頭弁論期日が何回か裁判所で開催され，当事者はお互いの主張を弁論します。どちらの主張が根拠のあるものか，真実のものかを確認するため，裁判官は証拠を調べなければなりません。証拠調査手続を証拠調といいます。原則として，本人が裁判に出席するべきですが（本人訴訟），訴訟手続は複雑な知識が必要なので，代理人によって，訴訟を行うことも一般的です（代理人訴訟）。原則として，代理人は弁護士に限られています。口頭弁論と証拠調を繰り返していって，裁判官は判断材料を蓄積します。そして，最終的に判決を下します。

(3) 判　決

裁判官は弁論の全趣旨と証拠調の結果を鑑み，自分の判断でどちらを勝たせるかの心証を形成します。裁判官は上司からの指導を受けることもありませんし，良心に従い，法律と憲法に従って，独立して判決を下すのです（憲76条3項）。

民事訴訟の判決には，原告の請求を認める請求認容の判決と，原告の請求を認めない請求棄却の判決があります。もちろん一部の認容もありえます。また，訴訟になるの要件を満たさないので，門前払いをする却下の判決もあります。

また，判決にはその認容内容によって，**給付判決**と**確認判決**と**形成判決**があります。給付の判決は被告が原告に金銭や物や行為を給付することを命じる判決で最も一般的な形です。給付の判決によって，たとえば，債務不履行の損害賠償を自己の権利として主張する原告は，初めて，強制力をもって権利の実行をすることが可能になります。また確認判決によって権利の行方が確定し，紛争が一挙に解決します。また形成の判決とは新しい法律関係を判決によって創造する判決です。離婚の合意がつかない場合，離婚の形成判決によって夫婦関係は終了します。

控訴などの上訴をしないで，判決が確定すると　判決には**既判力**が発生します（民事訴訟法114条）。既判力によって，当事者はもはや同じ紛争を繰り返すこ

とができません。負けは負けになるのです。給付判決にはその内容に従って，給付を強制できる**執行力**（民事執行が許される）が発生します（民事執行法22条）。これらの力があるから民事訴訟をする意味があるのです。

民事訴訟の流れ

第1ステップ

| 訴えの提起の手続 |

原告　VS　被告
　　本人訴訟
　　代理人訴訟　弁護士に代理して訴訟してもらう

第2ステップ

| 裁判官による判断の手続 |

　　　申立
　　　↓
　　　口頭弁論
　　　↓
　　　証　拠　調
　　　↓
　　　証拠による心証形成　民事訴訟法247条
　　　↓
　　　法律に当てはめた判断 ─→ 判決

第3ステップ

| 判　決 |

　　給付判決　　既判力・執行力
　　確認判決　　既判力
　　形成判決　　既判力・形成力

(4) その他の民事紛争解決方法（alternative dispute reolution；ADR）

　民事訴訟は確かに抜本的な紛争解決方法で，執行力もあります。しかし，裁判は厳格な手続に従って公開で運営され，時間と費用のかかる当事者にとって負担の大きい手続でもあります。民事訴訟以外にも民事紛争を解決する手段はいくつも存在します。alternative dispute resolution 略して，**ADR**といわれています。第一に①民事紛争を当事者で話し合いで収拾する解決方法があり，一般的に示談といわれ，民法上は**和解**といわれています（民695条）。**仲裁**や**調停**

という話合いで紛争を解決することも多く，これらは当事者双方が納得すると判決と同じ既判力・執行力をもつ強力な解決手段です。しかし，ADRは，あくまでも当事者双方のそれなりの納得が必要で，一方が耳を傾けないとき強制できません。紛争解決が煮詰まったときは，やはり民事訴訟に移行せざるをえないのです。

4　民事執行

　判決は被告に給付を命じますが，判決原本を裁判所や銀行に持っていっても，換金してくれるわけではありません。被告が判決に自主的に従わないとき，判決には執行力があります。原告の権利を実行するのは正義にかなっていますし，強制執行力がないと裁判そのものの意味がなくなるからです。**民事執行**は裁判制度の最終的な保障手段です。民事執行手続については民事執行法が規定しています。民事執行法は，判決の給付内容に応じた執行の手続を定めています。

　民事執行の方法には専門知識が必要です。執行の方法もさまざまです。強制執行は裁判所の仕事で，判断は裁判官が行いますが，実際の現場の仕事は執行官が担当します。

　損害賠償金などの金銭の給付を強制したいときは，**強制競売**手続（民事執行法45条以下）を申し立てます。被告の財産が強制的に売却され金銭の支払いに充てられます。土地建物や物の引渡を強制したいときは，執行官による強制的な**引渡執行**を申し立てます（民事執行法168条・169条）。被告に行為を強制したいときは**代替執行**として，行為費用を支払わせますし，**間接強制**として，行為しない被告に一種の懲戒金を支払わせることになります（民事執行法171条・172条）。

（解　決）

　① **権利実行の方法　裁判制度の利用**　　民法上債務不履行責任が明確に相手方に成立すると考えても，債務者が自ら責任を果たしてくれない場合，法律上の権利は黙っていては絵に描いた餅となります。法律上は債権者が自力で救済することは認められていません。これを許すと無法状態にに戻るからです。法律上の権利を実行したいときは民事訴訟で自分の権利を認めさせ，判決を取

得して，それを民法・民事執行法で定められた方法で，裁判所により執行していかなければならないのです。

② **強制履行**　債務不履行の責任を問いたい場合で，強制履行を請求したとき（債権の給付内容を実現したいとき）は，債権の給付内容に従った，物の引渡や行為の請求の判決を認容させる勝訴判決を取得し，民事執行法に従って，引渡の判決を直接実現する，引渡の執行によることになります。行為を請求したいときは，代替執行や間接強制手続を利用することになります。

③ **損害賠償による権利の実現**　債務不履行において，損害賠償を請求し，給付の勝訴判決を得た場合は，金銭債務の執行となりますので，債務者の財産を競売により，処分し，売上金を支払に充てることになります。

●関連する条文

　　民事訴訟法　114条・247条・368条
　　民事執行法　22条

〈民事訴訟法〉

第114条（既判力の範囲）
　① 確定判決は，主文に包含するものに限り，既判力を有する。
　② 略

第247条（自由心証主義）
　裁判所は，判決するに当たり，口頭弁論の全趣旨及び証拠調べの結果をしん酌して，自由な心証により，事実についての主張を真実と認めるべきか否かを判断する。

第368条（少額訴訟の要件等）
　簡易裁判所においては，訴訟の目的の価額が三十万円以下の金銭の支払の請求を目的とする訴えについて，少額訴訟による審理及び裁判を求めることができる。ただし，同一の簡易裁判所において同一の年に最高裁判所規則で定める回数を超えてこれを求めることができない。
　②，③　略

〈民事執行法〉

第22条（債務名義）
　強制執行は，次に掲げるもの（以下，「債務名義」という。）により行う。
　一　確定判決
　以下略……

〈練習問題〉

正誤を○×で答えなさい。

1　地方裁判所は常に第一審裁判所である。
2　判決に納得できない場合，常に最高裁判所まで争うことができる。
3　民事訴訟の裁判官は，証拠認定と心証形成のための細かいルールを守らなければならない。
4　ADR には執行力がない。

第5講 不法行為

問題提起

　Aは，友人B所有の自転車を借りて道路を疾走していたところ，道路に飛び出した主婦C（38歳）と衝突してしまい，そのために，Cは，2カ月にわたり入院し，退院後も通院を余儀なくされています。CはAに対してどのような民事上の責任を追及することができるでしょうか。

point ① 不法行為の意義
　　　 ② 不法行為の要件・効果
　　　 ③ 過失相殺・消滅時効

必要な法知識

1　不法行為の意義

　ある行為によって他人に損害を及ぼしたとしますと，誰かがその損害を塡補しなければなりません。そこで，この責任を行為者（加害者）本人に負わせることがまず考えられますが，行為者が行為によって発生するすべての損害を賠償しなければならないとしますと，人が自由な経済活動をすることはとても困難になります。そこで，民法は，「故意又は過失」によって「他人の権利を侵害」した行為を**不法行為**とし，行為者が不法行為に基づいて生じた損害のみを賠償しなければならない，としたのです。

　ところで，不法行為は民法上の不法行為と特別法上の不法行為とに分かれ，さらに，民法上の不法行為は一般不法行為と特別不法行為とに分かれます。特別法上の不法行為を規律した法律としては，失火責任法，国家賠償法，自動車損害賠償保障（自賠責）法，製造物責任（ＰＬ）法などがあります。民法上の特別不法行為も特別法上の不法行為も，一般不法行為を基礎としていますので，

以下では，一般不法行為の要件および効果を説明することにします。

2　不法行為の要件
(1)　故意・過失
故意とは，行為の結果を認識し，その発生を認容して敢えて行為をする心理状態です。たとえば，怪我をさせようとして投石した場合の心理状態です。行為の発生を積極的に意図あるいは希望しないが，その事実が発生してもやむをえないと認容した心理状態を「未必の故意」と呼んでいます。たとえば，怪我をさせようとまでは思わなかったが，石が命中すれば怪我をするかも知れないし，怪我をしても構わないと思って投石した場合がこれにあたります。

過失とは，結果発生を予見しえたのに不注意のために知りえず，または，知らないまま行為をする心理状態である，と伝統的に説明されてきました。しかし，内心の心理状態は結局は外部に現れた行為の外形に基づいて判断せざるをえません。そこで，判例は，結果発生を予見しえた者にはその発生を回避すべき義務があり，この結果回避義務違反を過失と解しています。これによれば，たとえば，相手に当たらないように投石したが，手もとが狂って怪我をさせてしまった場合に，加害者の心理状態はどのようなものであったかということを問題とせず，怪我をさせるような行為を回避しなかったこと自体が過失とされるのです。

このように，不法行為においては，故意の場合に責任を負うのはもちろん，過失の場合でも責任を負わなければなりませんから，一般に，故意と過失は区別されていません（**過失責任主義**）。ただし，故意の場合と過失の場合とでは，慰謝料の算出や過失相殺割合の決定などに違いがあることに注意しておく必要があります。

(2)　権利侵害ないし違法性
民法709条は，不法行為の要件として「**権利侵害**」を要求しています。この「権利侵害」を文字通りに解釈しますと，○○権として法律上認められている法的利益を侵害された場合だけが不法行為の対象ということになります（大判大正3年7月4日刑録20輯1360頁「雲右衛門レコード事件」）。しかし，時代と共に新たに生成する「法律上保護に値する利益」を立法によって直ちに「法律上の権

利」とすることは不可能です。そこで，今日では，具体的に確定された権利にまでなっていなくても，他人の法的利益を侵害すれば違法な行為とされ，この**違法性**を根拠として不法行為の成立が広く認められるようになりました。その結果，老舗・暖簾といった営業上の信用は，具体的に確定された法律上の権利ではありませんが，法的な保護を必要とされる法的利益として不法行為の対象になります（大判大正14年11月28日民集4巻670頁「大学湯事件」）。

ただし，この違法性が阻却される場合があります。たとえば，路上でゴルフスイングの練習をしていたAに対してBが注意したところ，このことに怒ったAが突然Bに襲いかかってきたので，BがやむをえずAを突き倒して負傷させた場合，Bの行為は**正当防衛**となります（民720条1項本文）。また，近所の飼犬が襲ってきたので，たまたま手に持っていたバットでその犬を殺傷した場合，犬を殺傷した者は，**緊急避難**として犬の飼主に対して不法行為責任を免れることになります（同条2項）。その他にも，医療行為や格闘技のように他人を傷つけても許される社会的相当行為があります。これらは**違法性阻却事由**と呼ばれています。

(3) 責任能力

不法行為責任を負うには，その者が行為の結果を判断するのに必要な最低限の能力を行為時に具えていることが必要です。この能力は**責任能力**と呼ばれ，この能力を欠いている者は責任無能力者と呼ばれています。

民法は，責任無能力者として，2つのグループを定めています。1つは，「其行為ノ責任ヲ弁識スルニ足ルヘキ知能ヲ具ヘ」ていない未成年者です（民712条）。未成年者の責任能力は責任弁識能力と呼ばれ，この能力は，判例によれば12歳前後が一応の基準とされています。もう1つは，「精神上ノ障害ニ因リ自己ノ行為ノ責任ヲ弁識スル能力ヲ欠ク状態ニ在ル間ニ他人ニ損害ヲ加ヘタル者」です（民713条本文）。ただし，「故意又ハ過失ニ因リテ一時其状態ヲ招キタル」ことによって損害を加えた者は，不法行為責任を負います（民713条但書）。たとえば，故意に自己を泥酔状態に陥らせ，その状態を利用して不法行為を引き起こした場合がこれにあたります。このような行為は原因において自由な行為とも呼ばれています。

(4) 行為と損害との間との因果関係

損害が発生してもそれが加害行為を原因として生じなければなりません。しかし,「あれなければこれなし」という関係が因果関係である以上,因果関係の可能性は際限なく考えられます（たとえば,交通事故に遭って入院した者が退院直前に伝染病に罹って死亡した場合,交通事故と死亡との間に因果関係は全くないとはいえない）。そこで,相当と考えられる範囲に因果関係を限定することが必要となります（**相当因果関係説**）。

3　不法行為の効果

(1) 損害賠償の方法

損害賠償の方法には,金銭賠償の方法と原状回復の方法との2方法がありますが,民法は金銭賠償の方法を原則としています（民722条1項・417条）。ただし,当事者間に特約がある場合や法律による特別の規定がある場合には例外的に原状回復の請求が認められます。後者の例として,**名誉毀損**の場合に「名誉ヲ回復スルニ適当ナル処分」を命じて原状回復をすることが認められています（民723条）。新聞紙などに謝罪文を掲載させて名誉の原状回復をはかるというわけです。

(2) 損害の種類

損害は,財産的損害と精神的損害（非財産的損害）とに分かれます。

財産的損害は,積極的損害（例,毀損された物の価格,修理費,人身事故における治療費・付添費,弁護士費用）と消極的損害（逸失利益）とに区別されます。生命侵害の場合の逸失利益の算定方法は,死者の得べかりし収入（年間）×本人の可動可能年数（平均余命を基礎に計算）＝総収益を算出し,この総収益から生活費相当額を控除して算出する,という方法でなされます。身体が障害を受けた場合の逸失利益で問題となるのは,休業による損失と後遺症による逸失利益とです。後者について,判例（最判昭和42年11月10日民集21巻9号2352頁）は,後遺症があっても経済的に格別に不利益を被らない場合には得べかりし利益の損失による損害を認めませんでした。また,女子の逸失利益については,判例（最判昭和49年7月19日民集28巻5号872頁）は,7歳の女児が交通事故により死亡した事案において,高校卒業後に就職して25歳に達して結婚と同時に離

職したものと推定した上で、「結婚して家事に専念する妻は、その従事する家事労働によつて現実に金銭収入を得ることはないが、家事労働に属する多くの労働は、労働社会において金銭的に評価されうるものであり、これを他人に依頼すれば当然相当の対価を支払わなければならないのであるから、妻は、自ら家事労働に従事することにより、財産上の利益を挙げているのである」、したがって、「これを金銭的に評価することも不可能ということはできない。ただ、具体的事案において金銭的に評価することが困難な場合が少なくないことは予想されうるところであるが、かかる場合には、現在の社会情勢等にかんがみ、家事労働に専念する妻は、平均労働不能年齢に達するまで、女子雇用労働者の平均的賃金に相当する財産上の収益を挙げるものと推定するのが適当である」と説示しました。この判例により、結婚して家事に従事する女子の逸失利益が認められることになりましたが、平均賃金を基準にしますと、男女間の賃金格差が大きくなって不当であるとの指摘もなされています。

　精神的損害（非財産的損害）は、精神上の不利益を意味しますので、一般に**慰謝料**と呼ばれています。慰謝料は、財産権が侵害された場合においても生じることがあります（民710条参照）。精神的損害を金銭に換算することは、困難を伴いますので、結局は裁判所の裁量に委ねられます。なお、法人には感情がありませんが、法人の名誉毀損について「無形の損害」を認めた判例（最判昭和39年1月28日）があります。生命侵害の場合、死亡した者の父母・配偶者・子には固有の慰謝料請求権が認められています（民711条）。ここに挙げた近親者以外にも、判例（最判昭和49年12月17日民集28巻10号2040頁）は、死亡した妻と同居していた夫の妹（身体障害者）にも711条を類推適用しています。なお、死者にも慰謝料請求権が帰属してその請求権が相続人に当然に相続されます（最大判昭和42年11月1日民集21巻9号2249頁）。

(3) 過 失 相 殺

　たとえば、歩行者が自動車に十分に注意を払わずに横断歩道でないところを横断して交通事故に遭った場合、被害者（歩行者）にも損害の発生について過失がありますから、損害賠償額を算定する際には被害者の過失部分を減額するのが公平に適しています。そこで、このような場合、裁判所は被害者の過失を斟酌することができることとしたのです（民722条）。これが**過失相殺**です。た

とえば，自動車の運転手が夜間に酒気帯びで運転して前方不注視のために交通事故を起こし，被害者が横断歩道以外の場所で左右をよく確認しないまま横断し，加害者に8割・被害者に2割の過失が認められたとしますと，損害額から2割が減額されることになります。

(4) 損害賠償請求権の消滅時効

不法行為による損害賠償請求権は，被害者またはその代理人が損害および加害者を知った時から3年，不法行為の時から20年の経過により時効によって消滅します（民724条）。なお，長期の20年の期間は一般に除斥期間と解されています。

解 決

Cは，不法行為成立の要件を立証することができますと，不法行為に基づく損害賠償請求権を請求することができます。このうち，過失については，被害者は，加害者側の前方不注視などの注意義務違反を立証しなければなりません。損害については，入院治療費・入院付添費・通院治療費・通院交通費・逸失利益・慰謝料・弁護士費用などが考えられます。また，道路への飛出行為は一般に被害者側の過失と評価されますので，過失相殺される可能性は十分にあります。なお，損害賠償請求権の消滅時効にも注意する必要があります。

●関連条文

　　民法　709条・710条・712条・713条・720条・723条・724条

〈民法〉
第709条〔不法行為の一般的要件・効果〕
　　故意又ハ過失ニ因リテ他人ノ権利ヲ侵害シタル者ハ之ニ因リテ生シタル損害ヲ賠償スル責ニ任ス
第710条〔非財産的損害の賠償〕
　　他人ノ身体，自由又ハ名誉ヲ害シタル場合ト財産権ヲ害シタル場合トヲ問ハス前条ノ規定ニ依リテ損害賠償ノ責ニ任スル者ハ財産以外ノ損害ニ対シテモ其賠償ヲ為スコトヲ要ス
第711条〔近親者の慰藉料請求権〕
　　他人ノ生命ヲ害シタル者ハ被害者ノ父母，配偶者及ヒ子ニ対シテハ其財産権ヲ害セラレサリシ場合ニ於テモ損害ノ賠償ヲ為スコトヲ要ス
第712条〔未成年者の責任〕

未成年者カ他人ニ損害ヲ加ヘタル場合ニ於テ其行為ノ責任ヲ弁識スルニ足ルヘキ知能ヲ具ヘサリシトキハ其行為ニ付キ賠償ノ責ニ任セス

第713条〔責任弁識能力を欠く者の責任〕
　精神上ノ障害ニ因リ自己ノ行為ノ責任ヲ弁識スル能力ヲ欠ク状態ニ在ル間ニ他人ニ損害ヲ加ヘタル者ハ賠償ノ責ニ任セス但故意又ハ過失ニ因リテ一時其状態ヲ招キタルトキハ此限ニ在ラス

第720条〔正当防衛，緊急避難〕
① 他人ノ不法行為ニ対シ自己又ハ第三者ノ権利ヲ防衛スル為メ已ムコトヲ得スシテ加害行為ヲ為シタル者ハ損害賠償ノ責ニ任セス但被害者ヨリ不法行為ヲ為シタル者ニ対スル損害賠償ノ請求ヲ妨ケス
② 前項ノ規定ハ他人ノ物ヨリ生シタル急迫ノ危難ヲ避クル為メ其物ヲ毀損シタル場合ニ之ヲ準用ス

第722条〔損害賠償の方法，過失相殺〕
① 第四百十七条ノ規定ハ不法行為ニ因ル損害ノ賠償ニ之ヲ準用ス
② 被害者ニ過失アリタルトキハ裁判所ハ損害賠償ノ額ヲ定ムルニ付キ之ヲ斟酌スルコトヲ得

第723条〔名誉毀損における原状回復〕
　他人ノ名誉ヲ毀損シタル者ニ対シテハ裁判所ハ被害者ノ請求ニ因リ損害賠償ニ代ヘ又ハ損害賠償ト共ニ名誉ヲ回復スルニ適当ナル処分ヲ命スルコトヲ得

第724条〔損害賠償請求権の消滅時効〕
　不法行為ニ因ル損害賠償ノ請求権ハ被害者又ハ其法定代理人カ損害及ヒ加害者ヲ知リタル時ヨリ三年間之ヲ行ハサルトキハ時効ニ因リテ消滅ス不法行為ノ時ヨリ二十年ヲ経過シタルトキ亦同シ

〈練習問題〉

正誤を○×で答えなさい。

1　709条が不法行為の成立要件の1つとして「権利侵害」を挙げているが，具体的に確定された権利を侵害した場合のみならず他人の法的利益を侵害した場合においても不法行為の対象となる。
2　被保佐人は，制限能力者であるので，責任能力を常に有しない。
3　法人には感情がないので，名誉毀損を受けた法人が非財産的損害を賠償請求することは認められない。

第6講　医療過誤

問題提起

　甲病院で，A看護婦は肺摘出手術の患者乙さんと心臓手術の患者丙さんを取り違えて，それぞれ反対の手術室へ搬送してしまいました。肺手術を担当した医師Bは患者の取り違えに気づかず，健康な丙さんの肺を摘出してしまい，丙さんは肺が1つだけになってしまいました。A看護婦，B医師それぞれどのような責任を負うでしょうか。
　また，甲病院に丙さんは損害賠償を要求できるでしょうか。

point ① 医療過誤の態様
　　　 ② 医療過誤における法的責任
　　　 ③ 治療行為の正当化の要件と医療過誤の関係

必要な法知識

1　医療過誤と法的責任

　医療行為は，疾病の治療・予防に役立つものですが，人体への侵襲（しんしゅう）を伴うため，人の身体ないし生命に対する危険なものといえます。しかしながら，治療行為のもつ危険が顕在（けんざい）化した場合すべてについて，その治療にあたった医師が法的責任を問われるわけではありません。医療行為が法的に正当なものといえる場合には，責任を負わないものといえます。これに対して，医療行為が違法である場合，あるいは医師や看護婦等医療関係者の側の不注意によって患者に心身上の損害を与えた場合，不注意があった者あるいは違法な医療行為を行った者は法的責任を負うことになります。この典型が**医療過誤**です。しかしながら，医療行為が適法である場合には，たとえ重大な結果が生じたとしても，医師は法的責任を負うことはありません。そして，医療行為についてその適法性

が認められるのは，治療の目的，医学上一般に承認されている方法（医学的適応性），患者の同意がある場合だとされています。

医療過誤による法的責任には民事責任と刑事責任の2つの責任があります。その両方が問われる場合もあれば，一方だけにとどまることもあります。民事責任は民法上の**不法行為**にもとづく損害賠償責任（民709条）を問題にすることが多いようですが，それ以外にも医療契約にもとづく**債務不履行責任**（民415条）によって賠償請求することも可能です。少なくとも，医師と患者の関係が診療契約に基づく権利義務関係にあるということは忘れてはなりません。なお，不法行為責任を追及するのか，債務不履行責任を追及するのかはいずれでもよいとされています。

また，刑事法上は業務上過失致死傷罪（刑211条前段）によりその責任を問われることになります。業務上過失致死傷罪における**業務**とは，社会生活上の地位に基づき反復継続して行う行為であって，人の生命・身体に危害を加えるおそれのあるものをいいます（最判昭和33年4月18日刑集12巻6号1090頁）。それゆえ，医師や看護婦は，患者の生命・健康にかかわる行為を反復継続するわけで，業務であるといえます。過失は，結果発生の予見可能性があるのに不注意によって予見せず，結果を回避するための必要な措置をとらなかった場合に認められます。もっとも後述しますように，過失の有無と医療行為の適法性の要件とは密接に関連しています。

2 医師の契約上の義務およびインフォームド・コンセント

医療行為の適法性の要件である，治療目的，医学的適応性，患者の同意を医療契約の面からとらえなおすと，その契約内容として，医師の側は，医療水準に依拠した医療を施す必要があります。医療行為は契約に基づく義務の履行ですから，信義誠実の原則が妥当し，ち密で真摯かつ誠実な医療をつくすべき義務があります（名古屋高判昭和61年12月26日判時1234号45頁）。例えば，インフルエンザの予防接種に関して適切な問診をつくさず，それにより接種対象者の異常を認識できず，予防接種により死亡した事案で，医師の過失による責任を認めています（最判昭和51年9月30日民集30巻8号816頁）。

患者の同意に関しても，それを適切に得ていない場合には，医療行為は違法

となります。医療行為が適法とされるには、あらかじめ患者に十分な説明をしたうえでその治療について同意を得ることが必要です（**インフォームド・コンセント**）。これは患者の自己決定権を肯定する立場からは当然のことです。医療契約の面からみても、診療の申込によって患者は医師に包括的にその治療を委ねたとはいえず、具体的な医療の実施にあたり患者の同意を得る必要があるといえます（医師の行う手術について、東京地判昭和46年5月19日下民集22巻5＝6号626頁）。

　刑法において、患者の同意を得ない治療行為は重大な責任を生じさせます。たとえば、手術は、人の身体を切除するため、傷害罪の構成要件に該当します。医師は人の体を切ることを認識しているため傷害罪の故意も認めることができます。インフォームド・コンセントを得て行われた場合には、その手術は**正当行為**（刑35条）として違法性が阻却されることになります（第33講参照）。しかし、患者の同意を得ずに行われた場合には、違法性が阻却されませんから、傷害罪が成立することになります。その手術により患者が死亡すれば、傷害致死罪となります。通常の医療過誤は過失犯の成否が問題になりますが、インフォームド・コンセントがない治療行為は故意犯の成立が問題となりえます。

3　医学的適応と過失

　医療行為の適法性の要件と不法行為責任あるいは刑法上の過失責任の存否とは密接に関連しています。たとえば、手術を実施しないと生命に危険がある病状で、成功率が60％の手術を実施した場合、あらかじめ十分に患者に対して病状と手術の必要性、危険性について説明し、患者がそれを了解して手術に同意したときは、手術が順調に行われたにもかかわらず、結果的に死にいたってしまったとしても、その医師は法的責任を負うことはありません。患者の死は手術に内在する危険の現実化であり、その点で医師の側に過失を認めることはできないでしょう。また、その危険を患者の側は十分に了解していたこと、治療目的であったこと、医学的に適合性があったことから、当該医療行為が適法である以上、不都合な結果（患者の死）が生じたとしても、これを違法とすることはできないのです。

(1) 許された危険の法理

では，治療目的があり，医学的な適応が認められると医療行為が正当とされ，たとえ重大な結果が生じても過失がないものとされるのでしょうか。医療行為に伴うリスクとそれに対する対処の適切さを考慮して，一定範囲のリスクが現実化してもそれについては法的責任を問わないとされます。刑法では，これを**許された危険の法理**とよびますが，もともとは民法の不法行為責任について認められた原理が刑法にもとり入れられたものです。高度な危険を伴うが，社会的に有用な行為があるとき，その危険を理由としてその行為を全面的に禁止してしまうことは，社会活動の円滑な遂行を阻害するおそれがあります。そこで，そのような行為については，その行為に内在する危険を可能な限り現実化しない態様で行うときには，たまたまその行為の危険が現実化して重大な結果が発生しても，その責任を問わないとするのです。言い換えますと，リスクを現実化させない手順，規則をきちんと遵守している場合には，そのようなリスクを伴う行為は法的に許容されているとします。

したがって，医療行為，とりわけ手術においては，必ず患者の健康を損なったり，死亡したりするリスクは存在しています。そこで，可能な限りそのようなリスクが顕在化しない方法で治療を行う必要があるわけです。したがって，医学的にみて適切な手順，安全確保のための規則を順守し，医療技術にそくしている場合には，その結果は許された危険が現実化したものであるから，過失がなく，その行為は違法ではないとするのです。他方で，そのような手順あるいは規則に違反した場合には，過失があるものとして法的責任を負うべきことになります。

(2) 信頼の原則

ところで，手術などはチーム医療として，複数の医療関係者が関与することになります。たとえば，看護婦の過失により手術が失敗したり，患者が死亡したような場合，医師の責任はどのようになるでしょうか。

判例は，複数の者が関与する場合に，他の関与者が規則を守り適切な行動をとるであろうことを信頼するのが相当である場合には，他の関与者が不適切な行動をとったために被害が発生しても，その結果について過失責任を負わないとする**信頼の原則**を認めています。医療事故についてみれば，ベテラン看護婦

が不注意で電気メスのケーブルの誤接続したため患者が重度の熱傷を負った事案で，その看護婦が適切な行動をとることを信頼していた医師は，接続の成否を点検しなかったとしても，過失はないとしています（札幌高判昭和51年3月18日高刑集29巻1号78頁）。ただ，このような判例に対しては，医療チーム内における執刀医と他の関与者との業務分担関係が明確でなく，チームを指揮統率する責任者がだれであるかも特定できない状況下では，この原則の適用は慎重であるべきとの批判もあります。

4　医療過誤における刑事責任と民事責任

　医師の医療行為には相当な技術により患者の利益を侵害する結果（傷害や死亡）を回避する義務を尽くしたとしても，治療行為に失敗することも十分にありえます。それゆえ，あらゆる治療行為の失敗についてその法的責任を追及することは，高度医療の提供をい縮させるおそれがあります。たんなる治療行為の失敗についてその法的責任を追及するのではなく，まさに人的な過失が認められる場合に法的責任を追及すべきことになります。ただし，法的責任の追及にあたっても，刑事責任の追及にはより慎重な態度が求められます。刑法は患者の利益が不当に侵害された場合に患者を守るために必要最小限の範囲で介入すべきだからです。刑事責任は，その刑罰の物理的な強制力の程度が著しいことから，その発動には謙抑的でなければいけません。いわば刑法は最後の手段（ultima ratio）なのです。

　しかしながら，現実問題をみる場合，このような慎重な態度であることがかえって患者の不利益になっている側面があります。最近のニュースを見聞きすると，病院・医師の側がいたずらに医療過誤を隠そうとする態度がみえるからです。たとえば，医療過誤の有無にかかわらず，カルテを開示することに医療機関は消極的です。カルテに記載される情報は，治療行為の内容で，その情報所有者は医師と患者の双方です。しかし，医師は，治療の前提として説明義務がありますから，患者には，情報所有者として，当然開示請求権をもつといえます（第35講参照）。もし医療過誤があったとしても，私人でしかない患者あるいは遺族は適切な対応をとることができず，民事責任の追及すら困難になりかねません。そのような民事責任追及の困難さから，被害者は，国家機関による

強制的な捜査に期待せざるをえないことになります。

　過失犯の効果的な防止は，原因の正確な究明とその対策につきます。医療機関の側が医療ミスを隠蔽(いんぺい)したがる態度は，原因解明の不十分さからかえって別の医療過誤を誘発することにもなります。刑事責任の追及がなければ，医療過誤を適切にとらえることができない現状は，刑法的介入の増大をまねくという法的責任の構造としてはいびつな形になっていることになんらかの対応をしなければならないといえます。

解　決

　①　A看護婦の不注意による患者の取り違えが生じ，丙さんの健康な肺が摘出されてしまったのですから，A看護婦には，刑事責任として業務上過失傷害罪が成立します。また，丙さんはA看護婦に対して損害賠償を請求することができます。

　②　B医師は，医師である以上，少なくとも丙さんの胸をあけた段階で，注意すればその肺が健康であることに気づいたはずですから，肺の摘出についてはやはり同様に過失責任があるといえます。その点で，A看護婦と同様の責任を負うことになります。

　③　丙病院は，その従業員であるA看護婦とB医師の過失により丙さんに損害を負わせたことについて，民法の使用者責任（民715条）を認めることが可能です。

●関連する条文

　　民法　　415条・709条・715条
　　刑法　　35条・211条

〈民法〉
第415条〔債務不履行〕
　　債務者カ其債務ノ本旨ニ従ヒタル履行ヲ為ササルトキハ債権者ハ其損害ノ賠償ヲ請求スルコトヲ得債務者ノ責ニ帰スヘキ事由ニ因リテ履行ヲ為スコト能ハサルニ至リタルトキ亦同シ
第709条〔不法行為の要件と効果〕
　　故意又ハ過失ニ因リテ他人ノ権利ヲ侵害シタル者ハ之ニ因リテ生シタル損害ヲ賠償スル責ニ任ス

第715条〔使用者の責任〕
　或事業ノ為メニ他人ヲ使用スル者ハ被用者カ其事業ノ執行ニ付キ第三者ニ加ヘタル損害ヲ賠償スル責ニ任ス但使用者カ被用者ノ選任及ヒ其事業ノ監督ニ付キ相当ノ注意ヲ為シタルトキ又ハ相当ノ注意ヲ為スモ損害カ生スヘカリシトキハ此限ニ在ラス
　②　使用者ニ代ハリテ事業ヲ監督スル者モ亦前項ノ責ニ任ス
　③　前二項ノ規定ハ使用者又ハ監督者ヨリ被用者ニ対スル求償権ノ行使ヲ妨ケス

〈刑法〉
第35条（正当行為）
　法令又は正当な業務による行為は，罰しない。
第211条（業務上過失致死傷等）
　業務上必要な注意を怠り，よって人を死傷させた者は，五年以下の懲役若しくは禁錮又は五十万円以下の罰金に処する。重大な過失により人を死傷させた者も，同様とする。

〈練習問題〉

正誤を○×で答えなさい。
1　医療過誤では，民事上の責任は問われることはあっても，刑法上の責任を問われることはない。
2　医師には真摯かつ誠実に医療をつくすべき契約上の義務が存在する。
3　治療の申込により，患者の同意は認められるので，医師は必要と考える措置はいちいち患者に同意を求めることなく行っても法的責任を負わない。
4　複数の医師・看護婦が共同作業をする手術において，その一人の不注意によって患者が死亡したときは，それに関与した全員がその責任を負うことになる。

第7講　金銭消費貸借契約

問題提起

　Aさんはファイナンス会社のカードを作って，買い物をしたり，帰省費用を借りたり，もともとの借金は50万円だったのに利息（年27％）が3年間のうちに膨らんで，100万円を超してしまいました。もう支払いきれないのですが，やはり，借金は返さなければならないでしょうか。

point　①　借金の意味　金銭消費貸借契約の成立
　　　　②　利息の制限　利息制限法と貸金業規制法
　　　　③　破産と免責

必要な法知識

1　金銭消費貸借契約
(1)　意　味
　借金をする契約は法律上は**金銭消費貸借契約**といいます。消費貸借契約は，代替性のあるものを借りて，それを消費して後，同じ種類のものを返す契約一般を指します。目的物は金銭に限りません（民587条）。ガソリンやお米の消費貸借契約も成立します。
(2)　金銭消費貸借契約の成立要件
　金銭消費貸借契約はお金の貸し借りの合意と金銭の交付によって成立します。物が成立に必要なので，要物契約といいます。

　　金銭消費貸借契約の構造
　　　　　貸してくださいという申込
　　　　　　　↓
　　　　　貸しますという承諾
　　　　　　　↓
　　　　　金銭を渡す　　　　　　　　ここで契約成立　要物契約という

利息が発生するのは利息の合意によります。元来は，無利息です。しかし，現実の取引社会で無利息の契約は皆無です。そして，現在はさまざまな形で，利息付の金銭消費貸借契約が結ばれています。以下のものは呼び方はいろいろですが，すべて借金であることには変わりありません。

友人との貸し借り，質屋の借金，サラ金の借金，サラ金のカードローン，銀行の借金，銀行のカードローン，ショッピングカードローン，住宅ローンなど，いろいろの言い方で呼ばれますが，利息を付けて元本は支払わなければならないので本質は変わりはありません。スマートな名前に注意すべきです。

(3) 複利と単利

一般的に，遅延した利息は1年を過ぎると元本に組み入れられます。元本が増えるわけです。これを**複利**といい，重利ともいいます（民405条）。複利の利息によって，いわゆる雪だるま式に借金が増えるのです。

計算式を確認しましょう。100万円を年利30％の複利の約束で借入れ，返済が3年間滞ったとしましょう。利息と元本の金額は以下のとおりになります。

元本	利息	元利合計	
100万円	30万円	130万円	1年後
130万円	69万円	169万円	2年後
169万円	50.7万円	219.7万円	3年後で2倍以上！

利息を元本に組み入れない単利は珍しいといえましょう。

2　利息の制限

利息は民法の契約自由の原則によれば，いかなる設定をしても，有効になるはずです。しかし，借金をする人は経済的に窮迫している人も多く，利息のことに考えを十分めぐらせることができなかったり，資金の必要に高利を承認せざるをえなかったりします。利率を契約自由に任せるのは公平ではないのです。利息は①利息制限法と②出資法と③貸金業の規制に関する法律の三面から規制されています。

(1) 利息制限法による利息の規制

利息制限法1条によれば以下の決まりに反する利息は無効とされます。

　　元本10万円未満　年20％まで

元本10万円以上100万円未満　年18％まで

　　　元本100万円以上　年15％まで

超過の分の利息は無効となるわけです。原則として判例によって，払いすぎは返還されることになっています。判例により，債務者保護の徹底が図られています。しかし，遅延利息の利率は，本来の利率の1.46倍の定めまで，合法的です。

(2) 出資法による制限

　出資法は5条で，サラ金業者は，年利29.2％を超える定めをした場合，刑事罰を科します。一般人は年利109.5％を超える定めをした場合，刑事罰を受けます。

(3) 貸金業の規制に関する法律

　これは一般にサラ金規制法ともよばれ，昭和58年に制定されました。サラ金業者に対する行政規制と利息の容認がされた法律です。この法律の43条により，貸金業者については①の利息制限法以上，②の出資法の制限までの高金利（つまり年利29.2％）が合法的なものとして通っていることに注意してください。

　平成12年5月31日まで，40.005％が利息が有効でした。高利の巻き起こす悲劇が社会問題となり，最高利息引下げの法改正がなされましたが，依然，高利の問題は解消しているとはいえません。消費者金融の適正化を，抜本的に図るべきです。

3　返済不能と対策

　現行のような高い利率のもとでは，返済不能に陥ってしまうことも多々あります。返済不能ないし，困難になった債務者は以下のような法的な解決を図るべきでしょう。

(1) 利息制限法からの抗弁

　利息制限法以上の過剰部分の利息以上は，今後支払う必要はありません。それゆえ29.2％のサラ金として合法的な利息の支払に応じる法的義務はないのです（任意に支払えば返してもらえませんが）。

　過剰な利息を支払っていた場合は，元本に充当することを主張できます。

(2) 利息は制限範囲である場合

第1の道として，**和解**があります。弁済の一部免除や分割支払や利率の縮減を話合いで決めるのも一つの方法です。

(3) 自己破産

次の道として破産法による**自己破産**手続があります。破産とは本来債務者の総財産による総債務の清算手続をいいますが，消費者ローンの場合一種の免責手続といえましょう。

|自己破産の手続の流れ|

　自分で破産を申し立てる。
　　↓
　総財産をもって債権を総債権者に平等に支払う。破産法による
　　↓
　支払いが足りなくても債権者があきらめる
　財産がほとんどない→同時廃止→なにもしない→債権者があきらめる。
　　↓
　債務者の免責の決定あり→以後債務免除→通常免責してもらえる
　貸したほうが迂闊だったことになる
　　↓
　債務者　一定期間　一定の職に就けない　弁護士・会計士など
　　　　　ブラックリストに載り，新たにカードを作れない，貸して
　　　　　もらえない制裁がある。

自己破産は苦しい重圧から逃れられる債務者に有利な制度ではありますが，一生の記録にはなります。

解　決

① カードを作ってそれで分割払の形で買い物の支払をしたり，キャッシングをしたりすることは，ファイナンス会社と金銭消費貸借契約を結んだことになります。Aさんは，一般的に成年である場合，単独で，有効な契約を結んだことになります。したがって金銭（元本）の返還義務を期日になれば負います。そしてそれは利息の約束を伴うものです。

② しかし法律は，債務者の保護のために利息の利率の制限を設けています。どんなに高い利息でも契約さえあれば許されるような横暴は通りません。法律

上の制限利息以上の利息については，返還の義務を負いません。利息制限法によれば元本が10万円以上100万円未満の場合，最高利率は18％です。

本問の利率は27％で明らかに過剰利息で，過剰部分についてはAさんは，本来弁済の責任を負いません。

ただし，サラ金業者は29.2％の利息まで出資法による罰則を受けることはありませんし，任意に弁済された分は返還の義務がないことが法により認められています。

③　しかし，Aさんは利息制限法以内の利率による債務も現在支払えない状態です。

この場合解決方法はいくつか考えられます。

まず，第1に話合いによって，債務額を減額，弁済期を延長してもらって，何とか，長期間にわたるとしても支払い義務を果たすことです。これを和解といいます。

第2に保証人がいた場合，保証人は主債務者に代わって債務を支払う義務を会社に負うから，彼が払うことになり，Aさんはとりあえずファイナンス会社の追及を逃れられます。保証人は，厳しい責任を負うわけではありますが，契約上の義務であり致し方ありません。保証人になると損をするわけですから，意味もなく保証人になることに注意しなければなりません。

第3に支払えないなら，支払わずに会社が私的な財産に強制執行をかけてくるのを待ち，それを受忍するのも方法です。しかし，Aさんにはめぼしい財産がない場合，手続が開始する確率は低いでしょう。会社もコストを考えるからです。Aの親や親戚に支払わせるように圧力をかけるかもしれませんが，保証人でない限り，子の借金だからといって親が支払う法的義務はありません。

第4にAさんは，自己破産を申し立てることができます。財産より債務のほうが多いとき，裁判所は本人や債権者の申立により破産宣告をします。そして総財産を分配して債権者に支払います。財産がない場合同時廃止をして手続を終わり，債権関係を清算できます。破産者Aは免責を受けるともう一切の借金を返さなくてよくなります。しかし破産者の経歴がつき，ブラックリストに載り，新しい借財は当分できませんし，一定の職にも就けません。

●関連する条文

　　利息制限法　1条
　　貸金業の規制に関する法律　43条

〈利息制限法〉

第1条（利息の最高限）
　金銭を目的とする消費貸借上の利息の契約は，その利息が左の利率により計算した金額をこえるときは，その超過部分につき無効とする。
　元本が十万円未満の場合　年二割
　元本が十万円以上百万円未満の場合　年一割八分
　元本が百万円以上の場合　年一割五分
　②　債務者は，前項の超過部分を任意に支払つたときは，同項の規定にかかわらず，その返還を請求することができない。

〈貸金業の規制に関する法律〉

第43条（任意に支払つた場合のみなし弁済）
　貸金業者が業として行う金銭を目的とする消費貸借上の利息（利息制限法（昭和二十九年法律第百号）第三条の規定により利息とみなされるものを含む。）の契約に基づき，債務者が利息として任意に支払つた金銭の額が，同法第一条第一項に定める利息の制限額を超える場合において，その支払が次の各号に該当するときは，当該超過部分の支払は，同項の規定にかかわらず，有効な利息の債務の弁済とみなす。
　　以下略……

〈練習問題〉

正誤を○×で答えなさい。

　1　利息制限法による最高利率は年利29.2%である。
　2　サラ金業者に，年利27%の利息を支払った場合，利息の返還を請求できない。
　3　破産者は，今後一切の債務を支払う義務を免れる。
　4　破産をすると選挙権がなくなる。
　5　利息制限法違反の利息でも，任意に支払った場合，返還の請求はできない。

第8講　保証人と担保

> **問題提起**
>
> 　Aさんはサラリーマンをやめて，ゲームソフトの会社を設立しました。サラリーマン時代の預金をつぎ込み，自宅の賃貸マンションに事務所を置きました。運転資金や設備投資のためにあと，1,500万円必要となりました。銀行に融資の相談に行きましたが，保証人をたててほしいと言われました。もしAさんの父親が保証人になればどんな責任を負担しますか？
> 　また，銀行は担保物権を設定したいとも要求しています。どのように担保を提供するのですか。
>
> **point** ①　保証人の責任
> 　　　　　②　担保物権　抵当権と質権

必要な法知識

　他人に金銭を融資するとき，支払の確保のために，担保の提供を要求するのは，取引上当然のことです。本人が100％確実に返済するとは断言できないからです。弁済の確保のために，何らかの手段を，広い意味で担保といいます。物や財産を押さえておく方法を**物的担保**と言います。物を確保するのではなく，他人に債務を支払ってもらう方法＝**保証人**を**人的担保**といいます。

1　保　証　人
(1)　普　通　保　証
　他人の債務を代わって支払う人を保証人といい，その債務を保証債務といいます。民法上一般的に保証と言えば**普通保証**をさします。
　普通保証契約の成立する要件は民法446条によりますと，第1に主たる債務

の存在。第2に保証の合意が、保証人と債権者の間（債務者は契約当事者ではない）にあることです。書面の作成や実印の使用は不要な諾成契約です。

普通保証の効果として、主たる債務者が支払わないで、債権者が主たる債務者に請求したときでかつ主たる債務者が資力不足の場合、保証人は債務者に代わって支払う第二次的な弁済の責任を負います。ただし、保証人は求償権をもちます。つまり、保証人には債務者に、立て替え払いした分は後で返してくれと請求できるのです。

(2) 連帯保証

連帯保証人とは、他人の債務を即時代わって支払う人をいいます。その債務を**連帯保証**債務といいます。

連帯保証の成立要件は民法454条によりますと、第1に主たる債務の存在。第2に連帯保証の合意が、つまり二次的な補充的な責任でなく主債務者と同じ責任を負う旨の合意が、連帯保証人と債権者になされることです。書面の作成や実印の使用は不要です。

連帯保証人は、他に何人連帯保証人がいても、債権者が債務者に代わって支払えという請求があった場合、即時無条件で支払わなければならない厳しい責任を負います。あとで立替払いした分は返還の請求ができます。非常に厳しい拘束力をもつ保証です。連帯の特約がなければ、普通保証になりますが、銀行をはじめ貸金業者は連帯保証を要求することがほとんどです。

2 担保物権

(1) 抵当権

抵当権とは、債務者または物上保証人が不動産を、占有を移転しないで担保に供し、不履行の際には、債権者が優先弁済を受ける担保権をいいます。

抵当権は、債権者に担保物の占有を移転しないので、債務者などが使用・収益を継続できます。企業は使用収益しつつ運転資金を得ることができ、住宅購入者も居住しつつ資金を調達できます。生産者金融や住宅ローン金融の担保として、抵当権は中心的地位にあります。

第8講　保証人と担保　51

```
抵当権者 ─────────▶ 抵当権設定者
（債権者）              （債務者）
                      抵当不動産
                    （債務者が利用）
```

　抵当権の成立要件は第1に抵当権設定契約が結ばれたこと。第2に，担保の対象となる債権があらかじめ存在することです。これを，**附従性の原則**といいます。抵当権は被担保債権の発生・消滅に従って発生・消滅します。

　抵当権者は優先弁済の権利を持っていて，債務者が債務を支払えず，最後競売になっても，抵当物件からは優先弁済を受けることができます。その範囲ですが，元本債権＋利息──最後の2年分（または遅延損害金，遅延利息で最後の2年分）です。後順位抵当権者・一般債権者との利害調整をはかり，極端な独り占めをさせないために限定があるのです。

＊　抵当権の順位決定　　登記は成立要件ではありません。もちろん引渡も不要です。しかし，抵当権の順位決定は民法373条1項によって，抵当権登記の早い順番によります。

　　〔例1〕
　　　1月　A抵当設定契約　　3月に登記　2番登記
　　　2月　B抵当設定契約　　2月に登記　1番登記　　B優先する
　　〔例2〕
　　　抵当権者A　　登記なし
　　　一般債権者B
　　　　AB二人は平等の地位

(2) 根 抵 当 権

　抵当権には，実はもう1つバリエーションがあって，それを**根抵当権**といいます。これは，決まった金額（極度額）内で，決まった範囲の債権全部を担保する抵当権です（民398ノ2条以下）。

　たとえば，1,000万円極度額で手形債権の根抵当権が設定されたとしましょう。

　　1月1日　　500万円手形債務発生
　　3月1日　　800万円手形債務発生〈1,000万円までは根抵当によって担保さ

れる〉
4月1日　全額弁済〈しかし，担保の枠は続く〉
5月1日　1,000万円借りる〈この債務は全額担保される〉

個別の債務が支払われても，引続き根抵当権は存在する債務者にとっては厳しい担保です。

(3) 質　権

質権とは動産や不動産の占有を移転して，債務者に不履行があった場合質物から，優先弁済を債権者が受ける担保をいいます（民342条）。

質権は設定契約と被担保債権の存在と質物の引渡によって成立します。質物を引き渡してしまうので，債務者は物を利用することができないですし，債権者は物を保管する責任が発生して，使いづらい担保方法で，質権の利用は減少しています。

質権と抵当権との比較

	質　権	抵　当　権
目　的　物	動産・不動産・権利	不動産
成立要件	合意・要物契約	合　意
占有移転	あり，留置的効力 使用収益できない	な　し 使用収益可能
対抗要件	引渡・登記・債権譲渡	登　記
優先弁済の範囲	債権額・利息・損害金の全額	債権額＋最後の2年分の利息

3　相殺予約

(1) 相　殺

相殺とは，同一当事者間で同一の種類の債権債務があるとき一方の意思で双方を消滅させて弁済したのと同じ状態にすること（民505条）です。わかりやすくいうと，お互いの借金で借金を帳消しにすることです。

相殺ができる要件として，まず，第1に，同一当事者間であること。第2に同一種類の債権債務が存在すること。第3に相殺する債務が弁済期にあることです。相殺はどちらか一方の意思表示があれば可能で合意は不要です。

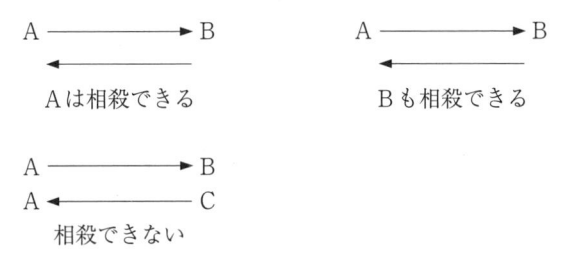

```
A ─────▶ B        A ─────▶ B
  ◀─────            ◀─────
 Aは相殺できる      Bも相殺できる

A ─────▶ B
A ◀───── C
 相殺できない
```

(2) 相殺予約

　相殺は，一見すると単なる簡単な債務消去方法に見えますが，実は担保としての機能があります。なぜ担保になるのでしょうか。実は債権者が逆に債務者に対しても，債務を負っていると，債務者の債権者が差し押さえても，いち早く相殺をかけると差押えは不発になり，債権者としてのとりはぐれの損失はなくなるからです。そのため**相殺予約**が行われることが多いのです。

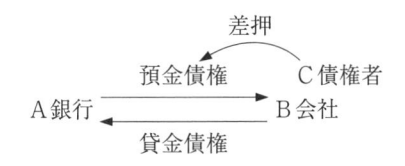

```
              差押
            ◀─────
         預金債権      C債権者
A銀行 ─────────────▶ B会社
             貸金債権
```

解　決

　① **担保の必要**　Aは銀行と1,500万円の金銭消費貸借契約を結ぶことを望んでいますが，このような多額の借金を会社がうまくゆかなくなった場合，返してもらえないことは銀行にとっても大問題です。破産されてしまっては銀行経営上不注意といえるからです。サラ金のように多額の利息をとるという方法で経営を維持するわけにもいきません。企業のための金融は適正な利率でないと，企業が破綻し，ひいては金融機関も破綻するからです。したがって融資の際に借金のかたである担保を設定することが，重要となります。

　② **父親の責任**　人的な担保方法として保証人があります。Aの父が借金の保証人になると，普通の保証の場合，Aが支払えない場合支払の義務があります。連帯保証の場合は事情に関わりなく支払の義務があります。保証人はその人に資力があれば物的担保よりも，より有効で，簡便な担保方法です。保証人は求償権をもちますが，必ずしも返してもらえません。また，絶対に迷惑を

かけないという言葉は法的には何の意味もなく，保証人になるのは覚悟が必要です。

　③　**抵当権**　　物的な担保方法として，最も重要なものは不動産に設定する抵当権（民369条以下）です。抵当権設定契約を結び，それを登記し，金銭消費貸借の債務について不履行があれば，抵当不動産を銀行は競売してその売却代金から他の債権者に優先して弁済を受け，自分の債権を保全することができます。抵当権はA名義の不動産ばかりではなく，Aの父親名義等の他人の不動産にも設定できます。競売されないうちは不動産は自分たちで使用収益でき銀行の占有には移りません。根抵当として特定の債権ではなく，ある範囲の債権で抵当を設定することもあり，これは拘束が強いものです。一つの債務を弁済しても抵当が消えないからです。

　昔ながらの動産上の質権設定は，現在ほとんど銀行取引ではなされていません。質物の管理や売却の手間がかかるからです。しかし預金や株券や国債や無体財産権のような債権について質権を設定する権利質（民362条）は非常に便利です。保管の費用もかからないし，直接取り立ても可能で，銀行にとっては有利です。Aは定期預金や株券などがある場合，債権質の設定を要求されるかも知れません。

　④　**相殺予約**　　融資銀行の定期預金をAが持っていると銀行はAが借金を支払えないときその定期預金の金額まで，相殺をして債権の回収をすることができます。相殺の予約がされることが多いでしょう。

　⑤　**結論**　　銀行は担保の評価やAの経営能力によってどの程度の融資を許すか，担保を要求するかを判断してくるでしょう。Aも一番有利な銀行を選択するべきです。

●関連する条文
　　　　民法　446条・454条
〈民法〉
　　第446条〔保証人の責任〕
　　　　保証人ハ主タル債務者カ其債務ヲ履行セサル場合ニ於テ其履行ヲ為ス責ニ任ス
　　第454条〔連帯保証人と両抗弁権〕
　　　　保証人カ主タル債務者ト連帯シテ債務ヲ負担シタルトキハ前二条ニ定メタル権利ヲ有

セス

〈練習問題〉

正誤を○×で答えなさい。
1 単に保証人となると契約した場合は，連帯保証人にはならない。
2 現実の取引社会には連帯保証の契約のほうが圧倒的に多い。
3 動産を質に入れるのは，不便なことが多い。

第9講　不動産売買

問題提起

軽井沢に別荘の所有をかねてから希望していた甲氏は，地元の不動産業者数社に別荘建設用地として1,200平方メートルくらいの土地を探している旨を伝え，土地の斡旋を依頼していました。そのうちの一社である軽井沢不動産から良い土地が見つかったとの連絡があり，早速，甲氏はその物件を見に行きひと目でその土地を気に入りました。その別荘用地は希望どおりの面積である1,200平方メートルであるとの説明を売主からも受けました。この土地を売主が他の第三者に売ってしまうのを心配して本契約の申込みをする意思表示を業者を通して売主乙にしました。甲は3日後に500万円を手付金として，契約代金の決済は1カ月後とする売買契約を売主乙との間で締結しました。その年の夏には，新築の別荘で過ごしたいとの思いから，早速，別荘建築の準備に入りました。ところが，代金決済の5日前になってその土地の測量結果が知らされました。その結果によると，その土地は1,190平方メートルしかないことが判明しました。その土地の容積率は20％であり，希望した建物をその土地に建てることができないことが明らかになりました。

point ①　甲氏は契約を解除できますか

② 甲氏は土地の容積率の制限により希望の広さの建物を建築することができないので，土地の実際の価値は，当初，売主が提示した価格より低いはずであるから値下げする義務があると主張しました。この甲氏の主張は，法的には受け入れられますか

必要な法知識

1　契約と契約自由の原則

商品の売買や土地建物の賃貸借等の際には，当事者はその商品を売る（賃貸

する）意思表示をし，一方の当事者が買う（賃借する）旨の意思表示をします。このように，少なくとも2人以上の者が当事者となり，相互に自己の意思表示を相手方にし，その両当事者の意思が合致したことによって成立するものを契約といいます。

　たとえば，甲が乙に対して土地建物を5,000万円で売ろうと申込み，両者の交渉を経て乙がその値段で買うことを承諾する旨の意思表示をすることにより売買契約が成立するのです。甲が乙所有の家屋を家賃50,000円で借りたいと申込みの意思表示をし，乙がその家賃で家屋を甲に貸すことを承諾する意思表示をすることにより賃貸借契約が成立します。

　このように，個人相互における自由な意思表示とその合致により成立する契約の概念は，封建時代において身分・階級制度により拘束された時代と近代とを画する概念です。個人の自由な意思表示とその意思の合致により取引やその取引の内容が自由に決定し，成立する仕組みを契約自由の原則といいます。

　契約自由という場合に，そこには，契約締結の自由と，契約内容の決定の自由とが含まれます。前者には，契約を結ぶこと自身の自由と，誰を契約の相手方として選ぶかの自由とが含まれます。そして，この3つが完全に個人に認められる場合に，契約自由ということができるのです。なお，契約の方式の自由，すなわち一定の方式で結ばれた契約でなくても，契約が存在すればこれに法律上の効力が認められるという原則も，契約自由の原則の一要素とされます。

　近代法の基本原理としての契約自由の原則も，法律の指導原理が個人に対して自由を最大限に尊重しようという立場から，すべての人に人間らしい生活を保障しようとの立場に移るに従い大きな法的制限が加えられるようになってきていることにも注意を必要とします。

2　契約の種類

　民法は549条から696条までに，贈与，売買，交換，消費貸借，使用貸借，賃貸借，雇傭，請負，委任，寄託，組合，終身定期金および和解にいたる13種の契約を列挙して，その法律上の取扱いを定めています。これらを典型契約と呼んでいますが，契約自由の原則に基づいて，この他いかなる契約を結ぶかは契約の当事者に委ねられています。このように民法典に明確な規定を置いている

契約を典型契約あるいは有名契約といい，これに対して民法典には規定はないが，取引界において実際に使われている契約を非典型契約あるいは無名契約といいます。典型契約は立法当時，現実に存在して重要な意味をもっていたものを取り上げて規定したものですが，その後状況の変化によってあまり利用されないものがある一方，立法当時には予想されない経済上あるいは社会上の変化により，新たに登場した契約も多数あります。これらの非典型契約が，契約自由の原則により，**公序良俗に違反せず強行法規にも違反しないかぎり**すべて有効なものとして扱わなければならないのは当然です。銀行取引，出版契約，出演契約，リース契約，電子商取引などはすべてこの種の非典型契約に位置づけられます。

契約は，社会生活において権利関係を定める重要な法律行為です。こうした契約は，対立する複数の意思表示が合致することによって成立しますが，それにはさまざまな種類があります。

① 売買・交換・賃貸借等の契約は，両当事者が相互に対価的な債務を負担するものとして，「双務契約」と呼ばれます。
② 一方の当事者のみが債務を有する贈与契約等を，「片務契約」といいます。
③ 当事者の意思表示だけで契約が成立するものを「諾成契約」といいます。
④ 一方の当事者が物の引渡などの給付をすることを成立要件とする「要物契約」（例；消費貸借）などもあります。

3　契約の成立

契約が成立するには，相対立する複数の意思表示が合意しなければなりません。意思表示の合意の手続としては，一般に，当事者の「申込」と「承諾」が必要となります。ある特定の人に対してなされる申込は，それが相手方に到達した時点で効力を生じます（到達主義）。また，距離的に遠く離れた者同士の契約の場合は，承諾の通知を発信した時点で契約は成立します（発信主義）。

ところで，契約が有効に成立するための要件としては，客観的なものと主観的なものに分けられます。

客観的有効要件としては，契約の内容が①確定可能であること，②実現可能

であること，③適法であること，④社会的妥当性を有すること（公序良俗に反しないこと）などをあげることができます。

　他方，主観的有効要件については，①効果の帰属主体が権利能力を有すること，②表意者が意思無能力者でないこと，③表意者が行為無能力者でないこと，④表意者の意思と表示に不一致（心裡留保，虚偽表示，錯誤）がないこと，⑤表意者の意思決定過程に瑕疵（詐欺や脅迫による意思表示）がないことをあげることができます。

（有効な契約の成立要件）

主観的有効要件
　①　権利能力を有する帰属主体
　②　意思能力・行為能力を有する表意者
　③　意思と表示行為の合致
　④　瑕疵なき意思決定

客観的有効要件
　①　契約内容の確定可能性
　②　契約内容の実現可能性
　③　契約内容の適法性
　④　契約内容の社会的妥当性

4　不動産の売買契約の法的な構造

(1)　不動産と動産

　民法86条は，土地およびその定着物はこれを不動産とすると規定しています。さらに不動産以外のものをすべて動産とすると規定しています。定着物とは，建物などのように現に土地に付着しており，かつ継続的に土地に付着した状態で使用されることが社会通念上その性質として認められるものをいいます。建物のほかに樹木なども不動産とみなされます。

　不動産の所有権などの物権変動は，その登記をしなければ第三者に対抗できません。所有権を売主から売買契約により取得したとしても，第三者には登記をしないかぎり対抗できないのです。すなわち，不動産の物権変動は，売買契約等の事実の存在により当事者間では効果が生じますが，その不動産に関して

正当な利害関係を持つ第三者には，登記がないかぎりその物権の変動を主張できないのです。

(2) 売買契約の予約と手付

(a) **売買契約の成立と効果**　売買契約は，ある一定の財産権の移転と，その対価としての代金を支払うことについて，売主・買主の両当事者の意思表示が合致したときに成立するという諾成契約です。目的物の引渡（売主の目的物給付債務）や代金の支払（買主の代金債務）は，売買契約によって生じた債務の履行として行われるのが普通であり，売買契約の効果ということができます。売買契約の成立は，両当事者の意思表示の合致時点であることには注意が必要です。

(b) **売買の予約**　AB両者間においてある土地を1,000万円で売買するに際して，Aが売買の成立を希望する場合には，売買契約を成立させることをあらかじめ約束しておくことを，売買の予約といいます。

　Aが土地を1,000万円で売りに出したのを知ったBは，それを買いたいと思ったが代金の準備ができない。代金をそろえる準備をしているうちにAがその土地を第三者に売ってしまうかもしれません。そうさせないようにするにはどうすればよいでしょうか。このような場合に利用されるのが**売買の予約**です。予約とは当事者の一方が本契約を締結しようとして申込の意思表示をすれば，相手方はこれを承諾しなければならないという債務を負う契約をいいます。この予約をしておけば，Bが代金を準備できた時にAに対して売買の申込をすればAは承諾の意思表示をしなければならず，これを怠るときは，BはAの承諾という債務の履行を求める訴えを提起し，承諾という意思表示に代わる判決を得て（民414条2項但書，民事執行法173条1項），売買契約（本契約）の成立という効果を生じさせることが可能となります。このような予約は右の例に挙げた売買の場合に限らず，すべての契約において利用することができます。

　ところで，予約から本契約の成立にまでこぎ着けるためには，相手方の承諾の意思表示を得なければならず，これが得られない場合には承諾を求めて訴求しなければならないという迂遠とも思われる途をとることが必要ですが，迅速に本契約の成立を望む通常の売買の場合にはきわめて不便です。そこで民法は**売買の一方の予約**という売買特有の予約を認めています。これは当事者の一方

（通常は買主のＢ）が予約を本契約に切り換えたいという意思表示（これを予約完結の意思表示という）をすることにより，相手方の承諾を得ずに自動的に売買契約が成立するというものです（民556条１項）。したがってこれは予約というよりも，むしろ完結の意思表示を停止条件とする売買であるといってよく，ここにいう完結権は当事者の一方的な意思表示で契約の成立という効果を生じるのですから，形成権の一種ということができます。

　予約完結の意思表示をする権利（予約完結権）を誰が持つかは当事者間の取決めによって決まります。ふつうは買主の事情で売買契約の成立にもっていけずにこの予約にとどまるはずですから，買主が予約完結権をもつ場合が多いといえます。

　(c)　**手付**　売買契約締結の際に手付（手金・内金）として金銭その他の有価物を買主が売主に支払う場合があります。その場合には，手付を支払った者（多くは買主）は，これを放棄して，手付を受けた者（多くは売主）は，倍額を返還して売買契約を解除することができます。ただし，契約の解除権の行使は，相手方が債務の履行に着手する前でなければなりません。

　ここに『**履行に着手**』とは，債務の内容である代金支払もしくは目的物の引渡の実行に着手することを意味します。実行に着手しているとは，客観的に外部から認識できるような形で履行行為の一部がなされるか，履行のために不可欠な前提行為をした場合をいい，単なる履行の準備行為では足りないと判例上は理解されています。この規定の趣旨は，債務内容の履行に着手した当事者が，相手方の解除権の行使により不測の損害をこうむることがないようにするところにあります。

　契約が履行されたときは，手付は，代金の一部に充当されるのが普通です。

　手付にはいろいろの意味があります。まず，契約が成立したことの証拠の意味を持つ証約手付が考えられます。さらに，契約が履行されなかったときの違約罰の意味を違約手付と，手付額だけ損をすれば解約することができるという意味をもつ解約手付があります。手付にいかなる性質を持たせるかは当事者の取決めに委ねられていますが，民法はわが国の慣行に従って解約手付の趣旨の規定を設けているのですから，とくに当事者間で取決めをしていなければ，一般的には解約手付と理解してよいでしょう。

5　不動産の売買契約における売主（買主）の義務

(1)　売主の権利移転義務

売主は，売買の目的である財産権を完全に買主に移転するために必要な一切の行為をなす義務を負います。すなわち，売買契約そのものによって売買の目的である財産権が移転しなかった場合には，これを移転する契約をし，さらに，目的物の占有を移転し，登記・登録その他対抗要件を具備させ，目的物に関する証拠書類の交付をすることなどは，すべて売主の権利移転義務に含まれます。したがって，売買の目的たる財産権が他人に属している場合には，これを取得して買主に移転しなければならないことも当然です。

(2)　売主の担保責任

売買の目的物が不完全な場合には，売主に過失がないとしても，売主はこれに対して責任を負うことになります。このことを売主の担保責任といいます。

たとえば，100坪の土地を売主から購入してその土地を実測してみたら97坪しかなかった場合や，建物を購入して家具を入れたら床が抜けるなどの欠陥が露見した場合があったとします。このような場合には，買主は売主に対してその責任を追及することが認められています。この売主の責任を売主の担保責任というのです。

この担保責任の追及の方法としては，①契約の解除，②代金減額請求，③損害賠償請求の三種の方法が認められています。

(3)　売買の目的物に不足がある場合

売主の担保責任の原因になる目的物の瑕疵には，その財産権が他人に帰属している場合や売買の目的物自体に瑕疵がある場合，それに売買の目的物に不足がある場合などが考えられます。

ここでは，売買の目的物に不足がある場合を取り上げます。数量を明確に指示してそれを前提にした売買契約において，その実際の数量が不足しているかその物の一部が契約時には既に滅失していたときには，善意の買主だけが代金の減額請求，損害賠償請求，そして契約の解除権を取得できます（民565条）。善意の買主の「善意」とはその事情を知らないという意味で法律上は使われます。ここでは目的物の不足を契約時点では知らなかった買主ということを意味します。

なお，数量を指示してする売買とは，宅地の分譲地330平方メートルを1平方メートルあたり10万円で売買する場合に，その売買代金は単価10万円に330平方メートルを乗じて3,300万円となるというように明示した場合を意味します。

(4) 買主の義務

売買契約における買主の主要な義務は，代金支払義務です。契約時に支払の時期や場所を特約で定めなかった場合には，次のような規定があります。

①売買の目的物の引き渡すべき時期だけを定めた契約の場合には，代金の支払も目的物の引渡と同時になすべきものと解されています（民573条）。

②売買の目的物の引渡と同時に代金を支払うべきときは，その引渡の場所において支払うべきであるとされています（民574条）。

解　決

① **甲氏は契約を解除できますか**　解約できます。売買契約の目的物に不足があることが判明したのですから，売主の担保責任を追及することができます。その担保責任の方法として契約の解除を請求できます。その場合には，手付金の返還がなされることはもちろんです。

目的物である土地に不足がない場合でも，売主が目的物の引渡の履行の着手前であることが客観的に認識される状態であれば，手付金を放棄することにより解除できます。

② **この甲氏の主張は，法的には受け入れられますか**　代金の減額請求も売主の担保責任追及の方法として認められていますので，当然この請求も法的に受け入れられます。

土地を購入する場合には，その面積や利用上の法的制限（建蔽率や容積率，どのような目的に利用できるかなどの都市計画上の法的制限）に充分に留意すべきであることをここで確認しておきます。

●関連する条文
　　　民法　555条・556条・557条・561条・565条
〈民法〉
　第555条〔売買〕
　　　売買ハ当事者ノ一方カ或財産権ヲ相手方ニ移転スルコトヲ約シ相手方カ之ニ其代金ヲ払フコトヲ約スルニ因リテ其効カヲ生ス
　第556条〔売買の一方の予約〕
　　　売買ノ一方ノ予約ハ相手方カ売買ヲ完結スル意思ヲ表示シタル時ヨリ売買ノ効力ヲ生ス
　　②　前項ノ意思表示ニ付キ期間ヲ定メサリシトキハ予約者ハ相当ノ期間ヲ定メ其期間内ニ売買ヲ完結スルヤ否ヤヲ確答スヘキ旨ヲ相手方ニ催告スルコトヲ得若シ相手方カ其期間内ニ確答ヲ為ササルトキハ予約ハ其効力ヲ失フ
　第557条〔手付〕
　　　買主カ売主ニ手附ヲ交付シタルトキハ当事者ノ一方カ契約ノ履行ニ著手スルマテハ買主ハ其手附ヲ抛棄シ売主ハ其倍額ヲ償還シテ契約ノ解除ヲ為スコトヲ得
　　②　第五百四十五条第三項ノ規定ハ前項ノ場合ニハ之ヲ適用セス
　第561条〔同前―売主の担保責任〕
　　　前条ノ場合ニ於テ売主カ其売却シタル権利ヲ取得シテ之ヲ買主ニ移転スルコト能ハサルトキハ買主ハ契約ノ解除ヲ為スコトヲ得但契約ノ当時其権利ノ売主ニ属セサルコトヲ知リタルトキハ損害賠償ノ請求ヲ為スコトヲ得
　第565条〔数量不足・物の一部滅失の場合の売主の担保責任〕
　　　数量ヲ指示シテ売買シタル物カ不足ナル場合及ヒ物ノ一部カ契約ノ当時既ニ滅失シタル場合ニ於テ買主カ其不足又ハ滅失ヲ知ラサリシトキハ前二条ノ規定ヲ準用ス
　第570条〔売主の瑕疵担保責任〕
　　　売買ノ目的物ニ隠レタル瑕疵アリタルトキハ第五百六十六条〈地上権等による制限等がある場合の売主の担保責任〉ノ規定ヲ準用ス但強制競売ノ場合ハ此限ニ在ラス

〈考えてみましょう〉
　1　同時履行の抗弁権について検討してみましょう。
　2　Aはナイフでおどされて，土地の売買契約書にサインをし，手付金300万円を支払ってしまった。このAの救済はいかになされるかも考えてみましょう。

第10講　賃　貸　借

問題提起

　Aは土地を所有していますが，Bはその土地に建物を建てたいと考えています。どのような権利を取得すればよいでしょうか。

point ①　地上権および賃借権
　　　 ②　借地権
　　　 ③　借地権と賃借権との差異
　　　 ④　定期借地権

必要な法知識

1　地上権および賃借権

　地上権とは，他人の土地において工作物または竹木を所有するためにその土地を使用することを内容とする物権です（民265条）。通常は，当事者間の地上権設定契約により成立します。地上権は，その性質が物権ですから，登記をしておけば第三者に対抗することができます（民177条）。

　賃借権とは，賃貸借契約により成立する債権です。賃貸借契約とは，当事者の一方（賃貸人）が相手方（賃借人）に物を使用収益させることを約束し，相手方がこれに対価の支払を約束する契約のことです（民601条）。このように，賃貸借契約は，双方が対価的な債務を負担しますので双務契約です。そして，双務契約であれば必ず有償契約です。また，当事者の合意だけで成立しますので諾成契約です。このことから，賃貸借は，賃料を支払う点で使用貸借と区別され，借りた目的物そのものを返還する点で消費貸借と区別され，諾成契約である点で要物契約としての使用貸借・消費貸借と区別されます。

　賃貸借の義務としては，賃借人の側には，目的物を使用収益させる義務（民

601条），修繕義務（民606条1項），費用償還義務（例，借家人が畳替えのために費用（必要費）を支出した場合や借家の前の道路をアスファルトで舗装するために費用（有益費）を支出した場合に生じる賃貸人の義務——民608条）などがあります。また，賃借人の側には，賃料支払義務（民601条），用法遵守義務，目的物保管・返還義務（民616条・594条1項）などがあります。

　地上権と賃借権との大きな違いは，つぎのとおりです。

　存続期間に関しては，地上権の存続期間は，契約で任意に設定することができますが，定めのないときには裁判所が当事者の請求により20年以上50年以下の範囲で決定します（民268条）。これに対して，賃借権では最長期でも20年を超えることができません（民604条）。また，存続期間のない場合には，当事者はいつでも解約の申入ができます（民617条）。

　譲渡・転貸に関しては，地上権は物権ですから譲渡性があり，地主に登記義務があります。他方，賃借権は債権ですから，賃貸借を譲渡・転貸する場合には，賃貸人の承諾を必要とします（民612条）。また，賃借権の登記をすれば第三者に対抗することができますが（民605条），賃貸人に登記義務がありませんので，実際には賃借人は第三者に賃借権を対抗することができません（売買は賃貸借を破る）。その結果，たとえば，土地の所有者Aが駐車場として土地をBに賃貸している場合に，第三者Cにその土地を売却したとします。Cが所有権にもとづく返還請求権を行使しますと，BはCに対抗できないことになります。

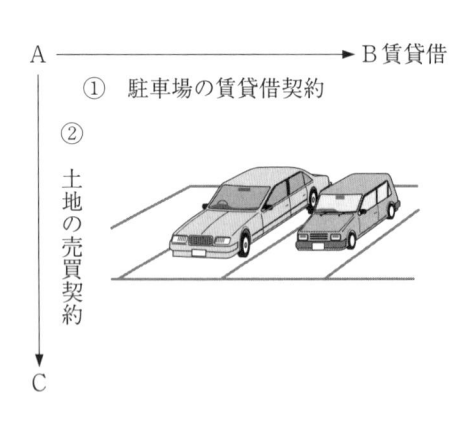

2　不動産の賃貸借

このように，賃借人の民法上の地位は著しく弱いものです。そこで，とくに不動産賃借人を保護するために，「建物保護ニ関スル法律」（明治42年法40），「借地法」（大正10年法49号），「借家法」（大正10年法50号），「農地法」（昭和27年法229号）などの特別法が制定されました。このうち，不動産賃貸借については，近年に入り，第2次世界大戦後の住宅難が改善され，建築技術の向上により建物の高層化が進み，借地・借家関係のあり方が抜本的に見直されるようになり，その結果，「建物保護ニ関スル法律」・「借地法」・「借家法」を修正して一本化した「借地借家法」が制定されました（平成3年10月公布，平成4年8月1日施行）。

なお，借地借家法施行前の借地借家関係に対しても借地借家法は原則として適用されますが，既に成立している契約関係に大きな変化をもたらすことが望ましくないことから，存続期間・契約更新など借主の権利の存続に関する部分については，これまでどおり旧法の下での権利関係と同一に取り扱われることに注意して下さい。

3　借　地　権

建物所有を目的とする地上権と土地賃借権とは総称して「**借地権**」と呼ばれ，借地権は借地借家法の適用を受けることになります（借地借家法2条1号）。建物所有を目的として他人の土地を利用する場合には，地主が地上権（物権）よりも効力の弱い賃借権（債権）の方を希望しますので，地上権が設定されることはあまりありません。

借地権には次のような種類があります。

(1)　普通借地権

普通借地権の存続期間は，原則として30年ですが，契約でそれより長い期間を定めたときはその期間によります（借地借家法3条）。更新後の存続期間は，第1回目には20年，2回目以降10年になります（同法4条）。契約でそれよりも長い期間を定めたときはその期間となりますが（同法4条），それよりも短い期間を定めたときは，その特約は無効となり（同法9条），1回目は20年，2回目以降は10年になります。

借地権の更新については，存続期間が満了する際，借地人が借地契約の更新

を請求したときに建物が存続している限り，前契約と同一の条件で契約を更新したものとみなされます（同法5条1項）。そして，地主が更新を拒絶するには遅滞なく異議を述べなければなりませんが，その異議には**「正当事由」**が必要です。この異議申立について，同法6条は，「借地権設定者及び借地権者が土地の使用を必要とする事情のほか，借地に関する従前の経過及び土地の利用状況並びに借地権設定者が土地の明渡の条件として又は土地の明渡と引換えに借地権者に対して財産上の給付をする旨の申出をした場合におけるその申出を考慮して，正当の事由があると認められる場合でなければ，述べることができない」と規定しています。このように，正当事由の有無は，当事者双方の事情を比較考量して判断されますが，立退料の提供によっても判断されることになります。

借地権の存続期間が満了する前に建物が滅失した場合には，借地権者が残存期間を超えて存続すべき建物を築造したときは，その建物を築造するにつき借地権設定者の承諾がある場合に限り，借地権は，承諾のあった日または建物が築造された日のいずれか早い日から原則として20年存続します（同法5条1項）。

借地権が更新されずに消滅する場合には，「借地権者は，借地権設定者に対し，建物その他借地権者が権原により土地に附属させた物を時価で買い取るべきことを請求」することができます（**建物買取請求権**——同法13条1項）。

ポイント	借地借家法	民　　法
存続期間	30年最短期間（土地） 契約により更新可能（3条）	任意 最長20年（604条）
対抗力 　売られた場合	借地－建物の登記（10条） 借家－引渡（31条） 物権取得者に優先	賃借権登記（605条）
契約更新	賃貸人が更新を拒絶するには自己使用や金銭の給付などの正当事由が必要（6条・28条） 更新が原則－賃借人有利	任意 双方の合意で更新（604条）
債務不履行の効果	信頼関係破壊の理論 　（1回程度の賃料の遅れやささいな契約違反は信頼関係を破壊	債務不履行は解除原因

| 無断転貸 | 信頼関係破壊の理論（転貸が信頼関係を破壊した場合にのみ解除原因となる——判例） | 無断転貸は解除原因（612条） |

(2) 定期借地権

　前述のとおり，普通借地権は，存続期間が30年とされ，しかも，「正当事由」のない限り更新されます。しかし，借地権の長期にわたる保護はかえって借地の供給を妨げかねないということから，平成3年制定の借地借家法は，更新のない3類型の定期借地権を新しく認めました。

　(a)　一般定期借地権　　一般定期借地権の要件は，①存続期間が50年以上であること，②契約の更新に関する規定（同法5条）がない旨の特約をすること，③建物再築による存続期間の延長に関する規定（同法7条1項）の適用がない旨の特約をすること，④建物買取請求権に関する規定（同法13条）の適用がない旨の特約をすること，⑤以上の特約を公正証書等の書面ですること，となっています（同法22条）。

　(b)　建物譲渡特約付借地権　　建物譲渡特約付借地権の要件は，①存続期間が30年以上であること，②借地権の設定と同時に借地権を消滅させるため，借地権設定後30年以上経過した日に，借地上の建物を借地権設定者に相当の対価で譲渡する旨の特約をすること，となっています（同法23条）。なお，建物の消滅により借地権が消滅した場合に，その借地権者または建物の賃借人でその消滅後に建物の使用を継続しているものが請求しますと，請求の時にその建物について，その借地人または建物の賃借人と借地権設定者との間で期間の定めのない賃貸借がされたものとみなされます（同法23条2項）。このように，借地権消滅後の建物について，従前の借地権者または建物賃借人のために法定借家権が発生します。

　(c)　事業用借地権　　事業用借地権の要件は，①専ら事業の用に供する建物（居住の用に供するものを除く）の所有を目的とし，かつ，存続期間が10年以上20年以下であること，②必ず公正証書ですること，となっています（同法24条）。この事業用借地権を設定する場合には，借地権の存続期間に関する規定

(同法3条)，契約の更新等の規定（同法4条〜8条），建物買取請求（同法13条）および更新後の建物の再築許可（同法18条）の規定は適用されません。

解決

　他人の土地を利用する場合の権利としては，通常，地上権と賃借権とが考えられますが，建物所有を目的とする地上権および土地賃借権は，借地権と総称されて借地借家法の適用を受けます。そして，借地借家法によりますと，借地権は一般借地権と定期借地権とに分かれ，さらに，定期借地権は一般定期借地権・建物譲渡特約付借地権・事業用借地権に分かれます。当事者は，それぞれの目的に照らしていずれかの借地権を選択して設定することになります。

●関連する条文

　　民法　265条・268条・601条・604条・605条・606条・608条・612条・617条
　　借地借家法　1条・2条・3条・4条・5条・6条・7条・8条・13条・18条・22条・23条・24条

〈民法〉

第265条〔地上権の内容〕
　地上権者ハ他人ノ土地ニ於テ工作物又ハ竹木ヲ所有スル為メ其土地ヲ使用スル権利ヲ有ス

第268条〔地上権の存続期間〕
① 設定行為ヲ以テ地上権ノ存続期間ヲ定メサリシ場合ニ於テ別段ノ慣習ナキトキハ地上権者ハ何時ニテモ其権利ヲ抛棄スルコトヲ得但地代ヲ払フヘキトキハ一年前ニ予告ヲ為シ又ハ未タ期限ニ至ラサル一年分ノ地代ヲ払フコトヲ要ス
② 地上権者カ前項ノ規定ニ依リテ其権利ヲ抛棄セサルトキハ裁判所ハ当事者ノ請求ニ因リ二十年以上五十年以下ノ範囲内ニ於テ工作物又ハ竹木ノ種類及ヒ状況其他地上権設定ノ当事ノ事情ヲ斟酌シテ其存続期間ヲ定ム

第601条〔賃貸借の内容〕
　賃貸借ハ当事者ノ一方カ相手方ニ或物ノ使用及ヒ収益ヲ為サシムルコトヲ約シ相手方カ之ニ其賃金ヲ払フコトヲ約スルニ因リテ其効力ヲ生ス

第604条〔賃貸借の存続期間〕
① 賃貸借ノ存続期間ハ二十年ヲ超ユルコトヲ得ス若シ之ヨリ長キ期間ヲ以テ賃貸借ヲ為シタルトキハ其期間ハ之ヲ二十年ニ短縮ス
② 前項ノ期間ハ之ヲ更新スルコトヲ得但更新ノ時ヨリ二十年ヲ超ユルコトヲ得ス

第605条〔登記した不動産賃貸借の効力〕
　不動産ノ賃貸借ハ之ヲ登記シタルトキハ爾後其不動産ニ付キ物権ヲ取得シタル者ニ対シテモ其効力ヲ生ス

第606条〔賃貸人の修繕義務〕
　① 賃貸人ハ賃貸物ノ使用及ヒ収益ニ必要ナル修繕ヲ為ス義務ヲ負フ
　② （省略）
第608条〔賃貸人の費用償還義務〕
　① 賃借人カ賃借物ニ付キ賃貸人ノ負担ニ属スル必要費ヲ出シタルトキハ賃貸人ニ対シテ直チニ其償還ヲ請求スルコトヲ得
　② 賃借人カ有益費ヲ出シタルトキハ賃貸人ハ賃貸借終了ノ時ニ於テ第百九十六条第二項ノ規定ニ従ヒ其償還ヲ為スコトヲ要ス但裁判所ハ賃貸人ノ請求ニ因リ之ニ相当ノ期限ヲ許与スルコトヲ得
第612条〔賃借権の譲渡又は賃借物の転貸〕
　① 賃借人ハ賃貸人ノ承諾アルニ非サレハ其権利ヲ譲渡シ又ハ賃借物ヲ転貸スルコトヲ得ス
　② 賃借人カ前項ノ規定ニ反シ第三者ヲシテ賃借物ノ使用又ハ収益ヲ為サシメタルトキハ賃貸人ハ契約ノ解除ヲ為スコトヲ得
第617条〔期間の定めのない賃貸借の解約申入〕
　① 当事者カ賃貸借ノ期間ヲ定メサリシトキハ各当事者ハ何時ニテモ解約ノ申入ヲ為スコトヲ得此場合ニ於テハ賃貸借ハ解約申入ノ後左ノ期間ヲ経過シタルニ因リテ終了ス
　　一　土地ニ付テハ一年
　　二　建物ニ付テハ三个（カ）月
　　三　貸席及ヒ動産ニ付テハ一日
　② （省略）

〈借地借家法〉
第1条（趣旨）
　この法律は，建物の所有を目的とする地上権及び土地の賃借権の存続期間，効力等並びに建物の賃貸借の契約の更新，効力等に関し特別の定めをするとともに，借地条件の変更等の裁判手続に関し必要な事項を定めるものとする。
第2条（定義）
　この法律において，次の各号に掲げる用語の意義は，当該各号に定めるところによる。
　　一　借地権　建物の所有を目的とする地上権又は土地の賃借権をいう。
　　二　借地権者　借地権を有する者をいう。
　　三　借地権設定者　借地権者に対して借地権を設定している者をいう。
　　四　転借地権　建物の所有を目的とする土地の賃借権で借地権者が設定しているものをいう。
　　五　転借地権者　転借地権を有する者をいう。
第3条（借地権の存続期間）
　借地権の存続期間は，三十年とする。ただし，契約でこれより長い期間を定めたときは，その期間とする。
第4条（借地権の更新後の期間）
　当事者が借地契約を更新する場合においては，その期間は，更新の日から十年（借地権の設定後の最初の更新にあっては，二十年）とする。ただし，当事者がこれより長い期間を定めたときは，その期間とする。
第5条（借地契約の更新請求等）

① 借地権の存続期間が満了する場合において、借地権者が契約の更新を請求したときは、建物がある場合に限り、前条の規定によるもののほか、従前の契約と同一の条件で契約を更新したものとみなす。ただし、借地権設定者が遅滞なく異議を述べたときは、この限りでない。
② 借地権の存続期間が満了した後、借地権者が土地の使用を継続するときも、建物がある場合に限り、前項と同様とする。
③ （省略）

第6条（借地契約の更新拒絶の要件）
　前条の異議は、借地権設定者及び借地権者（転借地権者を含む。以下この条において同じ。）が土地の使用を必要とする事情のほか、借地に関する従前の経過及び土地の利用状況並びに借地権設定者が土地の明渡しの条件として又は土地の明渡しと引換えに借地権者に対して財産上の給付をする旨の申出をした場合におけるその申出を考慮して、正当の事由があると認められる場合でなければ、述べることができない。

第7条（建物の再築による借地権の期間の延長）
① 借地権の存続期間が満了する前に建物の滅失（借地権者又は転借地権者による取壊しを含む。以下同じ。）があった場合において、借地権者が残存期間を超えて存続すべき建物を築造したときは、その建物を築造するにつき借地権設定者の承諾がある場合に限り、借地権は、承諾があった日又は建物が築造された日のいずれか早い日から二十年間存続する。ただし、残存期間がこれより長いとき、又は当事者がこれより長い期間を定めたときは、その期間による。
② （省略）
③ （省略）

第8条（借地契約の更新後の建物の滅失による解約等）
① 契約の更新の後に建物の滅失があった場合においては、借地権者は、地上権の放棄又は土地の賃貸借の解約の申入れをすることができる。
② （省略）
③ （省略）
④ （省略）
⑤ （省略）

第13条（建物買取請求権）
① 借地権の存続期間が満了した場合において、契約の更新がないときは、借地権者は、借地権設定者に対し、建物その他借地権者が権原により土地に附属させた物を時価で買い取るべきことを請求することができる。
② （省略）
③ （省略）

第18条（借地契約の更新後の建物の再築の許可）
① 契約の更新の後において、借地権者が残存期間を超えて存続すべき建物を新たに築造することにつきやむを得ない事情があるにもかかわらず、借地権設定者がその建物の築造を承諾しないときは、借地権設定者が地上権の消滅の請求又は土地の賃貸借の解約の申入れをすることができない旨を定めた場合を除き、裁判所は、借地権者の申立てにより、借地権設定者の承諾に代わる許可を与えることができる。この場合において、当事者間の利益の衡平を図るため必要があるときは、延長すべき借地権の期間として第七

条第一項の規定による期間と異なる期間を定め，他の借地条件を変更し，財産上の給付を命じ，その他相当の処分をすることができる。
② 裁判所は，前項の裁判をするには，建物の状況，建物の滅失があった場合には滅失に至った事情，借地に関する従前の経過，借地権設定者及び借地権者（転借地権者を含む。）が土地の使用を必要とする事情その他一切の事情を考慮しなければならない。
③ 前条第五項及び第六項の規定は，第一項の裁判をする場合に準用する。

第22条（定期借地権）
存続期間を五十年以上として借地権を設定する場合においては，第九条及び第十六条の規定にかかわらず，契約の更新（更新の請求及び土地の使用の継続によるものを含む。）及び建物の築造による存続期間の延長がなく，並びに第十三条の規定による買取りの請求をしないこととする旨を定めることができる。この場合においては，その特約は，公正証書による等書面によってしなければならない。

第23条（建物譲渡特約付借地権）
① 借地権を設定する場合においては，第九条の規定にかかわらず，借地権を消滅させるため，その設定後三十年以上を経過した日に借地権の目的である土地の上の建物を借地権設定者に相当の対価で譲渡する旨を定めることができる。
② 前項の特約により借地権が消滅した場合において，その借地権者又は建物の賃借人でその消滅後建物の使用を継続しているものが請求をしたときは，請求の時にその建物につきその借地権者又は建物の賃借人と借地権設定者との間で期間の定めのない賃貸借（借地権者が請求をした場合において，借地権の残存期間があるときは，その残存期間を存続期間とする賃貸借）がされたものとみなす。この場合において，建物の借賃は，当事者の請求により，裁判所が定める。
③ （省略）

第24条（事業用借地権）
① 第三条から第八条まで，第十三条及び第十八条の規定は，専ら事業の用に供する建物（居住の用に供するものを除く。）の所有を目的とし，かつ，存続期間を十年以上二十年以下として借地権を設定する場合には，適用しない。
② 前項に規定する借地権の設定を目的とする契約は，公正証書によってしなければならない。

〈練習問題〉

正誤を〇×で答えなさい。

1 賃借権は，債権であるが，登記されると第三者に対抗することができる。
2 建物所有を目的とする地上権は，物権であるから借地借家法の適用を受けない。
3 地主が借地権の更新を拒絶するには遅滞なく異議を述べなければならず，その異議には「正当事由」が必要ですが，立退料の提供の申し出は「正当事由」を補強しない。

第11講　会社とは何か

問題提起

A氏は，これまでアメリカとカナダから住宅資材を輸入して，高気密，高断熱の輸入住宅として関東一円で販売する事業を個人事業形態で営んできた。アメリカ留学経験のある息子Bに住宅資材の買付けを，そして，大学の経営学部を卒業した息子Cには工務店や不動産会社への営業を，妻には経理関係を任せ，本人も販売先の開拓に精力的に取り組んできた。年間の売上金額が2億円に達しようとしてきた年末に，息子B，Cからこれから事業を飛躍させるためには以下のような理由から個人事業形態から会社形態に事業形態を転換すべきだという提案があった。

point　①　事業を拡大するためには資本を充実すべきであり，資本を集めるためには会社形態にする方が有利である。
　　　　②　売上高が大きくなり，利益が大きくなれば節税対策として個人事業よりも会社形態にしたほうが有利だときいている。
　　　　③　事業をさらに拡大するためには，会社形態にして社会的信用度を高めるべきである。
　　　　④　これからは家族だけでなく人材を広く集めていく必要があり，その点からも会社形態にするほうが人材を糾合するのに有利である。
以上の理由のそれぞれは妥当かどうか検討したうえで，会社形態にする場合には会社の種類のうちどの形態を選択すべきか。

必要な法知識

1　会社とは何か

法は，営利を目的とする社団を会社であると規定しています（商52条，有限会社法1条）。その種類を商法は，社員の責任の態様の相違により合名会社，

合資会社および株式会社の3種であるとしています（商53条：以下ではとくに明示しない条文は商法の条文を指しています）。さらに有限会社法が，有限会社の存在を定めています。法形式上は，有限会社法が特別法として存在していますが，実質的には商法上の会社と全く同じに取り扱われますので，4種の会社が法律上存在していると考えられます。

会社とは共同企業形態の典型的なもので，個人企業に対し以下のような長所と欠点を持ちます。

(1) 長　　所
① 個人企業に比較して効率的で利益獲得能力が大きいのでその構成員に分配される利益も大きい。
② 個人企業に比較して経済変動に耐える能力が大きく，万一損失を受けても多数の者がその損失を分担するために1人当たりの被害額が軽減される。

(2) 短　　所
個人企業に比較して自己の利益を極大化するために，他の利益を犠牲にしても，それを省みない傾向が顕著となりやすい。

これらの長所・短所の評価も会社の種類や規模の大小により異なります。

2　会社の種類

会社はその責任の態様により，以下の4種に分類できます。

(1) 合 名 会 社
無限責任社員，すなわち会社債務につき会社債権者に対し直接連帯無限の責任を負担する社員（商80条）のみからなる会社をいいます。社員はこのように会社債権者に対し無限責任を負う反面，原則として会社の業務を執行する権利義務を有し（商70条），社員の個性が重視されます（商73条等）。そのため合名会社は人的信頼関係のある少人数の者の共同企業に適しています。

(2) 合 資 会 社
無限責任社員と，有限責任社員——会社債権者に対し直接連帯責任を負う点は無限責任社員と同じですが，出資額を限度とする有限責任を負うにすぎない（商157条）——とからなる二元的組織の会社（商146条）をいいます。無限責任社員は出資をするとともに事業の経営にあたるのに対して，有限責任社員はもっ

ぱら資本を提供し，両者ともその事業から生ずる利益の分配を受けます。無限責任社員の地位は合名会社の社員の地位と同様であり，また有限責任社員も，責任が有限である反面，会社の業務執行に参加しませんが，やはりその個性が重視されるため（商154条等），社員の数は少ないのが一般的です。法は合名会社の一変態としています（商147条）。

(3) 株式会社

各自が有する株式の引受価額を限度とする有限の間接責任（商200条1項）を負うにすぎない社員（株主という）のみからなる会社をいいます。社員は責任が有限であるのに照応して，基本的事項の決定には参加しますが，業務執行には参加せず，しかも社員の地位は細かく単位化され株式，かつ，原則としてその譲渡が自由なので（商204条1項），誰でも容易に会社に参加することができます。このように，原則として社員の個性が問題とならないため，多人数の結集が可能であり，したがって大衆資本を集めて大企業を起こすのに適しています。

(4) 有限会社

株式会社の株主と同様の責任——「出資の金額を限度とする有限の間接責任（有限会社法17条・14条・15条・54条参照：以下では有限会社法を「有」とします）——を負う社員のみからなる会社をいいます。しかし株式会社と違って，社員の人数が限定されており（有8条），したがってその個性を無視することができず（有19条等），また，会社の設立手続や組織などが簡易化されているため，中小規模の企業に適します。

3　会社の分類の基準としての責任の態様は

会社の分類の基準としての責任の態様については，以下の通り理解しておく必要があります。社員が会社債務につき会社債権者に対して直接弁済義務を負う場合（合名会社および合資会社の社員の場合）を直接責任，そうでない場合（株式会社の株主および有限会社の社員の場合）を間接責任といいます。後者の場合には，社員は会社債権者に対して全然責任を負わないから，その意味では無責任というべきですが，このような社員も会社に対して会社の活動のため必要な資本（元手）を提供し，それが会社財産となって会社債権者の担保とな

るので，実質的にいえば，会社債権者に対して会社を通じ間接的に責任を負うものとみることができます。次に，社員の責任が一定額を限度とする場合を有限責任，そうでない場合を無限責任といいます。無限責任は，社員の直接責任の場合にのみ問題となりますが，有限責任は，社員の直接責任（合資会社の有限責任社員）の場合に問題となるほか，間接責任（株主，有限会社の社員）の場合にもこの言葉が用いられます。

4 有限会社と株式会社のどちらの会社形態を選ぶか

　会社を設立しようとする場合に，株式会社と有限会社のいずれの会社形態を選択するかは両者の違いを正確に認識する必要があります。それぞれの会社を比較すると以下のような違いがあります。

(1) 株式会社
　① 最低資本金1,000万円（額面株1株50,000円以上）
　② 株券発行する。
　③ 物的会社として比較的規模の大きくなる会社に相応しい形態。
　④ 社員の数に限定がない
　⑤ 発起人は1名以上
　⑥ 取締役は3名以上
　⑦ 監査役は1名以上（大会社3名以上）
　⑧ 取締役は2年の任期，監査役は3年の任期
　⑨ 会社決算の公告を求められる。

(2) 有限会社
　① 最低資本金300万円（出資1口50,000円以上）
　② 株券を発行しなくてもよい。
　③ 少数の者がつくる比較的小規模な会社に相応しい形態
　④ 社員の数が50名までに限定されている。
　⑤ 発起人は1名以上
　⑥ 取締役は1名以上
　⑦ 監査役なしでもよい。
　⑧ 役員の任期に制限なし

⑨　会社決算の公告義務はない。

　株式会社と有限会社には以上のような違いが存在します。設立の費用も資本金1,000万円の株式会社を設立する場合には，登録免許税15万円（払込資本金の0.7％，ただし，最低15万円）を含めて約36万円の費用がかかります。これに対し，資本金300万円の有限会社を設立するには，登録免許税6万円（払込資本金の0.7％，ただし，最低6万円）を含めて約25万円の費用で済みます。なお，通常は，会社の設立の手続を発起人自らが行うことは少なく，司法書士に依頼するのが一般的です。この場合，司法書士の報酬は，株式会社の場合には約15万円前後，有限会社の場合には約12万円前後とされています。

5　法人形態を選択することにより節税は可能か

　個人事業者は，所得税を課されることになります。所得税法は，所得をその発生源泉により利子・配当・不動産・事業・給与・退職・山林・譲渡・一時・雑所得の10種類に分類し，課税する仕組みを持っています。個人事業者の場合には事業所得者として，事業にかかわる収入金額から必要経費を差し引き事業所得を求め，その事業所得金額から各種所得控除をした課税事業所得金額に超過累進税率を適用して税額を計算します。この累進税率の構造を前提にすると，高い所得金額を個人として稼ぐと大きな所得税負担を強いられます。したがって所得が事業者自身に集中するとそれだけ所得税負担は大きくなるという構造になっています。

　したがって，個人事業形態から会社形態にすると，その所得は法人税の課税対象となります。と同時に，収益から費用を差し引き法人所得を計算することになりますが，その際に，家族に対して支給する給与も社長自らの報酬も問題なく費用に算入されます。これまで，個人に集中していた所得が，会社組織にすることにより，家族を社員としたり，本人にも役員報酬という形で給与を支給できることになりますので，集中していた所得を問題なく分散することが可能となります。理論上は，所得を分散することにより低い税率の適用ができることになり，その分だけ節税ができるということがいえます。

　ところで，現在は所得税の最高税率がかなり引き下げられ，税率がフラット化（税率区分が減少し累進性が緩和されること）されたために節税効果は以前

ほど見られないということはいえます。

解　決

① 事業を拡大するためには資本を充実すべきであり，資本を集めるためには会社形態にする方が有利でしょうか。

資本を集めて事業拡大を目指すという点からは，株式会社形態にすることが一番有利と考えられます。100万円とか500万円といった小口の資本を結合して，大きな資本を獲得することにより事業を飛躍させるには会社形態にすることは不可欠でしょう。

② 売上高が大きくなり，利益が大きくなれば節税対策として個人事業よりも会社形態にしたほうが有利です。上記で説明したように節税効果はあるといえます。

③ 事業をさらに拡大するためには，会社形態にして社会的信用度を高めるべきです。

会社法により，定款により目的，設立そして，運営について登記がなされ，情報開示などの法的規制が加えられており，その点からも個人事業形態よりも会社形態の方がより社会的信用度は高くなるといえます。

④ これは③と同じ理由から，人材を広く集めていくうえで会社形態にするほうが有利である，といえます。

●**関連する条文**

　　　商法　52条・55条

〈商法〉
　第52条〔定義〕
　　① 本法ニ於テ会社トハ商行為ヲ為スヲ業トスル目的ヲ以テ設立シタル社団ヲ謂フ
　　② 営利ヲ目的トスル社団ニシテ本編ノ規定ニ依リ設立シタルモノハ商行為ヲ為スヲ業トセザルモ之ヲ会社ト看做ス
　第55条〔権利能力の制限〕
　　　会社ハ他ノ会社ノ無限責任社員ト為ルコトヲ得ズ

〈考えてみましょう〉
　会社の設立の目的が租税負担の軽減のみであることがしばしばみられますが，それは肯定されるものかどうか考えてみましょう。

第12講 株式会社と株主

> **問題提起**
>
> 　電鉄株式会社であるA株式会社では，これまで1株につき3円の利益配当を行ってきたが，長期の経営不振のため，平成13年6月開催予定の定時株主総会において無配決議を決議することとなった。A株式会社の代表取締役Yらは，同議案に対する了解を事前にとりつける目的で大株主らと交渉したが，20万株を所有するBのみがこれに不満を示し，無配により生ずる損失分の補填を要求してきた。そこでA株式会社では，1,000株ごとに1冊（3,000円）の株式優待乗車券を交付することを取締役会で決定した。その後，Bは平成13年度には無配により生じた損失と同額の株式優待乗車券を受けることとなり，株主総会ではBの反対もなく同議案は無事承認された。
>
> 　Xは500株を有する株主であるが，無配となりかつ交付基準にあたらず株主優待乗車券も交付されなかった。そこでXは，このような株主優待乗車券の交付は特定株主のみを優待するもので株主平等の原則に反し，実質的には利益配当に代わるものであるのに，株主総会決議を経ておらず利益配当規定に違反するものとして，Y代表取締役らにA株式会社に対する損害賠償を求めた。
>
> **point** ① ある一定数以上の株式保有株主のみが，株主優待乗車券を得るのは株式平等の原則に反しないか。
> 　　　　② 特定株主のみに対する株主優待乗車券の配布は利益配当に代わるものではないか。

> **必要な法知識**

1 株式会社の特質と機能

(1) 株式会社の概念

株式会社は，社員の地位が株式という細分化された割合的単位の形式を採用

し，その社員（株主）が，単に会社に対し各自の保有する株式の引受価額を限度とする出資義務を有するだけで（商200条1項），何ら会社の債権者に対して責任を負わない会社をいいます。株式と社員（株主）の有限責任の両者が，株式会社の最も重要な特色といえます。株式会社の社員とは株主を指しており，日常私たちが社員と呼んでいるのは実は会社の従業員のことです。したがって，以下で社員という場合には株主を指していることに注意してください。

(2) 機構の特質

社員である株主は出資額の範囲内で担保責任を負うという有限責任であり，株主の個性を問わず，定款で定められた目的に従い多数の者が結集するという点において，株式会社はまさに典型的な物的会社であるということができます。

その典型的な機構上の特質は，以下の4点に集約されます。

① 株主は企業の所有者として企業から生ずる利益の分配を受けます。しかし企業の経営には直接的には口出しをせず，わずかに株主総会を構成し，その決議により，会社の重大な事項を決定するほかは取締役を選任してその取締役に業務遂行を委任しています。

② 株主は一定額の出資額のほかに，会社の運営に義務を負いません。

③ 多数の株主による大規模な団体を形成します。

④ 株主は有限責任を負うに過ぎず，会社の債権者に対する担保となるものは会社の財産のみです。

このように，株式会社は『所有』と『経営』の分離をその機構上の大きな特徴としています。

(3) 経済的機能

株式会社は大規模な資本を結合し，株主のリスク負担を軽減するという資本主義社会の発展にとって画期的な機能を果たしてきたのです。具体的には，以下のような機能があります。

① 投資家としての株主からすると，株主は経営に参加せずに利益の分配を受けるという点で有益な機能を持っています。また資金回収も株式の譲渡を通して容易にできます。

② 細分化された株式を結合して大規模な資本を結集し，なおかつ経営支配が可能になるという，企業家にとっては大変便利な機能を持ちます。

③　株式会社は大規模で永続的な企業を起こすために大変便利です。
④　以上のような機能を果たすことにより会社は，資本主義社会の発展に大きく寄与し続けるといえます。

2　株式と資本
(1)　株式の意味と種類
　株式会社の社員の地位は，細分化された割合的単位の形式で表示されます。この割合的単位の形式をとった社員の地位を株式といいます。この株式には，額面株式と無額面株式があります。額面株式は各株式に金額（500円，1,000円，5万円等）を定め，その金額によって各株式の割合を決定します。これに対して，無額面株式は単に株式の数によって株式の割合（社員の地位）を定めます。

(2)　株主有限責任の原則
　株式会社の何よりの特徴は，株主は会社債権者に対しては責任を負担せず，単に会社に対してのみ株式の引受額の範囲でリスクを負担するにすぎないという点です。株主は，その有する株式の引受価額を限度とする有限責任を負担することを原則としています（商200条1項）。これを株主有限責任の原則といいます。
　なお，株主の出資義務は金銭で支払うものだけでなく，引受価額に相当する金銭以外の財産を給付することも認められます。これを現物出資といいます。

(3)　資本の概念
　会社法においては資本とは，会社財産を確保するための基準となる一定の金額のことを意味します。この意味の資本は一般には資本金といわれ，定款には記載されませんが，登記および貸借対照表により公示されることになっています（商188条2項6号・283条3項）。最低資本金額が法定されており，現行では，株式会社の財産的基礎を確保するために，資本の額は1,000万円以上であることが要求されています。

(4)　資本に組み入れる金額
　1株の券面額×額面株式の発行済株式総数を株金総額といいますが，この金額のうち資本に組み入れる額については，以下の規則に従います。

原則
発行価額×発行済株式総数……ただし額面未満発行禁止
例外
① 額面株式……一株につき券面額と発行価額の2分の1より多きい額以上を資本に組み入れることになっています。
② 無額面株式……1株につき発行価額の2分の1以上かつ設立時には5万円以上を資本に組み入れることになっています。

3 資本の三原則
(1) 資本充実維持の原則
　資本は会社財産を確保するための基準となる一定の金額ですから、その額が名目的に定まるだけでなく、資本額に相当する財産が現実に会社に拠出され、かつ保有されねばなりません。これを資本充実または維持の原則といいます。そのため、第1に出資が確実に履行され、資本が現実に充実されることが要求されます。発行価額の全額払込または現物出資額全部の履行の要求、現物出資等の厳格な調査、発起人や取締役の引受・払込・給付担保責任・財産不足額填補責任、株主からの相殺禁止等はそのあらわれです。第2に、資本を裏づける財産が現実に維持されることが要求されます。純資産額から資本および準備金を控除した後でなければ利益の配当が許されず（商290条）、かつ、利益の一定部分を利益準備金として積み立てさせるのはそのあらわれです。

(2) 資本不変の原則
　資本維持の原則は、資本額を標準として会社財産の維持をはかるものですが、この標準となる資本自体の減少が自由に許されるならば、それに伴って会社財産も減少することになるから、資本維持の原則は無意味になってしまいます。そこで、いったん定められた資本は自由にその減少を許さないことが必要となり、これを資本不変の原則といいます。しかし、それは自由に資本を減少することを禁ずるものであって、資本の減少も法定の厳格な手続をとることにより認められます。この原則の趣旨は、資本減少を欲する会社の利益を容認するとともに、資本減少によって会社債権者が損害を受けないよう配慮したものです。

(3) 資本確定の原則

会社の設立または資本の増加には，定款所定の資本額にあたる株式が引き受けられ，それにつき資金拠出者が確定されなければならないことを要求する原則です。これを資本確定の原則と称し，予定された資金の拠出者が得られないかぎり，設立または増資の効力を否認して，無責任な設立または増資の企てを防止しようとしたものです。ところが現行法が授権資本制度を採用した結果，定款に記載される「会社が発行する株式の総数」（商166条1項3号）の全部を設立にあたり発行することは必要でなく，その一部を発行すればよいことになりました。しかし，定款に「会社の設立に際して発行する株式総数」を記載させ（商166条1項6号），それについては設立の際その株式全部の引受が確定することを要求しています。これは従来の資本確定の原則を修正して，授権資本制度のもとでその趣旨を生かしたものです。

4 株主平等の原則

株主平等の原則は，株式会社法の基本原則の1つです。会社は株主をその株主の地位に基づいて等しく扱わなければならないことを株主平等の原則といいます。憲法14条の法の下の平等規定に基づく，法的取扱いは等しくするという要請から発しています。しかしながら，厳密にこの原則を捉えると以下の2つの意味があることに注意を要します。

すなわち，その1つは，株主は株主としての地位において平等に取り扱わねばならないという，いわば絶対的平等の要請です。もう一方は，会社は株主を持株割合に応じて平等に取り扱わねばならないという比例的平等の要請です。この意味からすれば，持株数が多い株主は，それに応じて大きな株主権を有すると考えられるのです。

しかし，株主平等原則の機能は，多数決の濫用，会社経営者の恣意的権限の行使から少数株主を保護することにあるという点は，株主平等原則の意味を理解する上で注意を必要とします。

〔解　決〕

① ある一定数以上の株式保有株主のみが，株主優待乗車券を得るのは株式

平等の原則に反しないか。

判例は株主優待乗車券制度そのものはこれを認めているようです。学説の多くもこれを認めていますが，株主平等の原則は法定されたもの以外に例外を認めない強行法規ですから，大株主に対してのみ無料観覧券や無料乗車券を提供することは，原始定款によっても無効とする見解もあります。

② 特定株主に対する株主優待乗車券の交付は株主平等の原則に反し実質的には利益配当に代わるものではないか。

判例は，株主優待乗車券が利益配当とされた事案について，「株主優待乗車券は株主たる地位にある者に対して，その持株数に応じて交付されるものであるから，金銭的価値を有するのは明らかであり，株主優待乗車券の交付は配当金の支払にかえて現物を配当するものということができる。しかも株主優待乗車券制度の発足以来，配当可能利益がなくかつその交付につき株主総会の決議を経たことがないことは，商法の配当規定に違反する」としている。判例によると，この事案の場合，無配決議が予定されるなか，無配に対する補塡の要求を受け，取り急ぎ株主優待乗車券交付を決定しており，事実上特定株主を対象とするものであるから株主平等の原則に反する利益配当に代わるものと考えられています。

●関連する条文

商法　200条1項・188条2項6号・290条

〈商法〉

第200条〔株主の責任〕
① 株主ノ責任ハ其ノ有スル株式ノ引受価額ヲ限度トス

第188条〔設立の登記〕
② 前項ノ登記ニ在リテハ左ノ事項ヲ登記スルコトヲ要ス
　六　資本ノ額

第290条〔利益の配当〕
① 利益ノ配当ハ貸借対照表上ノ純資産額ヨリ左ノ金額ヲ控除シタル額ヲ限度トシテ之ヲ為スコトヲ得
　一　資本ノ額
　二　資本準備金及利益準備金ノ合計額
　三　其ノ決算期ニ積立ツルコトヲ要スル利益準備金ノ額
　四　第二百八十六条ノ二及第二百八十六条ノ三ノ規定ニ依リ貸借対照表ノ資産ノ部ニ計上シタル金額ノ合計額ガ前二号ノ準備金ノ合計額ヲ超ユルトキハ其ノ超過額

五　第二百十条五号ニ掲グル場合ニ於テ又ハ第二百十条ノ二第一項若ハ第二百十条ノ三第一項ノ規定ニ依リ取得シテ有スル株式ニ付貸借対照表ノ資産ノ部ニ計上シタル金額ノ合計額

六　資産ニ付時価ヲ付スルモノトシタル場合（第二百八十五条ノ二第一項但書及第二項（此等ノ規定ヲ第二百八十五条ノ五第二項及第二百八十五条ノ六第二項ニ於テ準用スル場合ヲ含ム）ノ場合ヲ除ク）ニ於テ其ノ付シタル時価ノ総額ガ其ノ取得価額ノ総額ヲ超ユルトキハ時価ヲ付シタルコトニ因リ増加シタル貸借対照表上ノ純資産額

② 前項ノ規定ニ違反シテ配当ヲ為シタルトキハ会社ノ債権者ハ之ヲ返還セシムルコトヲ得

〈考えてみましょう〉

Aが友人ら数人と設立した株式会社が，多額の負債を累積し，倒産した。Aは，毎日債権者に負債の取り立てを受けているので，妻の所有する自宅の土地と建物を売却し，その負債の返済財源しなければならないと債権者らに要求された。この要求は法的には正当か。

第13講　労働者の解雇，退職

問題提起

Aさんは，B株式会社に正社員として，特に雇用期間は定めず入社しました。Aさんが入社して2年後，B株式会社は不況のあおりを受けて，リストラを行うこととなり，Aさんもその対象になってしまいました。Aさんの勤務態度はまあまあであり，とくに落ち度はありません。会社は希望退職すれば退職金として給料の10カ月分を渡すといっています。Aさんとしては，このまま会社にいてもつらいし，どうせ解雇されるくらいなら会社を辞めようかなとも思っています。どんな解決方法があるでしょうか。

point ①　解雇に対する法的規制
　　　　②　解雇権の濫用
　　　　③　退職の法的性格

必要な法知識

1　雇傭契約と労働契約

　民法上，**雇傭契約**とは，労働者が使用者に対して労務を提供し，これに対して使用者が労働者に対価である賃金を支払う契約をいいます（民623条）。雇傭契約の特徴は，民法上の請負または委任契約とは異なり，使用者の指揮命令に従って労務の提供をするところにあります。

　民法上の雇傭契約では，雇傭契約上の権利義務や労働条件の設定は，契約自由の原則に委ねられることになります。しかし，現実には個々の労働者と使用者との間には著しい交渉力の不平等があるために，契約自由の原則が機能する前提条件が失われています。こうした交渉力の不平等がもたらす弊害を防止するために，今日では労働基準法（以下，労基法）などの労働者保護立法が制定

されています。このような法律の規制を受けた契約をここでは労働契約と呼びます。ここでとりあげる解雇や退職の問題をめぐっては，このような労働契約や労働者保護立法の理解が不可欠です。

2 解雇を規制する法律

わが国には，解雇を一般的に規制する解雇規制法はありませんが，労組法や労基法では，基本的人権や団結権，労働権保障の立場から一定の事由による解雇を禁止しています。

(1) 労働基準法による規制

労基法3条は，国籍，信条，社会的身分を理由とした労働条件の差別を禁止しており，この中には解雇も含まれます。また労基法19条は，労働災害で休業中の労働者と産前産後の休業中の女性の解雇を禁止しています。後に述べるように，労基法20条は，使用者による解雇予告と予告手当の支払について定めています。

(2) 労働組合法による規制

労組法7条は，団結権保障のため使用者による不当労働行為を禁止しており，労働者が組合員であること，組合に加入したこと，結成しようとしたことなど組合の正当な行為をを理由とした不利益取扱（解雇を含む）を禁止しています。

(3) その他の法律による規制

男女雇用機会均等法8条は，女性であることを理由とした解雇や定年差別を禁止しています。また育児・介護休業を理由とした解雇も禁止されています（育児介護休業法10条・16条）。労基法違反や労働安全衛生法違反を監督機関に申告したことを理由とする解雇も禁止されています（労基法104条2項，労安衛法97条2項）。

以上のほかに，労働組合と使用者が結んだ労働協約や使用者が作成した就業規則に違反した解雇の場合には，解雇の効力が否定されることがあります。

3 解雇予告

(1) 期間の定めのある労働契約

労働契約に期間の定めがある場合，使用者は，原則としてその期間中は労働

者を解雇することができず,「已むことを得ざる事由」がある場合にのみ「直ちに契約の解除」をすることができるにすぎません。しかも,その事由が使用者の過失によって生じたときは,使用者は労働者に対して損害賠償責任を負います（民628条）。また,定められた期間が過ぎても労働関係が事実上継続されて「黙示の更新」がなされていると認められる場合や（民629条),反覆更新されて期間の定めのない契約と同視できる場合には,次に述べる期間の定めがない労働契約の場合と同様の取扱いがなされることとなります（民629条1項但書）。

(2) 期間の定めのない労働契約

Aさんのように期間の定めのない契約を結んだ場合はどうでしょうか。

労基法20条1項によれば,使用者は,労働者を解雇しようとする場合においては,少なくとも30日前にその予告をしなければなりません。30日前に予告をしない使用者は,30日分以上の平均賃金を支払わなければならないとされています（**予告手当**）。ただし,使用者は平均賃金を支払った日数分だけ**予告期間**を短縮することができます（労基法20条2項）。

なお火災・地震などの天災事変,その他やむをえない事由により事業の継続が不可能となった場合や,労働者の責に帰すべき事由に基づいて解雇した場合で,それらの事由について労働基準監督署長の除外認定を受けた場合には上記の規定は適用されません。また労基法21条によれば,日々雇い入れられる者など4種の臨時労働者については労基法20条の適用が除外されます。

使用者が労基法20条に違反して労働者を解雇した場合,6カ月以下の懲役または30万円以下の罰金を受けるとともに（労基法9条),労働者からの請求により支払うべき未払金ならびにそれと同一額の付加金の支払を裁判所により命じられることがあります（労基法114条）。

注意を要するのは,労基法20条に違反した解雇がそのまま無効となるわけではないことです。予告期間をおかず,かつ,予告手当の支払いもしないで行った解雇については,即時の解雇としては効力が否定されますが,使用者が即時解雇に固執する趣旨でないかぎり,通知後30日の期間を経過するか,または通知の後に予告手当の支払をしたときには,そのいずれかのときから解雇の効力が生じることになるとした最高裁の判決があります（最判昭和35年3月11日民集14巻3号403頁〔細谷服装事件〕）。

4 解雇権濫用法理

　ここまで解雇に対する法的規制をみてきましたが，これらの法律に違反しなければ，使用者はまったく自由に労働者の解雇を行えるのでしょうか。民法は期間の定めのない雇傭契約の場合には，当事者が2週間の予告期間を置けば，いつでも解約の申入れができるとしています（民627条）。しかし，この規定により使用者の解約の自由を認めるならば，労働者の生活は大きな打撃を受けることになります。

　これまでわが国の裁判所は，終身雇用制の実態をふまえて，解雇権濫用法理にもとづく解雇制限を行ってきました。そのリーディングケースである日本食塩製造事件（最判昭和50年4月25日民集29巻4号456頁）では，「使用者の解雇権の行使も，それが客観的に合理的な理由を欠き社会通念上相当として是認することができない場合には，**権利の濫用**として無効になる」としています。このような裁判例の集積により確立された解雇権濫用法理によれば，解雇が有効となるためには客観的にみて合理的かつ相当な事由が必要とされます。解雇にあたっての合理的・相当な事由としては，労働能力・適格性の喪失，勤務成績の不良，業務命令や規律の違反，経営上の事由などが必要であると考えられています。ただし，こうした解雇権濫用法理はあくまでも裁判所の判決において用いられてきたものであり，解雇をめぐる争いが裁判所に持ち込まれることがない限り適用されるものでないことに注意しておく必要があります。また最近では，終身雇用制の崩壊を意識してか，解雇権濫用法理を用いない下級審裁判例もあらわれてきていることにも注目しておく必要があるでしょう。

5 整理解雇

　設問にみられるリストラの問題は，これまで労働法では整理解雇の問題として位置付けられてきたものです。整理解雇（人員整理）とは企業側の一方的な経営上の理由により相当数の労働者を一時に解雇することをいいます。多数の労働者の解雇により，労働者に与える不利益は図りしれないものがあります。そこで多くの裁判例では，解雇権濫用法理をさらに厳格にして取り扱ってきました。

　一般に整理解雇の有効性を判断する際には，次の4つの条件をみたすことが

求められるとされています。第1は，整理解雇の必要性です。会社の経営状態が人員整理を必要としていることが求められます。第2に，整理解雇回避のための努力をしたことが求められます。新規採用の中止，残業規制，出向，配転，希望退職の募集など解雇を回避するための努力をしたかが判断されます。第3に，解雇の対象者の選定について合理的で妥当な基準を作成し，これを適正に運用したかが判断されます。第4に，使用者が整理解雇を行うにあたって，労働者や労働組合と誠実かつ十分に交渉を尽くしたかが判断されます。

6　退職の法的性格

(1)　辞職と合意解約

設問にみられるように労働者が自発的に会社を辞める場合の法律上の扱いはどうなっているのでしょうか。辞職と合意解約の2つの場合が考えられます。

辞職とは，労働者から会社に対する一方的な労働契約の解約です。辞職については，労基法に定めがなく，民法の適用を受けます。民法627条1項によれば，期間の定めのない契約の場合，労働者は2週間の予告期間を置けば，いつでも自由に契約を解約することができます。ただし，月給制の場合，月の前半のうちに辞職の申入れを行う必要があります（同条2項）。期間の定めがある契約の場合には，病気などのやむを得ない事由があるときに限って，労働者はただちに辞職をすることができます（民628条）。

合意解約とは，使用者と労働者の合意によって労働契約を解約することをいいます。労働者による「退職願」は，通常，合意解約の申込みと考えられます。当事者双方の意思にもとづくため予告期間などの規制はなく，期間の定めの有無にかかわらず，一方の解約申込に対して相手方が承諾した時点で効果が生じることとなります。

(2)　退職勧奨

退職勧奨とは，使用者が労働者に対して労働契約の合意解約を申し込んだり，退職の申込の誘引をする事実行為を指します。その程度や方法が社会通念上相当性を欠くと違法となります。このような退職勧奨については，労働者は応ずる義務はありません。対象となる労働者の選定が不公平であったり，本人が拒否しているのに，何回も呼び出して数人で取り囲むなど退職勧奨の手段や方法

が社会通念上相当性を欠く場合には，不法行為として損害賠償請求の対象となります。

(3) 退職願の撤回

退職願には，辞表・退職届・依願退職などさまざまな名称があります。しばしば問題になるのは，労働者が辞職あるいは合意解約の申込の意思表示をした後に，これを撤回することができるかという問題です。一般には，合意解約の申込であれば，信義則に反するような事情のない限り，使用者の承諾の意思表示がなされるまで撤回は認められると考えられています。辞職の意思表示については，一方的な形成行為なので撤回はありえないとの見解が有力です。

退職の意思表示に瑕疵がある場合は，民法93条以下の意思表示の規定に従い，取消の対象や無効となります。労働者の辞職や解約申込が詐欺・強迫に基づくと認められる場合には取消可能となり（民96条），錯誤に該当する場合には無効となります（同95条）。

解　決

① **解雇された場合**　　設問によれば，Aさんは正社員として，期間の定めのない雇傭契約を結んだ労働者です。勤務態度が著しく悪いといった合理的理由がないかぎり，解雇権濫用法理にもとづいて解雇は無効となります。また解雇の対象とされた場合には，解雇予告や解雇手当の規定が守られているかについても注意する必要があるでしょう。会社がリストラを実行して，社員を解雇する場合には5で述べた整理解雇の要件を満たしているか注意してください。

② **会社を辞める場合**　　一方，現在の会社の経営状態が危ないとか，他によい就職先があると判断して退職を決断する場合もあるでしょう。求人会社が求職者の採用を判断するとき，解雇よりも退職した人のほうが採用しやすいのも確かです。

また，多くの会社では，会社都合か自己都合かによって退職金の支給額が異なる点にも注意をしておく必要があります。会社の経営不振により退職勧奨を受けて退職届を出した場合（合意解約），会社都合相当の退職金の支給があると考えられます。

これとは別に，**雇用保険**の失業手当の支給に関して，自己都合退職の場合に

は3カ月間の支給停止にあたる場合が多いため，この点にも注意が必要です。ただし，病気や出産・育児などの正当な理由がある場合には支給制限は受けないので，会社から交付される離職票の記載内容を確認する必要があります。

● 関連する条文

　　民法　　627条・628条・629条
　　労働基準法　　19条・20条・21条

〈民法〉

第627条〔期間の定のない雇傭の解約の申入〕
① 当事者カ雇傭ノ期間ヲ定メサリシトキハ各当事者ハ何時ニテモ解約ノ申入ヲ為スコトヲ得此場合ニ於テハ雇傭ハ解約申入ノ後二週間ヲ経過シタルニ因リテ終了ス
② 期間ヲ以テ報酬ヲ定メタル場合ニ於テハ解約ノ申入ハ次期以後ニ対シテ之ヲ為スコトヲ得但其申入ハ当期ノ前半ニ於テ之ヲ為スコトヲ要ス
③ 六个月以上ノ期間ヲ以テ報酬ヲ定メタル場合ニ於テハ前項ノ申入ハ三个月前ニ之ヲ為スコトヲ要ス

第628条〔已むを得ない事由による契約解除〕
　当事者カ雇傭ノ期間ヲ定メタルトキト雖モ已ムコトヲ得サル事由アルトキハ各当事者ハ直チニ契約ノ解除ヲ為スコトヲ得但其事由カ当事者ノ一方ノ過失ニ因リテ生シタルトキハ相手方ニ対シテ損害賠償ノ責ニ任ス

第629条〔雇傭の期間満了後における更新の推定〕
① 雇傭ノ期間満了ノ後労務者カ引続キ其労務ニ服スル場合ニ於テ使用者カ之ヲ知リテ異議ヲ述ヘサルトキハ前雇傭ト同一ノ条件ヲ以テ更ニ雇傭ヲ為シタルモノト推定ス但各当事者ハ第六百二十七条ノ規定ニ依リテ解約ノ申入ヲ為スコトヲ得
② 前雇傭ニ付キ当事者カ担保ヲ供シタルトキハ其担保ハ期間ノ満了ニ因リテ消滅ス但身元保証金ハ此限ニ在ラス

〈労働基準法〉

第19条（解雇制限）
① 使用者は，労働者が業務上負傷し，又は疾病にかかり療養のために休業する期間及びその後三十日間並びに産前産後の女性が第六十五条の規定によつて休業する期間及びその後三十日間は，解雇してはならない。ただし，使用者が，第八十一条の規定によつて打切補償を支払う場合又は天災事変その他やむを得ない事由のために事業の継続が不可能となつた場合においては，この限りでない。
② 前項但書後段の場合においては，その事由について行政官庁の認定を受けなければならない。

第20条（解雇の予告）
① 使用者は，労働者を解雇しようとする場合においては，少くとも三十日前にその予告をしなければならない。三十日前に予告をしない使用者は，三十日分以上の平均賃金を支払わなければならない。但し，天災事変その他やむを得ない事由のために事業の継続が不可能となつた場合又は労働者の責に帰すべき事由に基いて解雇する場合において

は，この限りでない。

② 前項の予告の日数は，一日について平均賃金を支払つた場合においては，その日数を短縮することができる。

③ 前条第二項の規定は，第一項但書の場合にこれを準用する。

第21条
　前条の規定は，左の各号の一に該当する労働者については適用しない。但し，第一号に該当する者が一箇月を超えて引き続き使用されるに至つた場合，第二号若しくは第三号に該当する者が所定の期間を超えて引き続き使用されるに至つた場合又は第四号に該当する者が十四日を超えて引き続き使用されるに至つた場合においては，この限りでない。
　一　日日雇い入れられる者
　二　二箇月以内の期間を定めて使用される者
　三　季節的業務に四箇月以内の期間を定めて使用される者
　四　試の使用期間中の者

〈練習問題〉

正誤を〇×で答えなさい。

1　使用者は気に入らない労働者をいつでも自由に解雇できる。

2　期間の定めのない契約の場合，労働者は予告なしに会社を辞めることができる。

3　合理的な理由のない採用内定の取消は無効である。

Ⅲ
私たちの家族生活を支える法

第14講　夫婦関係　結婚と離婚

問題提起

　A子さんは，かねてから付き合いのあったB男さんと教会で結婚式を挙げ，親，兄弟をはじめ，親類や友人を招いてホテルで披露宴をしました。新婚生活も落ち着いてきたので，新婚旅行に海外に行くことに話がまとまりました。旅行代理店に行くと，「夫婦割引を受けるためには，夫婦であることを証明する書面が必要です」といわれました。

　そこで，A子さんが婚姻届を出そうとB男さんにいうと，「すまん。実は，僕は，池田満寿夫と同じ状態なんだ。離婚できるまで，待ってくれ」といいます。初めて知った事実にショックを受けたA子さんでしたが，B男さんとの生活を続ける決心をしました。幸い，ほどなく，離婚判決がでて，A子さんとB男さんの婚姻届は，役場の戸籍係に受理され，正式の夫婦になりました。

　このような結婚や離婚をめぐって，国家は，どのような法規制をしているのでしょうか。

point ① 社会での用語と法律上の用語の異同 ── 結婚，婚姻
　　　　② 事実と法的効果との差異 ── 挙式，披露宴，婚姻届
　　　　③ 婚姻の成立要件 ── 婚姻意思の合致，婚姻障害の不存在
　　　　④ 離婚の方法

必要な法知識

1　家族に対する法的規制

　人は，生まれてから死ぬまでのさまざまの場面で，身分関係を発生させ，変更し，消滅させます。例えば，社会通念の上では夫婦と認められる関係であっても，国が，婚姻として認め，保護する男女関係の発生には，国が求める一定の要件を充たす必要があります。社会的な結婚イコール法的に意味のある婚姻

ではありません。離婚や親子関係などその他の身分事項についても同様です。

こうした身分関係を規律する法規の多くは民法の第4編親族，第5編相続ですが，その身分事項を発生，登録，公示する戸籍法も重要な役割を担っています。国家は，その社会秩序の安定のために，身分関係に無関心ではいられないのです。

2 婚姻の成立要件
(1) 実質的要件と形式的要件
婚姻は，男女の婚姻生活共同体の形成に向けた意思の合意が基礎になりますが，当事者の思いだけでなく，届出という方式を要求しています。戸籍法が定める婚姻届の提出義務です。それが受理されて，婚姻が成立します。ですから，結婚式をしたり，披露宴をしたり，指輪を交換したりといったことは，結婚を証明する事実にはなっても，法的な婚姻の要素ではありません。婚姻には，婚姻意思の合致（実質的要件）と届出の受理（形式的要件）があればよいのです（民739条）。

婚姻意思は，自由な，真実のものでなければならないのは当然ですが，詐欺や強迫による場合には，婚姻の取消を裁判所に請求することができます（民747条）。また，勝手に婚姻届が出されたような場合には，婚姻意思の合意がないのですから，婚姻は無効となります。

(2) 消極的要件
婚姻届が受理されるためには，以下の条件をクリアーしていなければなりません。これを，婚姻障害がないといいます。

① 婚姻適齢——男は18歳，女は16歳以上でなければ婚姻を締結することはできません（民731条）。この規定は，1996年の「民法の一部を改正する法律案要綱」では，男女平等の視点から，ともに18歳とするとされています。

② 重婚の禁止——配偶者のいる者は，重ねて婚姻をすることはできません（民732条）。わが国が一夫一婦制をとっていることの表明です。

③ 再婚禁止期間——再婚の女性のみに適用される規定で，前婚の解消から6カ月が経過しなければ，婚姻はできません（民733条）。上記の改正要綱では，100日に短縮するとされています。

④　近親婚の禁止──優生学上の配慮や倫理観念から，一定の範囲の近親者との婚姻は禁じられています（民734条・735条・736条）。
　⑤　父母の同意──未成年者の場合，原則的には，父母の同意が必要です（民737条）。
　このように，婚姻が有効に成立するためには，婚姻障害がない上に，婚姻意思の合致に加えて届出をしなければなりません。届出がなされない場合，婚姻予約不履行とか内縁，準婚，あるいは非婚という状態になり，次に述べるような婚姻の効果と同じ法的効果は与えられません。しかし，民法の規定の不備を補って，社会の要求や，社会の変化に対応して，婚姻に準ずる効果が，判例によって認められています。ただし，配偶者相続権や子に対する嫡出性は認められていません。

3　婚姻の効果

　婚姻が成立すると，夫と妻として配偶者の身分を相互に取得し，その法的効果が生じます。たとえば，税法のうえでは，配偶者控除が認められるなど，さまざまな法的効果が出てきますが，ここでは，民法上の効果のみを挙げます。

(1)　一般的効果

　①　氏の共同──夫婦は，いずれか一方の氏を選んで同氏としなければ，婚姻届は受理されません（民750条）。選んだ氏の者が戸籍の筆頭者となる新戸籍が編成されます（戸籍法16条）。改正要綱では，男女の実質的平等の視点から，選択的別姓制度が導入されています。
　②　同居，協力，扶助の義務（民752条）
　③　貞操義務──積極的には規定していないが，不貞行為が離婚原因となっているところから，その反面として，貞操義務を負うとされます。
　④　契約取消権──法は家庭に入らないという伝統的観念から，夫婦間でした契約は，いつでも取り消せると規定されています（民754条）。しかし，この規定を悪用し，離婚の条件として財産を与える約束をし，離婚届をつくり，届け出る直前に，その贈与を取り消すという例もあり，弊害が大きいのでこの契約取消権は婚姻が実質的に破綻してしまったときには認められないとするのが判例になっています（最高裁，昭和42年2月2日）。

⑤　親族関係の発生——配偶者は親族となり，相手方血族との間に姻族関係が発生します（民725条）。
　⑥　相続権——配偶者は相互に相続権を持ちます（民890条）。
　⑦　婚姻成年——未成年者が婚姻をすると私法上，成年者と見做され（民753），財産行為等も親権者の同意なしに行えるようになります。
(2) 財産的効果
　①　夫婦別産制——民法は，配偶者間の財産関係について，契約財産制を認めていますが，契約がない場合には，法定財産制として，夫婦別産制を原則においており，夫婦いずれの財産か解らない財産についてのみ共有と推定されるとしています（民762条）。
　②　婚姻費用の分担（民760条）。
　③　日常家事の連帯債務（民761条）。

4　離　　婚

　有効に成立した婚姻は，相手が死亡した場合を除いて，離婚によってのみ解消されます。わが国には，伝統的に，婚姻不解消主義といった西欧の国々に認められるキリスト教の影響は全くなく，婚姻が家族制度の一環として把握されてきましたので，「家」にそぐわない婚姻は認められず，そのため「離婚の自由」が定着し，「追い出し離婚」や「強制離婚」が横行し，妻の地位を低いものにしていました。
　第2次世界大戦の敗戦により，新たに制定された憲法の平等原則の要請によって，民法は大改正され，離婚制度についても夫婦平等がすすめられました。
　現在，わが国で認められている離婚の方法は，以下の4種です。
　①　協議離婚——夫と妻との離婚の合意に基づく協議離婚届を戸籍係へ提出し，受理されると成立します。戸籍係は行政機関として，離婚届に対する形式的審査権を持つに過ぎず，司法機関の関与なしに，離婚できます（民763条）。
　②　調停離婚——家庭裁判所の調停によって成立する離婚です。調停調書は，確定判決と同じ効力を持ちます。わが国では，調停前置主義が採られているので，調停手続を経なければ離婚裁判を提起することはできません。調停が成立しないで，協議離婚や，取下げ（婚姻の継続）に至らない，つまり，当事者が，

なお，離婚を求めるとき，審判離婚がなされる場合を除き，通常裁判所に離婚の訴えを提起します（家事審判法18条・21条・24条）。

③ 審判離婚——家庭裁判所の審判によって成立します。調停が不成立の場合，一切の事情を考慮して離婚させたほうが適当と認められるとき，職権で離婚の審判をします。審判に対して2週間以内に異議の申立がなされなければ，確定判決と同じ効力を持ちます（家事審判法24条・25条）。

④ 裁判離婚——当事者の請求に基づき，判決によってなされる離婚です。

　a．裁判離婚原因

　裁判離婚が認められるのは，以下の事由です。

(a) 不貞行為

(b) 悪意の遺棄

(c) 3年以上の生死不明

(d) 不治の精神病

(e) その他婚姻を継続しがたい重大な事由

しかし，これらの事由があっても，裁判所は，一切の事情を考慮して，婚姻の継続を相当と認めるときは，離婚の請求を棄却することができます（民770条）。

　b．有責配偶者の離婚請求

　かつて，判例は，愛人をつくった夫からの離婚請求に対して，有責配偶者からの離婚請求は認められない（最判昭和27年2月19日民集6巻2号110頁）としていましたが，最高裁判所の大法廷昭和62年9月2日（民集41巻6号423頁）の判決で，別居が長期間にわたり，未成熟の子がいず，苛酷な状況に陥らないならば，離婚が認められると判例を変更しました。

　c．離婚の効果

① 夫婦としての身分の消滅

② 復氏復籍（民767条，戸籍法19条）

③ 姻族関係の消滅（民728条）

④ 子に対する処置——親権者，監護者の決定（民766条）

⑤ 財産分与（民768条）

解　決

　B男さんは，既に，婚姻しているので，すぐにA子さんと日本の民法が認める婚姻をすることはできません。なぜなら，重婚の禁止条項にふれるからです。この婚姻障害を取り除くためには，相手の死亡を除けば，B男さんは離婚しなければなりません。婚姻生活共同体は，すでに破綻していて，形骸化していても，いったん，有効に成立した婚姻の効力は継続します。長期に及ぶ破綻の事実は，相手が離婚に反対していても，有責配偶者であるB男さんの離婚請求を認める根拠となりました。なお，A子さんの婚姻意思がB男さんの過去の露呈で揺るげば，婚姻予約の解消や，損害賠償の問題が発生することになります。

●関連する条文

　　　民法　732条・739条・770条

〈民法〉

第732条〔重婚の禁止〕
　　配偶者のある者は，重ねて婚姻をすることができない。

第739条〔婚姻の届出〕
　①　婚姻は，戸籍法の定めるところによりこれを届け出ることによつて，その効力を生ずる。
　②　前項の届出は，当事者双方及び成年の証人二人以上から，口頭又は署名した書面で，これをしなければならない。

第770条〔離婚原因〕
　①　夫婦の一方は，左の場合に限り，離婚の訴を提起することができる。
　　一　配偶者に不貞な行為があつたとき。
　　二　配偶者から悪意で遺棄されたとき。
　　三　配偶者の生死が三年以上明かでないとき。
　　四　配偶者が強度の精神病にかかり，回復の見込みがないとき。
　　五　その他婚姻を継続し難い重大な事由があるとき。
　②　裁判所は，前項第一号乃至第四号の事由があるときでも，一切の事情を考慮して婚姻の継続を相当と認めるときは，離婚の請求を棄却することができる。

〈練習問題〉

正誤を○×で答えなさい。

　1　法律婚とは，事実婚と違って，届出という要件を必要とする。
　2　結婚と婚姻は同じである。
　3　婚姻予約，準婚，内縁，非婚について民法には条文がない。

4　離婚の方法には4種類ある。
5　有責配偶者からの離婚請求は，認められない。

第15講　親子関係

問題提起

　いわゆる「できちゃった婚」で，胎児は7カ月になっています。A子さんは，B男さんとの婚姻届を出すのを急ぎました。実は，A子さんの母親は未婚の母で，A子さんは父親を知りませんでした。高校を卒業した時，祖母（母親の母）の実家の養子になり，名字が変わりました。A子さんは，生まれる子には，自分と同じ経験をさせたくないと強く思っていましたから，婚姻届が受理されてホッとしていました。そこへB男さんが，「ほんとに，おれの子なの」と言い出したのです。A子さんは，不安になり，法律上の親子関係について知るために，弁護士を尋ねることにしました。

point ①　親子法の理念 ── 子の最大の利益（Best Interests of Children）
　　　　②　子の種類
　　　　③　父子関係，母子関係

必要な法知識

1　家や親のための法から子のための法へ

　人工授精や体外受精による出産も珍しいことではなくなった現代，親子関係について，新たな法的展望が求められています。未だ，わが国の民法は，生命医学の進歩に対して，何の対応もしていません。子は自分の意思でこの世に生を受けるのでもなく，通常は親を選ぶこともできないのですから，未成熟な人として最大限に保護され，尊重されなければなりません。国連の「児童の権利条約」は，そうした理念のハイライトです。「子のための親子法」の徹底です。
　現代の親子関係は，主として，親の未成熟子に対する哺育，監護，教育など，義務の面が強く現れ，それを保障するための法制度が定められています。わが

国の民法も親子法と呼ばれる部分を含み，どういう場合に親子関係があるといえるかなど親子関係の発生，変更，消滅と親子間の権利義務を定めています。

2　民法の定める子の種類

親子関係は，生物的，自然的血族関係に基礎におく実親子関係と法定的に親子関係を創設する養親子関係に分けられます。実親子関係は，婚姻に基礎をおく嫡出親子関係と婚姻外の関係から生ずる非嫡出親子関係に分けられます。前者の関係から生まれた子を嫡出子といい，後者のそれを非嫡出子といいます。

嫡出子には，生来嫡出子と準正嫡出子があり，前者は，推定される嫡出子，推定されない嫡出子，推定の及ばない子に分かたれ，後者は，婚姻準正子と認知準正子とに分かたれます。これらが実子の種類です。

これに対して養子には，普通養子と特別養子があります。前者は，伝統的な養子制度で，氏や財産の承継という家の存続のために使われることが多いのです。特別養子は「子のための養子」制度で，法的に実方との関係を断絶して，養親のみが唯一の親とするもので，グローバル・スタンダートのものです。

民法が定める子の種類を図によって確認しましょう。

3　嫡 出 推 定

(1)　嫡出推定される嫡出子と嫡出否認の訴え

妻が婚姻中に懐胎した子は夫の子と推定されます（民772条1項）。さらに，婚姻成立から200日以後，婚姻の取消もしくは解消から300日以内に生まれた子は，婚姻中に懐胎したものと推定されます（民772条2項）。この二重の推定をうけて，妻が生んだ子に嫡出性が与えられ，夫の嫡出子となります。子にとって，母親の夫が父親になります。これは，ノーマルな婚姻生活を前提にして成り立つことで，別居していたり，妻が不倫をしている場合などには，事実に反する不当な結果となる可能性があります。

そこで，推定される嫡出子について，その嫡出推定を覆す手段として嫡出否認の訴えが定められています。これは，原則として，夫だけが，子の出生を知ってから1年以内に限って訴えることができます（民774条～778条）。

子の種類

```
                                    ┌─ 推定される嫡出子
                    ┌─ 生来嫡出子 ─┼─ 推定されない嫡出子
         ┌─ 嫡出子 ─┤              └─ 推定の及ばない子
         │         │              ┌─ 婚姻準正
 ┌─ 実子─┤         └─ 準正嫡出子 ─┤
 │       │                        └─ 認知準正
親子関係 │
 │       └─ 非嫡出子
 │
 └─ 養子 ─┬─ 普通養子
          └─ 特別養子
```

嫡出推定

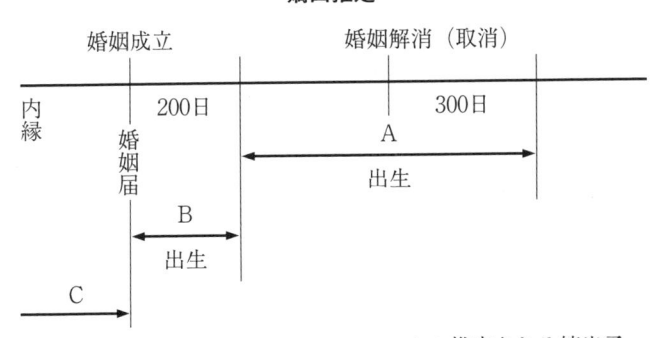

婚姻成立　　　　　　婚姻解消（取消）

内縁　　200日　　　　　300日
　　　　　　　A
　　婚姻届　　　　　　出生
　　　　　B
　　　　出生
　　C

A：推定される嫡出子
B：推定されない嫡出子
C：非嫡出子（認知子）

(2) 推定されない嫡出子と親子関係存否確認の訴え

婚姻届を出さないうちに生まれた子や婚姻届を出してから200日以内に生まれた子などは，民法772条の嫡出推定が及びません。したがって，形式的には嫡出子でないことになります。しかし，判例は，内縁が先行していて，婚姻成立後200日以内に生まれた子について，嫡出子であるとしました（大連判昭和15年1月23日民集15巻54頁）。これを受けて，戸籍実務では，戸籍吏が届の内容について実質的審査権を持たないことから，内縁が先行したかどうかにかかわらず，婚姻後200日以内に生まれた子をすべて嫡出子として出生届を受理しています。つまり，実質的には，嫡出子の範囲を広げることになりました。

推定されない嫡出子について，その身分が争われる場合は，嫡出否認の訴えではなく，人や時の制限のない親子関係存否確認の訴えとなります。

(3) 推定の及ばない子と親子関係存否確認の訴え

嫡出推定される期間内に生まれたが，夫婦間では懐胎できない状態が明白な場合，この子を推定の及ばない子といいます。嫡出推定は強力なので，事実に反する結果となることを避けるために，推定が及ばない子というカテゴリーが判例で認められました。たとえば，夫が行方不明，海外滞在中，長期不在，獄中などの場合です（最判昭和44年5月29日民集23巻6号1064頁，同9月4日）。

推定の及ばない子について，その身分が争われる場合，親子関係存否確認の訴えまたは審判によります。

(4) 嫡出推定が二重になる場合と父を定める訴え

再婚禁止期間に違反して再婚できた場合（戸籍吏が気づくと受理されないので数は少ない），前婚と後婚との嫡出推定が重なります。この場合，父を定める訴えによって，前夫か後夫かのいずれが父であるかを裁判所が定めます（民773条）。

また，重婚関係が生じたために，嫡出推定が重複した場合にも，民法773条は準用されます。

4 非嫡出子の父子関係（認知）と母子関係（分娩の事実）

婚姻外の男女関係から生まれた子を非嫡出子，または，嫡出でない子といいます。生物的な父子関係は，法的な父子関係を当然に発生させません。非嫡出

子と父との親子関係は，認知によって生じます。非嫡出母子関係は，原則的には，分娩の事実により発生します（最判昭和37年4月27日民集16巻7号1247頁）。なお，捨て子などの場合には，母の認知も認められます。

認知には，親が自ら自分の子であることを承認して認知届を出す任意認知（民779条）と子の側から認知の訴えによって親子関係を認めさせる強制認知（民787条）とがあります。認知される者の意思は一般には問われませんが，成年の子を認知する場合は，認知される子の承諾を得なければなりません（民782条）し，胎児を認知する場合には母の承諾が必要です（民783条）。

5　準　正

非嫡出子が嫡出子の身分を取得することをを準正といいます。準正には，認知されている子が，その父母の婚姻により嫡出子となる婚姻準正（民789条1項）と，婚姻している親が，自分の子を認知する認知準正（民789条2項）とがあります。

解　決

判例によれば，A子さんの生まれてくる子は，内縁関係が先行して婚姻成立後200日以内に出生しましたから，「推定されない嫡出子」となり，B男さんはもちろん，だれからでも，いつでも親子関係の存否の確認が求められるので，不安定な地位にいることになります。これに対して，学説の多くは，このようなケースの場合，内縁の開始からカウントして，200日後であれば，嫡出推定されると考え，嫡出否認の訴えがとられるべきだと主張しています。そのほうが子の身分は速く確定します。

戸籍実務では，婚姻成立後200日以内に生まれた子は，嫡出子としての出生届を出すのを原則としていますが，A子さんとB男さんとの間で，非嫡出子とする合意がある場合には，非嫡出子出生届を出すこともできます。

A子さんの母は，未婚でA子さんを生んだのですから，この母子関係は非嫡出親子関係で，A子さんは，非嫡出子で，母が親権者で，母の氏を称することになります。母の氏は，祖父母の氏（多くの場合，祖父の氏）です。その氏を継受したA子さんは，祖母の実家に養子に行ったので，養親の氏（祖母の婚姻

前の氏）を称することになります。

●関連する条文

　　民法　772条・790条・810条・819条

〈民法〉

第772条〔嫡出性の推定〕
① 妻が婚姻中に懐胎した子は，夫の子と推定する。
② 婚姻成立の日から二百日後又は婚姻の解消若しくは取消の日から三百日以内に生まれた子は，婚姻中に懐胎したものと推定する。

第790条〔子の氏〕
① 嫡出である子は，父母の氏を称する。但し，子の出生前に父母が離婚したときは，離婚の際における父母の氏を称する。
② 嫡出でない子は，母の氏を称する。

第810条〔養子の氏〕
　養子は，養親の氏を称するただし，婚姻によつて氏を改めた者については，婚姻の際に定めた氏を称すべき間は，この限りでない。

第819条〔離婚の際の親権者の決定，認知した子の親権者〕
① 父母が協議上の離婚をするときは，その協議で，その一方を親権者と定めなければならない。
② 裁判上の離婚の場合には，裁判所は，父母の一方を親権者と定める。
③ 子の出生前に父母が離婚した場合には，親権は，母がこれを行う。但し，子の出生後に，父母の協議で，父を親権者と定めることができる。
④ 父が認知した子に対する親権は，父母の協議で父を親権者と定めたときに限り，父がこれを行う。
⑤ 第一項，第三項又は前項の協議が調わないとき，又は協議をすることができないときは，家庭裁判所は，父又は母の請求によつて，協議に代わる審判をすることができる。
⑥ 子の利益のため必要があると認めるときは，家庭裁判所は，子の親族の請求によつて，親権者を他の一方に変更することができる。

〈練習問題〉

正誤を○×で答えなさい。

1　未成年者を認知する場合，認知される未成年者の承諾がいる。
2　認知により父となった者は，親権者になれない。
3　嫡出子は，父母の氏（婚氏）を称し，非嫡出子は，母の氏を称する。
4　日本の養子縁組は，婿養子や連れ子養子の多発に特徴づけられる。
5　非嫡出子が嫡出子の身分を取得することはない。

第16講　相続と遺言

問題提起

　A子さんの夫，B男さんは交通事故で死亡しました。夫婦の間には，5歳のC子ちゃんがいます。また，A子さんは妊娠しています。葬儀の時，差出人が「かねこ」という電報があり，A子さんは気にしていたのですが，金子さんかもしれないと思い始めたやさき，「かねこ」さんから手紙がきました。丁重な，真情あふれる弔意のあとで，「私の父はB男です。本棚に遺言書があるはずです」と書かれていました。A子さんが本棚を探すと，遺言書が出てきました。そのなかに，「かねこ」を認知し，遺留分を侵さない範囲で，財産を与えるようにという条項もありました。
　「かねこ」さんをめぐる，B男さんの意思は通りますか？

point　①　相続人の範囲
　　　　②　相続分，遺留分
　　　　③　遺言事項（認知，財産処分の指定）

必要な法知識

1　相続の意義

　相続は，地域や時代によってその形態や機能は異なっていますが，おおむね，次のような展開がありました。まず，氏族制社会では，祭祀承継が主であり，続く大家族制社会では，家産と家父長の地位の承継で，原則として男子単独相続であり，近代社会では，個人の権利義務の承継で，均分相続となりました。民法の第5編(882条～1044条)は，相続に関して規定しています。ここでは，相続とは，人の死亡を契機として，その人が有していた財産法上の権利義務が，死者の意思または法律の規定によって，その人と特定の関係にある人に承継されることとしています。この死者を被相続人，特定の人を相続人といいます。

2　相 続 人

　相続人には，血族相続人と配偶相続人がおり，血族相続人には順位があり，先順位の者がいないと後順位の者が，具体的に相続人となります。第1順位は，子とその代襲相続人——孫，ひ孫（民887条），第2順位は直系尊属（民889条），第3順位は兄弟姉妹とその代襲相続人——甥，姪です（民889条）。このように，相続人になりうる人は限定されています。そして，配偶者（配偶相続人）は，常に，血族相続人とともに，相続人となります（民890条）。もちろん，上述した血族相続人がだれもいなければ，配偶者は単独相続人になります。

　胎児は，すでに生まれた者とみなされ，第1順位の相続人となります。被相続人の死亡のとき相続人は生存していなければならないとする「同時存在の原則」の例外をなしています（民886条）。

3　相続分と遺留分

　相続人が受け取る相続財産の割合を相続分といいます。

　被相続人が遺言などで定めた相続分を指定相続分といい，遺留分を侵さない範囲で有効です（民902条）。遺留分とは，被相続人の意思とはかかわりなく，相続財産の一定額を第3順位の相続人（兄弟姉妹とその代襲者）以外の相続人に与えなければならない割合です（民1028条）。相続分の指定がない場合，法が定めている割合が適用されます。これを法定相続分といいます（民900条）。例えば，子のいない夫婦の夫（被相続人）が死亡し，妻（配偶相続人）と夫の両親が（第2順位の血族相続人）が共同相続した場合，法定相続分によると，妻3分の2，夫の両親3分の1となります（民900条2号）。そして，これらの相続人は遺留分権利者なので，被相続人が，友人に財産のすべてを遺贈することは出来ません。2分の1が，この場合遺留分ですから，それを除いた残余のみが（2分の1）被相続人の自由に処分できる割合，すなわち，自由分です。もし，被相続人が相続人にわずかでも財産を与えたくないのなら，死亡時の財産をゼロにしておかなければなりません。

　表を参照して，相続人の組合せと法定相続分ならびに遺留分の割合を確認してください。なお，子，直系尊属または兄弟姉妹が数人いるときは，各自の相続分は，相等しいものになります。ただし，非嫡出子の相続分は嫡出子の2分

の1になり，半血兄弟の相続分は全血兄弟の2分の1になります（民900条4号）。また，代襲相続人の相続分は，被代襲者が受けるべきであったものと同じです（民901条）。

4　遺産分割

相続が開始し，複数の相続人がいると，遺産分割が終わるまで共有状態になります。この共同所有の関係について，判例は民法249条以下に規定された共有であるとみる共有説をとっていますが，有力な学説として遺産総体を重視し，個別財産に対する持分権は潜在的であるとみる合有説があります。ともかく，遺産分割がなされると，その効力は相続開始のときにさかのぼります。つまり，各相続人が，遺産分割によって取得した財産は，相続開始の時に，被相続人から直接に承継したことになります（民909条）。

遺産分割が終わったあとで，認知されて相続人となった子は，相続分に相当する価額の請求だけで，現物の分割請求はできません（民910条）。

5　遺　　言

遺言は，人の最終意思に法的効果を認め，その者の死後に実現をはかる制度です。その法的性質は，要式行為であり（民960条），単独行為であり，代理に適さず，撤回が自由にできる死後行為です。

遺言をすることができるのは，満15歳以上の意思能力を有する者であればよく（民961条），成年被後見人でも，2人以上の医師の立会いを得て，有効な遺言をすることができ（民973条），被保佐人および被補助人も，保佐人，補助人の同意を得ずに，単独で有効な遺言ができます（民962条）。遺言の内容とすることができる事項は，法律で定められた一定の事項に限られています。兄弟仲良くとか，整理整頓するようにといったことは，道徳的な遺訓にすぎません。民法およびその他の法律で認められている遺言事項はほぼ次のとおりです。

(1)　財産の処分——遺贈（民964条），寄付行為（民41条2項），および信託の設定（信託法2条）

(2)　認知（民781条2項）

(3)　後見人及び後見監督人の指定（民839条・848条）

(4) 推定相続人の廃除及び取消（民893条・894条2項）
(5) 相続分の指定及びその委託（民902条）
(6) 遺産分割方法の指定及びその委託（民908条）
(7) 遺産分割の禁止（民908条）
(8) 相続人相互間の担保責任の指定（民914条）
(9) 遺言執行者の指定及びその委託（民1006条）
(10) 遺贈減殺方法の指定（民1034条）
(11) 祭祀主宰者の指定（民897条）

6 遺言の方式

遺言が効力を生ずるのは遺言者の死後ですから，不明確であったり，争いになったり，他人に偽造されたり，変造されたりしないように，厳格に要式が定められています（民960条）。個人の最終意思の尊重という点から，2人以上の者が同一の証書でする，いわゆる共同遺言は，無効となります（民975条）。

民法が定めている遺言の方式は，普通方式と特別方式に大別され，事情に応じて利用できるようにしています。

(1) 普通方式

普通方式は，死が迫っているとか，隔離地にいるとかといった特別の事情がない場合に従うべき方式で，以下のような3種があります。

(a) 自筆証書遺言（民968条）　これは，遺言書の全文，日付および氏名を自署し，これに印を押せば完成する最も簡便な方式です。加除その他の変更は，遺言者がその場所を指示し，変更した旨を付記したうえで署名し，変更場所に押印しなければなりません。費用もかからず，証人や立会人もいりませんが，偽造，変造，滅失のおそれがあり，遺言の執行のためには家庭裁判所で検認を受けなければなりません（民1004条）。

(b) 公正証書遺言（民969条）　公証人に依頼して遺言書を作成する方式です。遺言の存在および内容は明確で，検認を受ける必要はありません。費用がかかり，証人や立会人も必要ですが，最も確実な方法です。ただし，遺言の存在や内容を秘密にしておきたい場合は，不適当です。

なお，平成11年法律194号で，発言不能者や聴覚不能者も手話通訳や自署に

より公正証書遺言が可能になりました（民969条の2）。

(c) 秘密証書遺言（民970条）　遺言の存在を明らかにし，その内容を秘密にしたい場合に適します。内容は自筆証書遺言，外部様式は公正証書遺言の遺言書です。遺言書および封紙に署名し，押印することが必要なので，署名のできない者は，秘密証書遺言はできません。この遺言は，費用がかかり，検認や開封など手続も複雑です（民1004条1項・3項）。

なお，改正により，発言不能者が秘密証書遺言をする場合，従来の自署による申述に加えて，通訳人の通訳による申述も認められることになりました（民972条）。

(2) 特別方式

特別の事情があって普通方式による遺言ができない場合，要件の緩和された特別方式の遺言が認められます。遺言者が普通方式で遺言することができるようになった時から，6カ月生存すると無効になります（民983条）。

(a) 危急時遺言　臨終遺言ともいわれ，死亡の危急に迫った者に認められます。家庭裁判所の確認が必要です。一般危急時遺言と船舶遭難の危急時遺言があります（民976・979条）。

(b) 隔絶地遺言　伝染病のため隔離された者および船舶中にある者に認められる遺言です（民977条・978条）。

【解　決】

B男さんの意思は，以下の事項をクリアーしていれば，実現されます。

まず，遺言書の開封，検認が家庭裁判所で行われ，自筆証書遺言としての形式的要件を備えている必要があります。例えば，ワープロで書かれていたり，日付のない書面は，自筆証書としての要件を充たしていないので遺言書としての効力はありません。

遺言の方式を充たしているとすると，次に，遺言の内容が，いわゆる遺言事項に当てはまるか否かの検討になります。

「かねこ」さんを遺言によって認知することは，死後認知としてわが国の民法は認めています。もちろん，財産の処分も遺留分を侵さない範囲で認められます。ただし，かねこさんの認知が認められる前に遺産分割が済んでいると，

かねこさんができるのは価額の請求のみとなります。

　結局，B男さんの相続人は，配偶相続人のA子，血族第1順位相続人であるC子，かねこ，胎児の4名となり，法定相続分は，A子2分の1，子どもたち3名で2分の1となります。そのうち，かねこは非嫡出子なので，嫡出子のC子や胎児の半分になり，全体の割合でみると，かねこは10分の1，C子と胎児は，それぞれ10分の2（5分の1）となります。

　B男さんの遺言では，遺留分を侵さない範囲で，かねこさんに遺産を与えるという有効な指定をしていますので，まず2分の1（10分の5）の財産はかねこさんにいき，遺留分としての2分の1が相続人間で法定相続分に応じて配分されることになります。

●関連する条文
　　民法　781条2項・882条・886条〜890条・900条・902条・910条・968条・1028条・1041条

〈民法〉
第781条〔認知の方式〕
　①　（略）
　②　認知は，遺言によつても，これをすることができる。
第882条〔相続開始の原因〕
　　　相続は，死亡によつて開始する。
第886条〔胎児の相続能力〕
　①　胎児は，相続については，既に生まれたものとみなす。
　②　前項の規定は，胎児が死体で生まれたときは，これを適用しない。
第887条〔子及びその代襲者〕
　①　被相続人の子は，相続人となる。
　②　被相続人の子が，相続の開始以前に死亡したとき，又は第八百九十一条の規定に該当し，若しくは廃除によつて，その相続権を失つたときは，その者の子がこれを代襲して相続人となる。但し，被相続人の直系卑属でない者は，この限りでない。
　③　前項の規定は，代襲者が，相続の開始以前に死亡し，又は第八百九十一条の規定に該当し，若しくは廃除によつて，その代襲相続権を失つた場合にこれを準用する。
第888条〔代襲相続〕
　　　削除（昭和三七法四〇）
第889条〔直系尊属・兄弟姉妹〕
　①　左に掲げる者は，第八百八十七条の規定によつて相続人となるべき者がない場合には，左の順位に従つて相続人となる。
　　第一　直系尊属。但し，親等の異なる者の間では，その近い者を先にする。

第二　兄弟姉妹
② 第八百八十七条第二項の規定は，前項第二号の場合にこれを準用する。

第890条〔配偶者〕
被相続人の配偶者は，常に相続人となる。この場合において，前三条の規定によつて相続人となるべき者があるときは，その者と同順位とする。

第900条〔法定相続分〕
同順位の相続人が数人あるときは，その相続分は，左の規定に従う。
一　子及び配偶者が相続人であるときは，子の相続分及び配偶者の相続分は，各二分の一とする。
二　配偶者及び直系尊属が相続人であるときは，配偶者の相続分は，三分の二とし，直系尊属の相続分は，三分の一とする。（昭和五五法五一本号改正）
三　配偶者及び兄弟姉妹が相続人であるときは，配偶者の相続分は，四分の三とし，兄弟姉妹の相続分は，四分の一とする。
四　子，直系尊属又は兄弟姉妹が数人あるときは，各自の相続分は，相等しいものとする。但し，嫡出でない子の相続分は，嫡出でない子の相続分は，嫡出である子の相続分の二分の一とし，父母の一方のみを同じくする兄弟姉妹の相続分は，父母の双方を同じくする兄弟姉妹の相続分の二分の一とする。

第968条〔自筆証書遺言〕
① 自筆証書によって遺言をするには，遺言者が，その全文，日附及び氏名を自書し，これに印をおさなければならない。
② 自筆証明中の加除その他の変更は，遺言者が，その場所を指示し，これを変更した旨を附記して特にこれに署名し，且つ，その変更の場所に印をおさなければ，その効力がない。

第1028条〔遺留分権利者とその遺留分〕
兄弟姉妹以外の相続人は，遺留分として，左の額を受ける。
一　直系尊属のみが相続人であるときは，被相続人の財産の三分の一
二　その他の場合には，被相続人の財産の二分の一

第1041条〔価額による弁償〕
① 受贈者及び受遺者は，減殺を受けるべき限度において，贈与又は遺贈の目的の価額を遺留分権利者に弁償して返還の義務を免かれることができる。
② 前項の規定は，前条第一項但書の場合にこれを準用する。

法定相続分の割合

配偶者と子	配偶者	2分の1	子	2分の1
配偶者と直系尊属	配偶者	3分の2	直系尊属	3分の1
配偶者と兄弟姉妹	配偶者	4分の3	兄弟姉妹	4分の1

注　非嫡出子は嫡出子の2分の1
　　半血兄弟姉妹は全血兄弟姉妹の2分の1

遺留分の割合

	配偶者	子	直系尊属
単独相続	2分の1	2分の1	3分の1
共同相続（配偶者と血縁）		2分の1	2分の1

注　共同相続人間の配分は法定相続分の割合による

遺言相続と法定相続

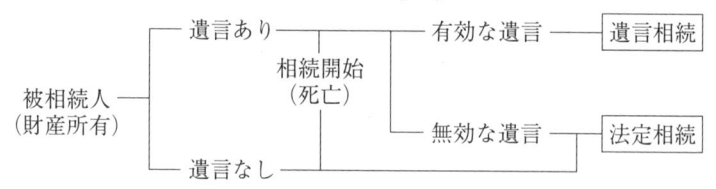

被相続人（財産所有）─┬─遺言あり─┐
　　　　　　　　　　│　　　　　相続開始（死亡）─┬─有効な遺言─[遺言相続]
　　　　　　　　　　│　　　　　　　　　　　　　└─無効な遺言─┐
　　　　　　　　　　└─遺言なし───────────────────[法定相続]

〈練習問題〉

正誤を○×で答えなさい。

1　慰謝料請求権は相続される。
2　遺言の要式性は緩和の方向にある。
3　日付として平成13年3月吉日と書いてある遺言書は有効である。
4　半血兄弟の相続分と全血兄弟の相続分は等しい。
5　血縁関係にあれば，先順位相続人がいなければ，相続人となる。

第17講　高齢社会の家族と法

問題提起

　A子の祖父Bに軽い痴呆状態が現れるようになりました。そこで，A子は，新たにスタートした成年後見制度をBのために利用したいと考えています。この新しい成年後見制度はどのような制度でしょうか。

point　①　私的自治の原則，意思無能力，行為能力
　　　　②　新しい成年後見制度，法定後見（補助・保佐・後見），任意後見
　　　　③　公示，登記事項証明書

必要な法知識

　私有財産制に立脚する近代民法においては，各個人は原則として自己の意思に基づいてのみ権利を取得し義務を負担するという原則（**私的自治または意思自律の原則**）がとられています。このことから，法律行為の拘束力の根拠は，行為者の「意思」に求められることになります。そうしますと，その前提として，意思を決定するのに必要な精神能力は行為者に行為時になければならない，ということが求められます。この精神能力が「**意思能力**」です。しかし，意思能力を欠いていたこと（意思無能力）の立証は必ずしも容易ではありません。また，行為者が行為時に意思無能力であったことを証明できたとしますと，取引関係に入った相手方が不測の不利益を受けるおそれは十分にあります。そこで，民法は，意思能力が継続的に不完全な成年者を「禁治産」者・「準禁治産」者として，一方で，この者のなした法律行為を一定の要件の下で取消可能とし，他方で，「（準）禁治産」者であることを公示し，これによって取引の安全を図ろうとしました。

　しかし，「（準）禁治産」制度は十分に機能せず，昭和23（1948）年から平成

7（1995）年までの48年間の実施件数をみると，「禁治産」宣告が21,767件，「準禁治産」宣告が9,653件（いずれも宣告取消件数を含む）にすぎませんでした。その理由としては，①民法が「禁治産」（心神喪失の常況→後見人の代理権）と「準禁治産」（心神耗弱→「保佐人」の同意権のみ）という2つの硬直的な類型しか用意していないので，個々の事案における各人の判断能力および保護の必要性の程度に合致した柔軟かつ弾力的な措置を採ることができず，また，「心神耗弱」に至らないものの意思能力が不十分であるために保護を要する者（痴呆性高齢者・知的障害者・精神障害者）のための制度を用意していないこと，②「（準）禁治産」者であるとの宣告を受けると，戸籍に記載されるが，このことを避けようとする国民感情は相当に強いこと，③保護機関（とくに「後見人」）の権限が非常に強いため，「（準）禁治産」制度は本人の保護というよりも財産争いのための道具として悪用されることが多いこと，④手続に多額の費用と時間がかかり，精神科医の鑑定料の相場は50万円で，申立から結論が出るまで早くて6カ月程度，場合により1年以上かかることもあること，⑤「（準）禁治産」制度の利用者は広範な資格制限を受けること，などを挙げることができます。そこで，高齢社会にも十分に対応できるように，2000年4月1日から新しい成年後見制度がスタートしました。この新しい成年後見制度は，法定後見と任意後見との2つの制度からなっています。

1　法定後見制度

　法定後見制度は，法律の定めに基づく後見の制度で，補助・保佐・後見からなっています。

(1) 補　　助

　補助は，精神上の障害（軽度の痴呆・知的障害・精神障害等により事理弁識能力（＝判断能力））が不十分な者のうち，保佐・保佐の程度に至らない軽度の状態にある者を対象とします（民14条1項）。その対象者の具体例は，①重要な財産行為について自分でできるかもしれないが，適切にできるかどうか危惧がある（本人の利益のためには，誰かに代わってやってもらった方がよい）者，②いわゆる「まだら呆け」（ある事柄はよく分かるが他のことは全く分からない者と，日によって普通の日と痴呆症状等の出る日がある者の双方を含む）の中

で，軽度の者，とされています。

　家庭裁判所の「補助開始の審判」とともに被補助人のために補助人が選任されます（民15条）。補助人は，一定の者の申立により選択された「特定の法律行為」について，同意権・取消権または代理権の一方または双方を付与されます（民16条1項・4項・876条の9・1項）。代理権付与の対象となる法律行為には，財産管理に関する法律行為（預貯金の管理・払戻し，不動産その他重要な財産の処分〔売買や賃貸借契約の締結・解除，担保物権の設定など〕，遺産分割など），身上監護に関する法律行為（介護契約，施設入所契約，医療契約など）のほか，これらの事務に関して生ずる紛争についての訴訟行為も含まれる，と解されています。また，同意権付与の対象となる法律行為は，民法12条1項に定める行為の一部に限られます。なお，自己決定の尊重という観点から，本人の申立または同意が審判の要件とされています（民16条2項・876条の9第2項による876条の4第2項の準用）。

(2) 保　佐

　保佐は，精神上の障害により判断能力が著しく不十分な者を対象とします（民11条本文）。その対象者の具体例は，①日常の買物程度は自分でできるが，重要な財産行為は自分では適切に行うことができず，常に他人の援助を受ける必要がある（誰かに代わってやってもらう必要がある）者，②いわゆる「まだら呆け」の中で，重度の者，とされています。

　家庭裁判所の「保佐開始の審判」とともに被保佐人のために保佐人が選任されます（民11条ノ2）。保佐人は，12条1項に定める重要な財産行為についての同意権および取消権を付与されますが，これとともに，それ以外の行為についての同意権および取消権を付与（民12条2項）されることも，「特定の法律行為」についての代理権を付与（民876条の4第1項）されることもできます。ただし，日用品の購入その他日常生活に関する行為（例，電気・ガス代・水道料等の支払，それらの経費の支払に必要な範囲の預貯金の引き出し）に関しては，本人の判断に委ねて取消権の対象から除外されます（民12条1項但書）。なお，自己決定の尊重という観点から，本人の申立または同意が代理権の付与の要件とされています（民876条の4第2項）。

(3) 後見

後見は，精神上の障害により判断能力を欠く常況にある者を対象とします（民7条）。その対象者の具体例は，①通常は，日常の買物も自分でできず，誰かに代わってやってもらう必要がある者，②ごく日常的な事柄（家族の名前，自分の居場所など）が分からなくなっている者，③完全な植物状態にある者，とされています。

家庭裁判所の「後見開始の審判」とともに成年被後見人のために成年後見人が選任されます（民8条）。成年後見人には広範な代理権が付与されるとともに取消権が付与されます（民859条・120条1項）。ただし，日用品の購入その他日常生活に関する行為については，自己決定の尊重という観点から，取消権の対象から除外されることになりました（民9条但書）。

補助・保佐・後見の開始の申立は，申立人が家庭裁判所に申立書を提出して行います。申立書の書式の用紙は，各家庭裁判所に備え置かれています。なお，申立の際，申立手数料（事件ごとに収入印紙600円）・通信用の切手のほかに登記手数料を予納する必要があります。

申立権者の範囲は，民法上，本人，配偶者，四親等内の親族，未成年後見人，未成年後見監督人または検察官のほか，他の類型の後見人・監督人，となっています。また，特別法（老人福祉法32条，知的障害者福祉法27条の3，精神保健及び精神障害者福祉に関する法律51条の11の2）により，本人に配偶者または四親等内の親族がなかったり，これらの親族があっても音信不通の状況にあるなどの事情により，審判の申立を期待することができないような場合には，市長村長が申立をすることができるようになりました。

2 任意後見制度

任意後見制度（公的機関の監督を伴う任意代理制度）は，契約による後見の制度で，契約によって本人が任意後見人を選任し，これに権限を付与することによって本人を保護するものです。契約の方式・効力等は，「任意後見契約に関する法律」において定められています。

任意後見契約とは，委任者が，受任者に対し，精神上の障害により事理を弁識する能力が不十分な状況における自己の生活，療養看護および財産の管理に

関する事務の全部または一部を委託し，その委託に係る事務について代理権を付与する委任契約です（同法2条1号）。任意後見契約を締結するにあたっては，任意後見監督人が選任された時から契約の効力が生ずる旨の特約を付すること（同法2条1号），公正証書によること（同法3条）が必要です。この契約が効力を生ずるのは，家庭裁判所が任意後見監督人を選任した時からです（同法2条1号）。そして，この任意後見監督人が任意後見人を監督しますから（同法7条），家庭裁判所の監督は間接かつ二次的にすぎないものです。

3　公　示

「（準）禁治産」制度については，前述したように，「禁治産」・「準禁治産」者であることが戸籍に記載されていましたので，これに対する利用者の抵抗感は相当に強いものがありました。そこで，「後見登記等に関する法律」は，戸籍への記載に代えて，法定後見および任意後見契約に関する新たな公示制度として**成年後見登記制度**を創設しました。具体的には，原則として裁判所書記官または公証人の嘱託により，裁判所に備える登記ファイルに法定後見および任意後見契約についての所要の登記事項を記録するとともに，代理権等の公示の要請とプライバシー保護の要請とを調和させるために，**登記事項証明書**の交付を請求しうる者の範囲を限定しています。また，登記事項証明書の交付に関しては，成年後見人などの代理権等の範囲に関する証明書とともに，本人等について後見開始の審判等または任意後見契約に関する記録がないことの証明書の交付も請求することが可能です。

解　決

　新たな成年後見制度の下では法定後見と任意後見とのいずれかを利用することができますが，任意後見では，本人が契約締結時に契約に必要な判断能力を有していることが必要です。設例では，Bに軽い痴呆状態が現れていますから，法定後見を利用することになるでしょう。
　そこで，法定後見を利用する場合を考えてみますと，A子は，四親等内の親族ですから，法定後見の開始の申立をすることができますが，補助・保佐・後見のいずれかを選択しなければなりません。Bの判断能力の程度やBに必要な

保護の内容などを考えて，補助を選択したとしますと，補助人にどのような権限（代理権または同意権・取消権の一方または双方）を付与すべきかを予め考えておいた方がいいでしょう。なお，本人が申立をしない場合には，本人の同意が審判の要件とされていることに注意して下さい。

● 関連する条文

　　民法　7条・8条・9条・11条・11条ノ2・12条・14条・15条・16条・120条・859条・876条の4・876条の9
　　任意後見契約に関する法律　1条・2条3条
　　後見登記等に関する法律

〈民法〉
第7条〔後見開始の審判〕
　　精神上ノ障害ニ因リ事理ヲ弁識スル能力ヲ欠ク常況ニ在ル者ニ付テハ家庭裁判所ハ本人，配偶者，四親等内ノ親族，未成年後見人，未成年後見監督人，保佐人，保佐監督人，補助人，補助監督人又ハ検察官ノ請求ニ因リ後見開始ノ審判ヲ為スコトヲ得
第8条〔成年被後見人および成年後見人〕
　　後見開始ノ審判ヲ受ケタル者ハ成年被後見人トシテ之ニ成年後見人ヲ付ス
第9条〔成年被後見人の行為能力〕
　　成年被後見人ノ法律行為ハ之ヲ取消スコトヲ得但日用品ノ購入其他日常生活ニ関スル行為ニ付テハ此限ニ在ラズ
第11条〔保佐開始の審判〕
　　精神上ノ障害ニ因リ事理ヲ弁識スル能力ガ著シク不十分ナル者ニ付テハ家庭裁判所ハ本人，配偶者，四親等内ノ親族，後見人，後見監督人，補助人，補助監督人又ハ検察官ノ請求ニ因リ保佐開始ノ審判ヲ為スコトヲ得但第七条ニ定メタル原因アル者ニ付テハ此限ニ在ラズ
第11条ノ2〔被保佐人および保佐人〕
　　保佐開始ノ審判ヲ受ケタル者ハ被保佐人トシテ之ニ保佐人ヲ付ス
第12条〔被保佐人の行為能力〕
　① 被保佐人カ左ニ掲ケタル行為ヲ為スニハ其保佐人ノ同意ヲ得ルコトヲ要ス但第九条但書ニ定メタル行為ニ付テハ此限ニ在ラズ
　　一　元本ヲ領収シ又ハ之ヲ利用スルコト
　　二　借財又ハ保証ヲ為スコト
　　三　不動産其他重要ナル財産ニ関スル権利ノ得喪ヲ目的トスル行為ヲ為スコト
　　四　訴訟行為ヲ為スコト
　　五　贈与，和解又ハ仲裁契約ヲ為スコト
　　六　相続ノ承認若クハ放棄又ハ遺産ノ分割ヲ為スコト
　　七　贈与若クハ遺贈ヲ拒絶シ又ハ負担付ノ贈与若クハ遺贈ヲ受諾スルコト
　　八　新築，改築，増築又ハ大修繕ヲ為スコト

九　第六百二条ニ定メタル期間ヲ超ユル賃貸借ヲ為スコト
②　家庭裁判所ハ第十一条本文ニ掲ゲタル者又ハ保佐人若クハ保佐監督人ノ請求ニ因リ被保佐人カ前項ニ掲ケサル行為ヲ為スニモ亦其保佐人ノ同意ヲ得ルコトヲ要スル旨ノ審判ヲ為スコトヲ得但第九条但書ニ定メタル行為ニ付テハ此限ニ在ラス
③　保佐人ノ同意ヲ得ルコトヲ要スル行為ニ付キ保佐人ガ被保佐人ノ利益ヲ害スル虞ナキニ拘ラズ同意ヲ為サザルトキハ家庭裁判所ハ被保佐人ノ請求ニ因リ保佐人ノ同意ニ代ハル許可ヲ与フルコトヲ得
④　保佐人ノ同意ヲ得ルコトヲ要スル行為ニシテ其同意又ハ之ニ代ハル許可ヲ得ズシテ為シタルモノハ之ヲ取消スコトヲ得

第14条〔補助開始の審判〕
①　精神上ノ障害ニ因リ事理ヲ弁識スル能力ガ不十分ナル者ニ付テハ家庭裁判所ハ本人，配偶者，四親等内ノ親族，後見人，後見監督人，保佐人，保佐監督人又ハ検察官ノ請求ニ因リ補助開始ノ審判ヲ為スコトヲ得但第七条又ハ第十一条本文ニ定メタル原因アル者ニ付テハ此限ニ在ラズ
②　本人以外ノ者ノ請求ニ因リ補助開始ノ審判ヲ為スニハ本人ノ同意アルコトヲ要ス
③　補助開始ノ審判ハ第十六条第一項ノ審判又ハ第八百七十六条ノ九第一項ノ審判ト共ニ之ヲ為スコトヲ要ス

第15条〔被補助人および補助人〕
　　補助開始ノ審判ヲ受ケタル者ハ被補助人トシテ之ニ補助人ヲ付ス

第16条〔被補助人の行為能力〕
①　家庭裁判所ハ第十四条第一項本文ニ掲ゲタル者又ハ補助人若クハ補助監督人ノ請求ニ因リ被補助人ガ特定ノ法律行為ヲ為スニハ其補助人ノ同意ヲ得ルコトヲ要スル旨ノ審判ヲ為スコトヲ得但其同意ヲ得ルコトヲ要スル行為ハ第十二条第一項ニ定メタル行為ノ一部ニ限ル
②　本人以外ノ者ノ請求ニ因リ前項ノ審判ヲ為スニハ本人ノ同意アルコトヲ要ス
③　補助人ノ同意ヲ得ルコトヲ要スル行為ニ付キ補助人ガ被補助人ノ利益ヲ害スル虞ナキニ拘ラズ同意ヲ為サザルトキハ家庭裁判所ハ被補助人ノ請求ニ因リ補助人ノ同意ニ代ハル許可ヲ与フルコトヲ得
④　補助人ノ同意ヲ得ルコトヲ要スル行為ニシテ其同意又ハ之ニ代ハル許可ヲ得ズシテ為シタルモノハ之ヲ取消スコトヲ得

第120条〔取消権者〕
①　能力ノ制限ニ因リテ取消シ得ヘキ行為ハ制限能力者又ハ其代理人，承継人若クハ同意ヲ為スコトヲ得ル者ニ限リ之ヲ取消スコトヲ得
②　（省略）

第859条〔後見人の財産管理権および代理権〕
①　後見人は，被後見人の財産を管理し，又，その財産に関する法律行為について被後見人を代表する。
②　（省略）

第876条の4〔保佐人に代理権を付与する旨の審判〕
①　家庭裁判所は，第十一条本文に掲げる者又は保佐人若しくは保佐監督人の請求によつて，被保佐人のために特定の法律行為について保佐人に代理権を付与する旨の審判を

することができる。
② 本人以外の者の請求によつて前項の審判をするには，本人の同意がなければならない。
③ （省略）

第876条の9 〔補助人に代理権を付与する旨の審判〕
① 家庭裁判所は，第十四条第一項本文に掲げる者又は補助人若しくは補助監督人の請求によつて，被補助人のために特定の法律行為について補助人に代理権を付与する旨の審判をすることができる。
② 第八百七十六条の四第二項及び第三項の規定は，前項の審判について準用する。

〈任意後見契約に関する法律〉

第1条 （趣旨）
この法律は，任意後見契約の方式，効力等に関し特別の定めをするとともに，任意後見人に対する監督に関し必要な事項を定めるものとする。

第2条 （定義）
この法律において，次の各号に掲げる用語の意義は，当該各号の定めるところによる。
一 任意後見契約 委任者が，受任者に対し，精神上の障害により事理を弁識する能力が不十分な状況における自己の生活，療養看護及び財産の管理に関する事務の全部又は一部を委託し，その委託に係る事務について代理権を付与する委任契約であつて，第四条第一項の規定により任意後見監督人が選任された時からその効力を生ずる旨の定めのあるものをいう。
二 本人 任意後見契約の委任者をいう。
三 任意後見受任者 第四条第一項の規定により任意後見監督人が選任される前における任意後見契約の受任者をいう。
四 任意後見人 第四条第一項の規定により任意後見監督人が選任された後における任意後見契約の受任者をいう。

第3条 （任意後見契約の方式）
任意後見契約は，法務省令で定める様式の公正証書によってしなければならない。

〈練習問題〉

正誤を○×で答えなさい。

1 本人が補助開始の審判の申立をしても，家庭裁判所は，保佐開始の審判をすることができる。

2 本人以外の者が補助開始の審判の申立をした場合，本人の同意は必要でない。

3 補助人に権限を付与する場合，同意権・取消権，代理権のみ，同意権・取消権・代理権の3つの選択肢がある。

第18講　高齢社会と福祉

問題提起

　A子の祖母Cは，脳梗塞で入院した後，介護が必要な状態になりました。A子の両親は，祖母のために介護をどう進めていくかで頭を悩ませています。A子は新しくできた介護保険制度を利用すればよいと考えています。どのようにして介護保険を利用すればよいのでしょうか。

point　①　社会保険制度
　　　　②　要介護認定とケアプラン
　　　　③　地域福祉権利擁護事業，成年後見制度と介護保険

必要な法知識

1　介護保険制度の目的

　2000（平成12）年4月より施行されている**介護保険法**は，加齢に伴って生ずる疾病などにより介護が必要になった人に対して，その人が持つ能力に応じて自立した日常生活を営むことができるように，必要な保健医療サービスおよび福祉サービスの提供を行い，保健医療の向上および福祉の増進を図ることを目的としています（介護保険法1条）。

　保険給付にあたっては，①**要介護状態**の軽減，悪化防止，予防を行うとともに，医療と連携すること，②被保険者の選択に基づき，適切なサービスが多様な事業主体から総合的，効率的に提供されること，③保険給付の内容および水準は，要介護状態になっても，可能な限り在宅においてその能力に応じて自立した日常生活を営むことができるものであること，などに配慮して行わなければならないとされています（同2条）。

2　介護保険制度の仕組み

　介護保険制度は，**社会保険**の仕組みを用いることにより，介護サービスに要する費用を高齢者も含めた社会の共同連帯によって支える仕組みです。以下のような点にその特徴があります。

(1)　保険者

　介護保険の保険者は市町村および特別区（東京都23区）です（同3条）。市町村（以下では特別区を含む）による保険者の事務や費用負担が軽減されるように，国や都道府県，医療保険者などが財政を支え合う仕組みとなっています。

(2)　被保険者

　介護保険の被保険者は，保険給付の要件や保険料の設定，徴収方法の相違などから，65歳以上の人（第1号被保険者）と40歳以上65歳未満の人（第2号被保険者）に区別されています（同9条）。

(3)　保険給付の要件

　介護保険による保険給付の要件は，要介護状態または要介護状態になるおそれがある状態にあることです（同18条）。前者を要介護者，後者を要支援者といい，申請にもとづき保険者が認定します（同7条3項・4項）。

(4)　保険給付の手続

　給付申請を行った被保険者に対しては，保険給付の対象となる要介護状態または要支援状態に該当するかどうかを保険者が判定し（**要介護認定**），原則として**介護サービス計画**（**ケアプラン**）に基づいてサービスが提供されることになります。

(5)　保険給付の内容

　訪問介護などの在宅サービスおよび特別養護老人ホームや老人保健施設などでの施設サービスが，介護保険の保険給付として提供されます。

(6)　利用者の負担

　保険給付の対象となる費用の1割は利用者が負担します。施設においては，これに加えて食事の標準負担額も利用者負担となります。

(7)　サービス提供機関

　職員配置や施設設備などの基準を満たし，都道府県知事の指定または許可を受けた機関が中心となってサービスを提供します。在宅サービスの場合には指

定居宅サービス事業者，施設サービスの場合には介護保険施設とよんでいます。
(8) 費用負担
保険給付に要する費用の5割は保険料（事業主負担および国庫負担を含む）でまかない，残りの5割は公費負担となります。公費の負担割合は，国2分の1，都道府県4分の1，市町村4分の1となっています。

3 保険給付の内容

介護保険の給付には，①寝たきりなどの要介護者に対する「介護給付」，②要介護状態になるおそれがある虚弱な人（要支援者）に対する「予防給付」，③市町村の独自給付として市町村が条例で定める「市町村特別給付」の3種類があります。

またサービスの形態から区別すると，**在宅サービス**と施設サービスの2つに分けることができます。在宅サービスとは，**ホームヘルプ**や**デイサービス**のように居宅での生活を支援するサービスのことです。施設サービスとは，特別養護老人ホームなどに入所して，食事，入浴などの介護，その他の日常生活上の世話を受けたり，機能訓練や医療などのサービスを受けることをいいます。要介護者の場合，いずれかのサービスを選択できますが，要支援者の場合には，要介護状態の発生の予防という観点からの給付ですので，在宅サービスに限定されます。

(1) 在宅サービス

介護保険の給付対象となる在宅サービスとして，次のようなサービスがあります。

① 訪問介護（ホームヘルプサービス）　訪問介護員（ホームヘルパー）や介護福祉士が居宅を訪問して，入浴・排泄・食事などの介護や，食事のしたくや掃除・洗濯などの家事援助，日常生活上の世話を行うサービスです。

② 訪問入浴　介護浴槽を積んだ入浴車で居宅を訪問して，入浴の介護を行うサービスです。

③ 訪問看護　看護婦が居宅を訪問して療養上の世話または必要な診療の援助を行うサービスです。

④ 訪問リハビリテーション　理学療法士や作業療法士が居宅を訪問して，

理学療法（マッサージ，運動，入浴などの手段による機能回復），作業療法（手先の訓練，作業補装具の利用による機能回復），その他必要なリハビリテーションを行うサービスです。

⑤　**通所介護（デイサービス）**　日帰り介護施設（デイサービスセンター）において，入浴，食事の提供などの日常生活上の世話や機能訓練を行うサービスです。

⑥　**通所リハビリテーション（デイケア）**　老人保健施設，病院などの施設（デイケアセンター）において，理学療法，作業療法その他必要なリハビリテーションを行うサービスです。

⑦　**ショートステイ**　特別養護老人ホームなどの施設に短期間入所させて，入浴，排泄，食事などの介護，その他の日常生活上の世話や機能訓練を行うサービスです。

以上のほか，医師などによる居宅療養管理指導，痴呆性老人のためのグループホーム，車椅子やベッドなどの福祉用具の貸与，福祉用具購入費，手すりの取付けや段差解消などの住宅改修費，居宅介護サービス計画費（居宅介護サービス計画の作成にかかる費用）などの支給があります。

(2)　施設サービス

特別養護老人ホーム，老人保健施設，療養型病床群の入所者に対しては，保険給付として施設サービスが提供されます。これらの施設サービスでは，施設サービス計画（介護保険施設の入所者について，施設が提供するサービスの内容，担当者などを定めた計画のことです）に基づいて，入浴・排泄・食事などの介護，その他の日常生活上の世話，機能訓練，健康管理および療養上の世話が行われることとなります。

(3)　保険給付の範囲

在宅サービスについては，**要介護度**の段階ごとに，サービスの種類に応じた保険給付の上限額（支給限度額）が設定されています。支給限度額の範囲内であれば，1割の自己負担を除いた残りの費用は介護保険から支払われます。

最も要介護度が重い要介護度5の場合，訪問サービス中心に**ケアプラン**を組み立てると，訪問介護が週22回（うち巡回型14回），訪問看護が週2回，訪問リハビリが週1回，短期入所が月1回（7日間）のサービスが利用できます。

これらの支給限度額の範囲内であれば，利用者は自由に在宅サービスの種類を組み合わせることができます。支給限度額を超えるサービスについては，全額利用者負担になることを前提に，保険給付部分と組み合わせて利用することが可能です(上乗せサービス)。また，保険給付の対象となっていない配食サービスや外出介助などのサービス（横出しサービス）を，保険給付のサービスと組み合わせて利用することもできます。

4　介護保険と地域福祉権利擁護事業，成年後見制度

　従来の措置制度から介護保険制度における契約方式への変更にみられるように，最近の社会福祉分野では，個人の自立支援や選択の尊重などの観点から，利用者自身がサービスを選択し，事業者や施設と契約を結んでサービスを利用する方向で見直しが進められつつあります。こうした場合，痴呆性高齢者や知的障害者，精神障害者は，判断能力が不十分であるために，適切なサービスの提供を受けることができないおそれがあります。地域福祉権利擁護事業は，こうした判断能力が不十分な人々の権利擁護を目的として，福祉サービスの利用援助を行うものです。

(1)　地域福祉権利擁護事業

　地域福祉権利擁護事業は，都道府県の社会福祉協議会（社協）が実施しています。痴呆性高齢者本人やその家族などの申請に基づき，都道府県社協またはその委託を受けた市町村社協が利用者本人の意向をふまえて支援計画を作成し，本人またはその代理人と契約を結んで利用援助を開始します。契約締結後は，社協の生活支援員が本人に対して援助を行います。援助の内容は，福祉サービスに関する情報提供や助言，福祉サービスの手続の援助（申込手続の同伴や代行，契約締結など），福祉サービス利用料の支払，苦情解決の利用援助です。

　都道府県社協には，専門的な見地から判断能力の有無を評価する契約審査委員会を設置するほか，事業の運営状況を監督する運営管理委員会を設置することとされています。

(2)　成年後見制度との関係

　成年後見制度とは，痴呆性高齢者など判断能力の不十分な成年者を保護するための制度です（詳しくは本書第17講2を参照のこと）。成年後見制度は，家庭裁

判所が選任した成年後見人または任意後見人が本人に代わって不動産処分などの法律行為を行うものです。一方，地域福祉権利擁護事業は，福祉サービスの利用援助やそれに付随した金銭管理などを行います。成年後見制度が，財産処分や預金管理などの重要な法律行為を対象としているのに対し，地域福祉権利擁護事業は社会福祉の分野において日常生活を支援する補完的な制度と位置づけることができます。なお，利用者が判断能力を欠いている場合には，成年後見制度による後見人が，社協と契約をして地域福祉権利擁護事業を利用することも可能です。

解　決

① **要介護認定の申請**　A子さんの祖母Cは，在宅にせよ，施設入所にせよ，介護サービスが必要な状態でしょう。65歳以上の高齢者の場合，第1号被保険者として介護サービスを受ける資格がありますので，市町村に被保険者証を添付して要介護認定の申請をすることができます（介護保険法27条1項）。この申請は，指定居宅介護支援事業者や介護保険施設が代行することも可能です。

　要介護認定の結果は，申請から30日以内に被保険者に通知しなければなりません（同条14項）。要介護・要支援状態は，要介護状態ではないが社会的支援が必要な要支援状態，部分的介護を要する要介護1から最重度の要介護5まで全部で6つに区分されています。

② **ケアプランの作成**　介護保険制度では，要介護者や要支援者が介護サービスを利用するときには，基本的に介護サービス計画（ケアプラン）を作成することとなっており，とくに施設サービスの場合には，必ずケアプランを作成することが施設に義務づけられています。

　要介護認定の場合には，利用者本人の日常動作などをもとに介護の必要性を計測することとなっており，介護できる家族の数などは考慮されません。これに対し，ケアプランは，利用者の心身の状況や家族の状態，住居などの環境，利用者のニーズおよび専門家の意見をふまえて，介護支援専門員（ケアマネージャー）が作成することとなります。つまり，同じ要介護度の高齢者であっても家族の状態や利用できるサービスの状況などにより，ケアプランの内容は異なったものになります。

●関連する条文

介護保険法　1条・3条・9条・19条・27条

〈介護保険法〉

第1条（目的）
　この法律は，加齢に伴って生ずる心身の変化に起因する疾病等により要介護状態となり，入浴，排せつ，食事等の介護，機能訓練並びに看護及び療養上の管理その他の医療を要する者等について，これらの者がその有する能力に応じ自立した日常生活を営むことができるよう，必要な保健医療サービス及び福祉サービスに係る給付を行うため，国民の共同連帯の理念に基づき介護保険制度を設け，その行う保険給付等に関して必要な事項を定め，もって国民の保健医療の向上及び福祉の増進を図ることを目的とする。

第3条（保険者）
　市町村及び特別区は，この法律の定めるところにより，介護保険を行うものとする。
　2　市町村及び特別区は，介護保険に関する収入及び支出について，政令で定めるところにより，特別会計を設けなければならない。

第9条（被保険者）
　次の各号のいずれかに該当する者は，市町村又は特別区（以下単に「市町村」という。）が行う介護保険の被保険者とする。
　一　市町村の区域内に住所を有する六十五歳以上の者（以下「第一号被保険者」という。）
　二　市町村の区域内に住所を有する四十歳以上六十五歳未満の医療保険加入者（以下「第二号被保険者」という。）

第19条（市町村の認定）
　介護給付を受けようとする被保険者は，要介護者に該当すること及びその該当する要介護状態区分について，市町村の認定（以下「要介護認定」という。）を受けなければならない。
　2　予防給付を受けようとする被保険者は，要支援者に該当することについて，市町村の認定（以下「要支援認定」という。）を受けなければならない。

第27条（要介護認定）
　①　要介護認定を受けようとする被保険者は，厚生労働省令で定めるところにより，申請書に被保険者証を添付して市町村に申請をしなければならない。この場合において，当該被保険者は，厚生労働省令で定めるところにより，第四十六条第一項に規定する指定居宅介護支援事業者又は介護保険施設（以下この条及び第三十二条第一項において「指定居宅介護支援事業者等」という。）に，当該申請に関する手続を代わって行わせることができる。
　②　市町村は，前項の申請があったときは，当該職員をして，当該申請に係る被保険者に面接させ，その心身の状況，その置かれている環境その他厚生労働省令で定める事項について調査をさせるものとする。この場合において，市町村は，当該調査を指定居宅介護支援事業者等に委託することができる。
　③〜⑬　（省略）
　⑭　第一項の申請に対する処分は，当該申請のあった日から三十日以内にしなければならない。ただし，当該申請に係る被保険者の心身の状況の調査に日時を要する等特別な理由がある場合には，当該申請のあった日から三十日以内に，当該被保険者に対し，当

該申請に対する処分をするためになお要する期間（次項において「処理見込期間」という。）及びその理由を通知し，これを延期することができる。
⑮　（省略）

〈練習問題〉

正誤を○×で答えなさい。

1　介護保険の要介護認定にあたっては，介護できる家族の有無や本人の収入などが考慮される。

2　老化に起因する疾病が原因で要介護状態となった第2号被保険者は，介護保険給付を受けることができる。

3　介護保険給付の自己負担部分は定額である。

Ⅳ
私たちの人権を守る法

第19講　憲法総論

問題提起

> Aさんは，大学の卒業と同時に就職先も決まり，社会人として第一歩を踏み出すことになりました。会社員として恥ずかしくない身だしなみのために，Aさんは上等で長持ちのするスーツを購入しました。
>
> その後の会社勤めによってスーツもそろそろ流行遅れになり，また歳と共にちょっぴり太ってサイズが合わなくなってきました。しかしそのスーツは，いまやAさんのトレードマークでもあり，なかなか他の服に変えることができません。さて，あなたがAさんなら，ここでどうするでしょうか。思いきって新しいスーツを購入してみますか。それともサイズ直しをしてもう少し着てみますか。でなければダイエットなど，無理しても今のスーツを着続けますか。
>
> どの場合でも，Aさんのイメージを大きく変えないことが条件です。
>
> point　① スーツ（憲法）は必要不可欠か
> 　　　　② スーツ（憲法）を変えるとすれば，その時期は
> 　　　　③ どのようなスーツ（憲法）がよいスーツといえるか

必要な法知識

1　憲法とは何か

憲法の考察にスーツの話題とは皆さんも驚くかも知れませんが，憲法とは国際社会におけるスーツであると考えてみましょう。憲法の特徴がイメージしやすいのではないでしょうか。ところで，憲法あっての国家か，国家あっての憲法かという議論があります。憲法と国家のどちらが優先するかという意味なのですが，どのように素晴らしい憲法であろうともそれを実現する国家がなければ憲法の意味がありません。憲法と国家がスーツと身体のような関係にあるとすれば，国家あっての憲法と考えることもできます。身体にぴったりあった

スーツが良く見えるように，憲法も国家の実情に合って，はじめて憲法として機能するといえます。

憲法は，英語で Constitution あるいは Constitutional law です。それは国の組織や構造という意味です。その国がどういう組織をもって統治しているのかを定めた法が憲法ということになります。

しかし「憲法」という言葉自体は，古くは中国の周（B.C. 700～800年頃）の時代に書かれた『国語』という書物の中に出てきます。日本では推古天皇の時代に聖徳太子が作ったとされる**『憲法十七条』**（A.D. 604年）が最古とされています。そこでは組織を定めた法というよりは，道徳的な内容を含んだ法律の1つという意味で使われていたようです。

このように国や時代により憲法はさまざまですが，現代憲法の重要なポイントとは何でしょうか。

まず，憲法は「法律」ではありません。ここでいう「法律」とは，日本国憲法の98条にあるような意味での法律です。法律は，さまざまな形で私たちの日常生活を規制しています。その法律は，すべて国会で制定されることが憲法で決められています（41条）。つまり私たちの日常を支配する法律は，国会で私たちの意見を直接取り入れることもあまりないままに制定されます。では国会は，どのような法律も自由に作ることができるのでしょうか。

国会の基本的なあり方は憲法に規定されています。内閣も裁判所も国民の生活に作用を及ぼす国家権力は，全て憲法の規定によって定められています。その憲法を制定・改正することができるのが国民です。つまり，国家権力が法律によって国民を制限するなら，その**国家権力を制限するのが憲法**なのです。ですから，国会は憲法に違反する法律を作ることができません。憲法において国民が主権を持つとはそういう意味です。ここで憲法と国家権力と国民は以下のような力関係にあるといえます。

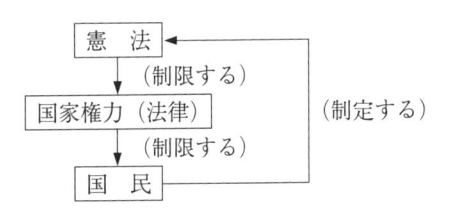

```
        憲　法  ←─────┐
          ↓（制限する）    │
    国家権力（法律）      │（制定する）
          ↓（制限する）    │
        国　民  ──────┘
```

2　憲法の三類型

憲法は，さまざまな国や時代で多様な内容を持つ法として存在していますが，それを分類すると，だいたい三つに分けることができます。

(1) 実質的意味の憲法

およそどのような国家でも，それが国家として存在している限り，誰が法律を作り誰が国家を運営していくのかについての決まりがあります。いつの時代でも，国家には必ずそのような国の根本的な組織の決まりがありました。条文という形で示されない慣習であっても，議会で制定される法律という形であっても，**それが国家の基本的な組織や統治を定めたもの**であれば，憲法と考えることができます。これを**実質的意味の憲法**といいます。

不文憲法の国といわれるイギリスやスウェーデンは憲法という名の法典を持っていませんが，イギリスではマグナ・カルタを初めとする権利章典，権利請願，人身保護法，王位継承法などがいずれも憲法レベルの法として扱われ，個々の判決によってその時代に合った解釈が行われます。スウェーデンでも政体法，王位継承法，出版の自由に関する法律，表現の自由に関する基本法という4つの法律によって憲法が構成されると考えられています。

(2) 形式的意味の憲法

国家の組織や構造，運営の基本原則を1つの成文法としてまとめた法典があれば，それは憲法ということになります。このような**形式的意味での憲法**は，今日世界のほとんどの国が採用している方式といえます。また，法典としての憲法の多くは，程度の差はあっても，通常の法律の制定・改正の手続よりも困難な憲法改正手続の方式を採用しているため，改正しにくいという点から**硬性憲法**と呼ばれます。日本は形式的意味の硬性憲法を持つ国といえます。

(3) 立憲的意味の憲法

これは，立憲主義の政治思想が取り入れられている憲法をさします。フランスの人権宣言（1789年）では，「権利の保障が確保されず，権力の分立が定められていない社会は，すべて憲法をもつものではない」（16条）と述べられ，人権の保障と権力分立が国家にとって最重要項目であるとされました。立憲主義とは，第1に個人の権利は国家に侵害されないものとする自由主義と，第2にそのために国民自ら政治に参加しなければならない民主主義の合致した政治思想

です。これを細分化すると，**人権の保障，権力分立，国民参政，法治主義，国権濫用の防止などが立憲主義憲法の重要な条件**となります。

　この立憲主義の考え方は，イギリスの名誉革命 (1688年) によって成立した権利章典 (1689年) にあらわれ，フランス革命を通して世界に広がりました。これらの条件は，今日では普遍的なものとして多くの国々で採用され維持されています。日本もまた，**立憲的意味の憲法**を持つ国家です。

3　立憲主義の変遷

　憲法では今日普遍的とされる立憲主義ですが，しかし20世紀に入って，立憲主義にも当初の頃とは違った様相があらわれます。

　第1に，選挙権を持つ国民の数は当初資産家などに限られていましたが，第一次世界大戦後には各国で普通選挙が実現し，第二次世界大戦後には女性も含めた成人国民のすべてに参政権が認められるようになりました。第2に，選挙権の飛躍的な広がりから，政府に対する要求が細分化し，それぞれの意見を代表する政党による議会の運営が常識となりました。第3に，個人の権利，特に自由の保障が結果として国民間の貧富の差を拡大させ，事実上の不平等が放置されたために，これまで神聖不可侵とされてきた所有権を初めとする経済的自由権に制限を加えて，すべての国民が「人間らしい生存」を確保する必要が出てきました。それらの解決へ向けて，一方は国民間格差の原因を解消する社会主義運動に発展し，他方は国民間格差の結果を調整する社会権の導入に向けて発展しました。1919年のドイツのワイマール憲法で「経済生活の秩序は，すべての人に人間たるに価する生活を保障する目的を持つ正義の原則に適合しなければならない。各人の経済的自由は，この限度内において確保されるものとする」と定めた151条1項は，後者の社会権として世界で最初に憲法で規定されたものです。

4　日本国憲法の特質

　日本の憲法を含め，今日の憲法における特徴的な性質は，次の3つにあるといえます。

(1) 授権規範性

憲法は，国家権力の組織を定め，国会や内閣，裁判所などそれぞれの機関に国家の行為すなわち国家作用の権限を与える規範です。この**権限を与えるという特徴を授権**と呼んでいます。

ところで，立憲主義を通じて世界に広がった近代・現代の憲法の特徴は，個人に着目し，その個人の人権の保障を目的としていることにあります。国家の部品ではなく，一人一人の人間をかけがえのない個人として大切にするという思想です。日本国憲法においても，憲法13条で，「すべて国民は，個人として尊重される」としています。この個人の尊重という考え方が，憲法の中の重要な価値として他のすべての統治のあり方を定めています。人権とは，この個人の尊重を具体化したものであるといえます。

この目的にそって，国会や内閣，裁判所などの機関に国家の権限を与える規範が憲法です。憲法が授権規範である最大の理由は，人権を保障するために必要不可欠だからです。

(2) 制限規範性

憲法は国民を支配するものではありません。これはよく誤解されるところですが，憲法99条には，「天皇又は摂政及び国務大臣，国会議員，裁判官その他の公務員は，この憲法を尊重し擁護する義務を負ふ」とあります。憲法を尊重し守る義務を負っているのは，国家権力の担い手である公務員たちです。つまり**憲法は，国家権力を制限する法**ということができます。国民は憲法に反対する自由があります。96条は憲法改正を定めたものですが，それによれば憲法改正の権利は国民にのみ保障される権利です。つまり国民だけが，憲法の内容に反対し改正する資格を持っているわけです。憲法において，国民に主権があるとはそういうことです。憲法が制限しているのは公務員，すなわち国会・内閣・裁判所等の統治機構のあり方です。人権を保障するように統治機構は設定されなければならず，その意味では人権と統治機構は目的と手段の関係ということができます。

(3) 最高法規性

憲法は，国内秩序において最も強い効力を持つとされます。つまり，**憲法の内容に矛盾する法律があれば，その法律は無効になる**ということです。98条に

は「この憲法は，国の最高法規であ」ると明示されています。さらにその最高法規性を確実にするために，**裁判所に違憲立法審査権**（憲81条）を与えています。憲法に違反する法律，命令，規則，処分などを違憲無効とする権限です。この権限は地方・高等裁判所にもありますが，最終的な判断は最高裁判所で行われます。このような違憲審査の権利をどの機関に与えるかは，国によってさまざまです。イギリスには違憲審査権はありませんが，ドイツでは専用の憲法裁判所があります。アメリカや日本では，通常の裁判所が違憲審査も行いますが，これを**付随審査制**と呼んでいます。

5　その他の憲法の種類

憲法は表現形式・改正の難易に応じて，さらに別の方法で分類されることもあります。

①　まず表現形式においては，特定の法典をもって国家の基本構造を表している場合，**成文憲法**と呼ばれます。形式的意味での憲法と同じです。逆に，憲法として法典化されていないが，憲法レベルの法や慣習がある場合，それらを**不文憲法**と呼びます。

②　改正の難易については，改正手続が通常の法律より厳格な場合，**硬性憲法**と呼ばれます。改正手続が通常の法律と同じ場合，**軟性憲法**と呼びます。今日ではほとんどの国家が硬性憲法を持ち，軟性憲法はニュージーランド憲法など極めて少数です。

【解　決】

①　**憲法は必要不可欠である**　　人が社会でなにがしかの活動をする際に，衣服は必要不可欠といえます。もちろん，それがフォーマルでもカジュアルでも，その人の自己表現や場面に適切ならば構いません。日本は憲法のスタイルとして，立憲的内容を持つ硬性憲法を選択しました。それが日本の自己実現としてふさわしいものであると考えられたからです。

②　**憲法は時代に合わせて国民が改正する**　　スーツが流行遅れになったり窮屈になれば，たいていの場合私たちはそれを買い換えます。憲法はなるべく流行に左右されないよう，ゆとりを持って作られていますが，たとえばプライ

バシーの権利に代表されるような，憲法制定当時には考えられなかった権利が，今日では人権として意識されるようになっています。ある程度のほころびは法律の制定で間に合いますが，スーツに身体（社会）を無理して合わせるよりは，身体に合わせてスーツを作り替えた方がより良い生活が送れることは間違いありません。

　スーツ（憲法）をどうするかという選択ができるのは，ここではAさん，すなわち国民自身です。国民一人一人が憲法の現状を理解しなければ，誰も憲法を良くしていくことはできません。まずはあなたが，この憲法が今私たちの社会に適応しているかどうか，良く吟味しなければなりません。そして憲法に新しい提案ができるのも，国民であるあなたしかいないということを忘れなければ，憲法の矛盾や改正の必要・不要が，自ずから理解されるようになるのではないでしょうか。

　③　**よい憲法とは時代にあった憲法である**　　立憲主義は今日の憲法の普遍的な思想です。しかし立憲主義もまた，時代と共に変化してきました。憲法が立憲主義に基づく限り，憲法もまた変化し続けるものといえます。その意味では，憲法はフォーマル・スーツではありません。年に一度も着ればおしまいというものではなく，日常に少なからず影響を与えます。よい憲法を持つということは，国民自身がどれだけ憲法や社会の実情を理解し乗り越えようとしているかによります。憲法や社会を，国民一人一人が与えられた情報だけでなく自分の頭とアイディアで考えることが，憲法の運用には必要不可欠なのです。

●関連する条文

　　　憲法　81条・96条・97条・98条・99条

〈憲法〉

　第81条〔法令審査権と最高裁判所〕
　　最高裁判所は，一切の法律，命令，規則又は処分が憲法に適合するかしないかを決定する権限を有する終審裁判所である。

　第96条〔改正の手続，その公布〕
　　この憲法の改正は，各議院の総議員の三分の二以上の賛成で，国会が，これを発議し，国民に提案してその承認を経なければならない。この承認には，特別の国民投票又は国会の定める選挙の際行はれる投票において，その過半数の賛成を必要とする。
　　②　憲法改正について前項の承認を経たときは，天皇は，国民の名で，この憲法と一体を成すものとして，直ちにこれを公布する。

第97条〔基本的人権の本質〕
　この憲法が日本国民に保障する基本的人権は，人類の多年にわたる自由獲得の努力の成果であつて，これらの権利は，過去幾多の試錬に堪へ，現在及び将来の国民に対し，侵すことのできない永久の権利として信託されたものである。

第98条〔最高法規，条約及び国際法規の遵守〕
　この憲法は，国の最高法規であつて，その条規に反する法律，命令，詔勅及び国務に関するその他の行為の全部又は一部は，その効力を有しない。
　② 日本国が締結した条約及び確立された国際法規は，これを誠実に遵守することを必要とする。

第99条〔憲法尊重擁護の義務〕
　天皇又は摂政及び国務大臣，国会議員，裁判官その他の公務員は，この憲法を尊重し擁護する義務を負ふ。

〈練習問題〉

正誤を○×で答えなさい。

1　憲法は法律の1つである。
2　立憲的な意味での憲法は，人権の保障，権力分立，国民参政，法治主義，国権濫用の防止などが制定されていることである。
3　憲法の特質は，授権規範性・制限規範性・最高法規性である。
4　日本国憲法を改正できるのは国民1人1人しかいない。

第20講 平和主義と第9条

問題提起

　ここでは，そのものズバリ平和主義について考えてみましょう。日本国憲法は世界に名だたる平和主義を掲げていると主張されます。しかし実際には他国の軍隊と変わらぬ装備と組織を持つ自衛隊が存在し，現在も維持されています。憲法9条，とくに2項の「前項の目的を達するため，陸海空軍その他の戦力は，これを保持しない。」を読んで，自衛隊は軍隊であるか否かを考えて下さい。あなたは自衛隊が憲法9条に違反すると思いますか。それとも違反しないと思いますか。

point ①　第9条は何を定めているのか
　　　 ②　軍事力は何の役に立つか
　　　 ③　自衛隊は軍隊といえるかどうか

必要な法知識

1　日本国憲法の基本原理

　すべての憲法には，それを特徴づける基本的な原則があります。憲法の各条文は，その基本的な原則に従って制定されています。日本国憲法の基本原則は，国民主権主義，基本的人権尊重主義，平和主義の3つといわれます。国民主権主義については第29講で，基本的人権尊重主義については第21講でそれぞれ学習します。ここでは，基本原理の1つ，平和主義について考えてみましょう。

2　平和主義

　日本国憲法では，前文で平和主義のあり方を次のように規定しています。まず「日本国民は，……政府の行為によつて再び戦争の惨禍が起ることのないやうにすることを決意」し，政府が二度と戦争を起こさないことを国民の名にお

いて宣言します。そして「日本国民は，恒久の平和を念願し，人間相互の関係を支配する崇高な理想を深く自覚するのであつて，平和を愛する諸国民の公正と信義に信頼して，われらの安全と生存を保持しようと決意し」ました。それは戦争を放棄して，自らの安全と生存は諸外国の人々の公正と信義にまかせるということです。なぜなら彼らは「平和を維持し，専制と隷従，圧迫と偏狭を地上から永遠に除去しようと努めてゐる国際社会」の人々であり，日本国民はそこで「名誉ある地位を占めたいと思ふ」からです。したがって日本国民は，「全世界の国民が，ひとしく恐怖と欠乏から免かれ，平和のうちに生存する権利を有することを確認」し，今後，平和のために積極的に活動する意欲をあらわしています。つまり**日本国民は，世界中の人々に，平和のうちに生存する権利があることを認め，戦争（暴力）による外交を完全に否定して，国際協調の立場から平和のために役立つ外交を目指す**といっています。これが憲法前文の平和主義の考え方です。

　それが具体化されたものが9条です。ただしこの条文は，国民が平和に向けてどのような積極的な対策をとるかという点につき，「国権の発動たる戦争と，武力による威嚇又は武力の行使は，国際紛争を解決する手段としては，永久にこれを放棄する」として，政府による①戦争と②武力による威嚇そして③武力の行使を放棄するという，消極的な平和政策を提案しています。また2項においても同様に「陸海空軍その他の戦力」を保持しないとしています。そして最後に「国の交戦権は，これを認めない」として交戦権を否認します。つまり**9条は，この戦争・武力の放棄，戦力の不保持，交戦権の否認という特徴を持っているといえます**。しかし1項の3つの平和政策は，「国際紛争を解決する手段としては」放棄するという条件つきですから，その他の手段があれば放棄しない可能性があります。では，その他の手段にどのようなものが考えられるでしょうか。

3　戦争・武力の放棄

　放棄の解釈については，一切の戦争・武力の行使を放棄したとする**全面的放棄説**と，1929年のパリ不戦条約などを参考にしつつ国際紛争解決，すなわち国際法上違法な侵略戦争のみを放棄したとする**部分的放棄説**があります。後者の

考え方に立つと、その他の手段とは、自衛のための手段か、国際的制裁のための手段が考えられます。実際、国連憲章（1945年）には国際紛争の平和的解決を要請し（2条3項）、「武力による威嚇又は武力の行使」を原則として禁止する（2条4項）が、自衛権による場合には、例外的にその合法性が認められるとしています（51条）。判例においても、9条1項は「いわゆる侵略戦争」を放棄したものとしています（最大判昭和34年12月16日刑集13巻13号3225頁「砂川事件」）。

4　戦力の不保持

　第9条の2項では、「前項の目的を達するため、陸海空軍その他の戦力は、これを保持しない」としています。この、「前項の目的」が何を指すかによって、戦力の不保持の解釈が2つに分かれます。

　まず、前項の目的を「正義と秩序を基調とする国際平和を誠実に希求」するためととらえ、**一切の軍事力の不保持を定めたとする説**があります。これによれば、たとえ1項で自衛権が認められても、それを実行に移すための一切の軍事力の保持は禁じられているので、自衛戦争はできないことになります（例外は軍事力ではない民間の抵抗運動）。

　次に、前項の目的を「国際紛争を解決する」ためととらえれば、2項にいう軍事力の不保持は、自衛または制裁のための軍事力までは含めていないと解することができます。この、**自衛のための戦力を認める説**によれば、自衛隊の存在は憲法の認めるところとなります。

5　交戦権の否認

　実は、9条の最も重要にして意外に置き忘れられている部分に、「交戦権」の解釈があります。それは2項の最後にある「国の交戦権は、これを認めない」という、非常に簡素な一文なのですが、交戦権とは何かについても2つの学説があります。

　第1に交戦権を、**国家が戦争を行う権利ととらえる学説**です。この立場では、自衛戦争が放棄されずそのための戦力が認められるとしても、戦争をする権利が放棄されているから戦争は一切認められないことになります。これはまた、憲法制定時の立法者の意思や、前文の平和主義の趣旨にかなったものとして有

力な学説とされています。

　第2に交戦権を，国際法上の用例に従い，**一般に戦時国際法が交戦者に認める諸権利であり，戦争そのものを行う権利ではないとする学説**があります。ここでの交戦権は，具体的には**交戦によって行われる戦闘行為の刑事・民事責任を免れる**ということです。つまり交戦権が認められるならば，その国の軍隊の兵士が相手国の兵士を殺しても殺人罪に問われず，慰謝料請求も起こせないということになります。これは通常の軍事行動の常識ではありますが，もしこの解釈によるならば，日本の自衛隊は殺人の特権を保障されないわけですから，たとえその存在が認められたとしても，軍隊として行動することはできません。

　いずれにしても，交戦権が認められないというこの一文の意義は，非常に大きいということができます。交戦権が認められない国の軍人は，民間人と同じように，殺人をすれば殺人罪に，柵を壊せば器物破損罪に問われ，相手が攻撃を仕掛けてきてもやむを得ない正当防衛であると認められなければ，刑法上の罪に問われることになります。つまり，すべての行動の責任は個人にあり，司令官の命令に従うことが正当化されないのです。このような状態で，軍事行動を遂行することなどとうていできるものではありません。

6　第9条解釈における学説の対立

　憲法9条をめぐる論争は，憲法解釈論の中で最も激しく争われてきました。学説においてもそれを示すように，正反対ともいえる解釈を含めて4つの主要な解釈が併存しています。

(1)　自衛権肯定・「自衛戦力」合憲説

　自衛権は国家固有の権利であり，また武力の保持と行使を不可欠とするという立場から，放棄された「戦争」とは「国際紛争を解決する手段」としてであって自衛のためではなく，2項の「前項の目的」も侵略戦争に限定し，**自衛戦力は保持できる**としています。

(2)　自衛権肯定・「自衛力」合憲説

　自衛権は国家固有の権利ですが，基本的に2項の戦力は保持できないことを認めます。しかし自衛「戦力」に至らない必要最小限度の実力を「自衛力」とし，それは戦力ではないから合憲としています。現在の政府の通説です。

(3) 「武力なき自衛権」肯定・戦力前面違憲説

自衛権は国家固有の権利ですが，それは**いかなる「戦力」にもよらずに行うもの**とする考え方で，多数説といわれています。武力によらないということは，外交や民間抵抗運動等の方法によるということです。

(4) 自衛権実質放棄説

自衛権は国家固有の権利ですが，憲法解釈としてはいかなる「戦力」も禁じられているのだから，**自衛権は現実には否定**されているとします。占領下の政府の見解でした。

なお，9条に関して争われた裁判では，①説ないしは②説を支持しているようです。

7　政府の9条解釈

では政府は，9条をどのように解釈してきたのでしょうか。歴代の首相答弁等を参考にすると，以下のことがいえます。

まず1946年，吉田茂首相は「戦争抛棄に関する本条の規定は，直接には自衛権を否定はして居りませぬが，9条2項に於いて一切の軍備と国の交戦権を認めない結果，**自衛権の発動としての戦争も，又交戦権も抛棄**したものであります」(1946.6.26 衆院帝国憲法改正委員会) といい，一切の戦争を放棄したと表明しました。

ところが1948年1月になると，国が独立を回復する以上は自衛権が存在することは明らかで，日本が武力によらない自衛権を持つということは明瞭と言いかえます。そしてその内容自衛権発動の状況などは，「外来の事情」により違うとし，1952年3月には「**憲法9条は日本の自衛独立を保護する戦力というか方法を禁じたものではない**というのが私の見解」となって，自衛権及びそれに伴う戦力の可能性を認めました。同年11月には，政府の「戦力」に関する統一見解が発表されます。それには①憲法9条2項は目的の如何を問わず「戦力」の保持を禁止，②その「戦力」とは，近代戦争遂行に役立つ装備と編成を備えたもの，③「戦力」の基準はその国のおかれた時間的・空間的環境で具体的に判断すべきである，④「戦力」とは人的に組織された総合力である，よって兵器そのものは戦力の構成要素ではあるが，「戦力」そのものではない，等が明示さ

れていました。

　1955年3月，鳩山一郎首相は「第9条は，やはり国の名誉のためにも軍隊を持ってはいけないというのは非常に不都合なことだと思いますから，9条は改正したいと思います」(1955.3.29 参院予算委員会) と，自衛隊を軍隊と認めさせるために改正すべきとまで言っています。岸信介首相も，自衛のための必要最小限度の力は違憲ではないし，核兵器ですらいちがいに言えない，としています (1957.5.7 参院予算委員会)。

　その後，1972年の田中角栄首相時代には「戦力とは，広く考えますと戦う力ということでございます。そのようなことばの意味だけから申せば，一切の実力組織が戦力に当たるといってよいでございましょうが，**憲法第9条第2項が保持を禁じている戦力は，右のようなことばの意味通りの戦力のうちでも，自衛のための必要最小限度を越えるもの**でございます。それ以下の実力保持は，同条項によって禁じられてはいないということでございまして，この見解は，年来政府のとっているところでございます」(吉国一郎内閣法制局長官：1972.11.13 参院予算委員会) とされました。

　この見解は今日も維持され，「自衛のための必要最小限度」というあいまいな基準から，憲法の解釈によらない自衛隊の装備と予算の編成が当然のように毎年繰り返されています。

8　自衛隊の歴史

　自衛隊の成立について，簡単に整理しておきます。

　1950年に朝鮮戦争が勃発し，占領下の日本に駐留していたＧＨＱ（連合国軍総司令部）は，自軍を朝鮮半島に動員しなければならなくなりました。そこで，マッカーサー司令官の指示に従い，政府は警察予備隊を設置するための警察予備隊令を公布 (1950.8.10) し警察予備隊が発足しました。その後1952年に，サンフランシスコ講和条約により日本の占領時代は終わり，同時に日米安保条約を結びます。同年中に警察予備隊は装備を補強して保安隊に改組され，1954年，自衛隊法の成立と共にさらに空軍を加えた自衛隊が発足します。以来今日まで，自衛隊は存続・維持されています。

解　決

① **第9条は交戦権を否認する**　　9条の解釈に関してはさまざまな学説もあり，結論の出る問題ではありません。とはいえ，次のような視点を考える余地はあります。例えば日本が自衛権を持つという見解はどの学説にも共通していますが，それらの見解も，最終的には**交戦権の否認**という文言を通して考えれば，国際的にも国内的にも合法的な殺人集団を持つことはできません。これは自衛隊がどのような規模の軍備を持つかということとは別の問題です。戦争において殺人が正当化されない自衛隊は，クレー射撃の選手団と法的には同じ立場です。

② **軍事力は自衛の役に立つかどうか疑問**　　自衛権を行使するのに，軍事力が不可欠という前提は，過去の世界史を振り返る限り事実です。しかし軍備の拡張が平和社会を築いた例はありません。東西の冷戦時代には常に一触即発の危険が伴いました。軍備は仮想敵国を前提に拡張されるため，それによって敵対関係が解消されることはあり得ません。また戦争は，負けるために行うものではありませんが，どのような軍事力を持とうとも，すべての戦争において必ず一方は敗退します。また核兵器の開発によって，あらゆる通常兵器では，最終的な勝敗を決定することができなくなりました。したがってどれほど軍事力を整備しても，自衛の可能性は五分を越えません。

　しかしながら，日本が戦後50年以上もの間戦闘で一人の命も失っていないのは，国民も自衛隊も軍隊として活躍することができなかったからです。軍事力が不可欠というのが世界史の事実なら，戦後日本のこれまでの平和が軍事力不在によるものであったことも事実です。どちらが世界の常識とされるかは，今後の課題といえるでしょう。

③ **自衛隊は軍隊ではない**　　すでに①で述べたとおり，交戦権を否認する国は，合法的な殺人集団を持つことができません。しかしながら軍隊は，最終的な目的がどうであれ，殺人を任務とします。したがって日本の自衛隊は，軍備の規模にかかわらず，法的には戦力になり得ないのです。政府解釈の「必要最小限度の実力」を持つか，最大限度の戦力を持つかという問題ではありません。憲法の文言上，軍隊は存在することができないということです。とはいえ，自衛隊法3条には，自衛隊は「直接侵略及び間接侵略に対しわが国を防衛する

ことを主たる任務」としています。

　そもそも日本だけでなく，軍隊が何のために存在し，どういう機能を持ち，誰がどういう目的でそれを作り，またそれによって誰が得をし誰が損をするのか，などについて真剣な議論が交わされたことがあったのでしょうか。軍隊を持つ国にとっては持つのが当たり前であり，持たない国にとっては持たないのが当たり前という常識について，今後の冷静かつ現実的な議論が期待されます。

④　最後に　自衛権が軍事力によってしか解決できないとしても，それを決めるのは常に国民一人一人です。国民に主権があるというのはそういうことです。憲法はいつでも，国民による改正を保障しています。自衛権をどのように行使すべきかを決めるのは，最終的には憲法ではなく国民であることが，9条の考察によっていっそう実感されるのではないでしょうか。

●関連する条文

　　憲法　　前文・9条
　　国連憲章　2条3項・2条4項・51条・53条
　　自衛隊法　3条
　　資料：憲法第9条についての政府見解

〈憲法〉
　前文
　　日本国民は，正当に選挙された国会における代表者を通じて行動し，われらとわれらの子孫のために，諸国民との協和による成果と，わが国全土にわたつて自由のもたらす恵沢を確保し，政府の行為によつて再び戦争の惨禍が起ることのないやうにすることを決意し，ここに主権が国民に存することを宣言し，この憲法を確定する。そもそも国政は，国民の厳粛な信託によるものてあつて，その権威は国民に由来し，その権力は国民の代表者がこれを行使し，その福利は国民がこれを享受する。これは人類普遍の原理であり，この憲法は，かかる原理に基くものである。われらは，これに反する一切の憲法，法令及び詔勅を排除する。

　　日本国民は，恒久の平和を念願し，人間相互の関係を支配する崇高な理想を深く自覚するのてあつて，平和を愛する諸国民の公正と信義に信頼して，われらの安全と生存を保持しようと決意した。われらは，平和を維持し，専制と隷従，圧迫と偏狭を地上から永遠に除去しようと努めてゐる国際社会において，名誉ある地位を占めたいと思ふ。われらは，全世界の国民が，ひとしく恐怖と欠乏から免かれ，平和のうちに生存する権利を有することを確認する。

　　われらは，いづれの国家も，自国のことのみに専念して他国を無視してはならないのてあつて，政治道徳の法則は，普遍的なものであり，この法則に従ふことは，自国の主

権を維持し，他国と対等関係に立たうとする各国の責務であると信ずる。
　日本国民は，国家の名誉にかけ，全力をあげてこの崇高な理想と目的を達成することを誓ふ。

第9条（戦争の放棄，戦力及び交戦権の否認）
　① 日本国民は，正義と秩序を基調とする国際平和を誠実に希求し，国権の発動たる戦争と，武力による威嚇又は武力の行使は，国際紛争を解決する手段としては，永久にこれを放棄する。
　② 前項の目的を達するため，陸海空軍その他の戦力は，これを保持しない。国の交戦権は，これを認めない。

〈国連憲章〉
第2条
　③ すべての加盟国は，その国際紛争を平和的手段によつて国際の平和及び安全並びに正義を危うくしないように解決しなければならない。
　④ すべての加盟国は，その国際関係において，武力による威嚇又は武力の行使を，いかなる国の領土保全又は政治的独立に対するものも，また，国際連合の目的と両立しない他のいかなる方法によるものも慎まなければならない。

第51条
　この憲章のいかなる規定も，国際連合加盟国に対して武力攻撃が発生した場合には，安全保障理事会が国際の平和及び安全の維持に必要な措置をとるまでの間，個別的又は集団的自衛の固有の権利を害するものではない。この自衛権の行使に当つて加盟国がとつた措置は，直ちに安全保障理事会に報告しなければならない。また，この措置は，安全保障理事会が国際の平和及び安全の維持又は回復のために必要と認める行動をいつでもとるこの憲章に基く機能及び責任に対しては，いかなる影響も及ぼすものではない。

第53条
　① 安全保障理事会は，その権威の下における強制行動のために，適当な場合には，前記の地域的取極又は地域的機関を利用する。但し，いかなる強制行動も，安全保障理事会の許可がなければ，地域的取極に基いて又は地域的機関によつてとられてはならない。もっとも，本条2に定める敵国のいずれかに対する措置で，第百七条に従つて規定されるもの又はこの敵国における侵略政策の再現に備える地域的取極において規定されるものは，関係政府の要請に基いてこの機構がこの敵国による新たな侵略を防止する責任を負うときまで例外とする。
　② 本条1で用いる敵国という語は，第二次世界大戦中にこの憲章のいずれかの署名国の敵国であつた国に適用される。

〈自衛隊法〉
第3条（自衛隊の任務）
　① 自衛隊は，わが国の平和と独立を守り，国の安全を保つため，直接侵略及び間接侵略に対しわが国を防衛することを主たる任務とし，必要に応じ，公共の秩序の維持に当るものとする。
　② （略）

〈練習問題〉

正誤を○×で答えなさい。

1　憲法前文は平和的生存権を認めている。
2　9条についてはさまざまな学説があるが，自衛権は国家固有の権利であるとする考え方は共通する。
3　武力によらない自衛権の行使では何もできない。
4　政府の見解は，自衛隊は自衛に必要最小限度の実力なので戦力ではないとしている。

第21講　人権とは何か

問題提起

　Aさんは，アメリカ国籍を持つアメリカ人ですが，在留期間を1年とする上陸許可を得て，日本に入国しました。入国後Aさんは英語学校で教師として働き始め，また自らの信条によって外国人政治団体に所属し，「日米安保条約反対」などのスローガンで活発な政治活動を行っていました。

　1年の経過の後，Aさんは在留許可を延期してもらうため，法務大臣に所定の手続による在留期間更新の申請を行いましたが，出国準備のための120日間の延期は許可されたものの，それ以上の更新は認められませんでした。Aさんは，これを人権侵害として裁判所に訴えましたが，その主張は認められるでしょうか。

point ①　日本国憲法は外国人に基本的人権を保障しているか
　　　　②　日本への出入国・滞在の自由は外国人に保障されているか
　　　　③　政治活動を根拠に外国人の在留期間の更新を拒否することは政府として許されるか

必要な法知識

1　人権とは何か

　あなたは人権を知っていますか。人権という言葉は，とてもよく使われる言葉ですね。人としての権利とでも考えれば良いのでしょうか。日本国憲法が保障する基本的人権は，人間であれば誰もが生まれながらに持っている権利とされています。さらにいえば，誰もが生まれながらに持っている権利であるから，法律によっても制限されないものと考えられています。したがって，**人権には固有性，不可侵性，普遍性の3つの特色**があります。

　固有性というのは，人間であることから当然に生じる権利であることをさし

ます。また不可侵性は、原則として国家によって制限されないことをいいます。ただし、絶対無制限ではありません。普遍性とは、人間として人種や性別などによって差別されないことです。つまり**人間であれば、基本的に、いつでもどこでも誰でも保障される権利が人権**ということになります。

また基本的人権のこのような考え方は、国家の存在以前から人間が持っていた権利という意味で、西洋近代史によって生得的権利すなわち「**前国家的権利**」と呼ばれてきたものです。思想・良心の自由は、国家の存在に関わりなく人の内面で作られる心のあり方ですから、その意味では確かに「前国家的権利」といえます。しかしながら、今日日本国憲法が保障する基本的人権の中には、「前国家的権利」に明らかに含まれない人権があります。

たとえば、憲法25条にある「健康で文化的な最低限度の生活を営む権利」(生存権)ですが、その保障には国家の援助が必要不可欠です。つまり国家が存在していることを前提に要求できる人権といえますから、むしろ「後国家的権利」と呼ばなければなりません。このように基本的人権には「前国家的権利」だけではなく**「後国家的権利」**とされる人権も含まれています。

そのような視点からは、日本国憲法が保障する基本的人権が、人間であれば誰もが生まれながらに持ち、法律によっても制限されない権利であるとするのは一般論であり、実際には自由権や平等権といった「前国家的権利」と、社会権や参政権のように「後国家的権利」の二種類があって、それぞれが異なる性質の人権であることに注意しなければなりません。

2　人権の歴史

人権思想はイギリスから始まりました。1215年に制定されたマグナ・カルタは、王に対して貴族たちがその身分の特権を保障するために作った最古の憲法といわれています。王といえども、部下を好きなように扱うことはできないという考え方が、当時から支持されていました。イギリスではさらに権利請願(1628年)、権利章典(1689年)制定のたびに、それが伝統として確認され強化されます。アメリカでは、それをイギリスに対するアメリカ人の権利と捉えなおして独立戦争のきっかけを作り、フランスは人民の権利を国内だけでなく普遍的な個人の権利としてうち立て(フランス人権宣言・1789年)、世界に広めまし

た。その意味では、人権の母国はイギリスですが、人権を貴族だけでなく、より多くの人々の普遍的な権利として世界に宣言したのはフランスということになります。ところで、その18世紀という時期に最も重要な人権と考えられていたのは、経済的自由権でした。王や貴族の不当な重税から逃れて、自分で得た財は自分のものとすることが、それだけ当時は難しかったからです。ジョン・ロックやジャン・ジャック・ルソーらの主張した社会契約説は、社会は契約によって成り立つとして、当時の階級制の不合理を鋭く追及し、人々の改革意識を補強しました。絶対王政による階級社会からいかに自由になるかが当時の目的であったため、この時代に誕生した人権の多くは国家に干渉させない権利としての性格を強く持ちました。「**国家からの自由**」を特徴とするそれらは今日**自由権**と呼ばれ、他の人権と区別されて「**18世紀的人権**」ともいわれています。

　20世紀に入ると自由権の保障は個人間に深刻な格差を生み出すようになります。経済的自由の保障は能力や財を持つ人には有利ですが、圧倒的に多い他のそうでない人々には、飢え死にの自由しかもたらしません。人はもともと多様であることに気づいた国民は、結局この社会がかつて追い出した王と同じように、資本家という富裕な人々を頂点とした階級社会でしかないことに不満を持つようになりました。その社会を改革する動きは、一方では階級格差の原因（資本家と私有制）を解消する社会主義革命に発展し、他方では、資本主義の枠内で階級格差の結果（貧困や差別）を縮小するための新しい人権の保障に向けて、軌道修正を行う国家があらわれました。後者の人権は**社会権**と呼ばれ、社会の経済的な偏りなどに対して国家が干渉しつつ援助を行う「**国家による自由**」の権利として、生存権、教育を受ける権利、勤労の権利などを生み出しました。それらは「**20世紀的人権**」とも呼ばれます。

　第二次世界大戦後になると、さらに新しい人権の必要性が考えられるようになりました。例えば個人の努力だけではどうにもならない環境や秘密についての権利が、環境権・プライバシー権として主張されています。これら戦後の人権は、まとめて「**新しい人権**」と呼ばれます。

3　日本国憲法における基本的人権の種類

　以上で述べてきたように、人権はそれが考えられた時代や内容によっていく

つかの種類に分けられます。では，日本国憲法における基本的人権の構造はどのようになっているのでしょうか。

それはおおむね①包括的人権，②平等権，③自由権，④社会権，⑤参政権，⑥受益権，の6つに分けることができます。

①包括的人権とは，憲法制定後に主張された新しい人権の根拠になっている一般的・抽象的な権利です。②平等権は，合理的な理由によらない差別を受けない権利といえます。③自由権は，国家の干渉を排除するという「国家からの自由」を要求する権利です。④社会権はそれに対して「国家による自由」として国家による干渉を積極的に要求する権利です。⑤参政権は国政に参加する，すなわち「国家への自由」を要求する権利です。⑥受益権は国家に対して正当で個人的な利益を要求し得る権利です。その要求には条件があり，必ずしも国家の対応が義務づけられていません。

ただしこのような分類は，明確に区分できるわけではありません。生存権は社会権的側面と自由権的側面の両方を持つとされ，表現の自由の1つ，知る権利も同様です。便宜上の分類と理解しておいた方がよいでしょう。

なお，社会状況の変化に伴い，以前には人権と考えられなかったものが人権として保障されるべきという声があがっています。高度産業社会の進展により公害が深刻な被害として認識され，よりよい環境を求める権利は人権であるという考えが世界に広がりました。また情報社会の中で人間らしく生きるために，自己の情報を守る権利が説かれ，プライバシー権として主張されています。しかしこれらの人権は日本国憲法制定後の「新しい人権」であるために，それらを規定した条文がありません。そこで人権を具体的に規定した14条以下の個別的人権とは別に，13条にある「生命，自由及び幸福追求に対する国民の権利」を包括的人権ととらえて，そこから人権保障の根拠を引き出すという解釈が考えられています。しかし13条は，特に「幸福追求」を人権として認める場合，何が幸福追求かについて個人差があり，充分に論理的な根拠とはいえません。あらゆる権利が誰かの幸福につながる可能性があるため，人権の濫用を招くとして限定的な解釈が求められていますが，まだ参考となるような解釈はあらわれていないのが現状といえます。

憲法の人権構造

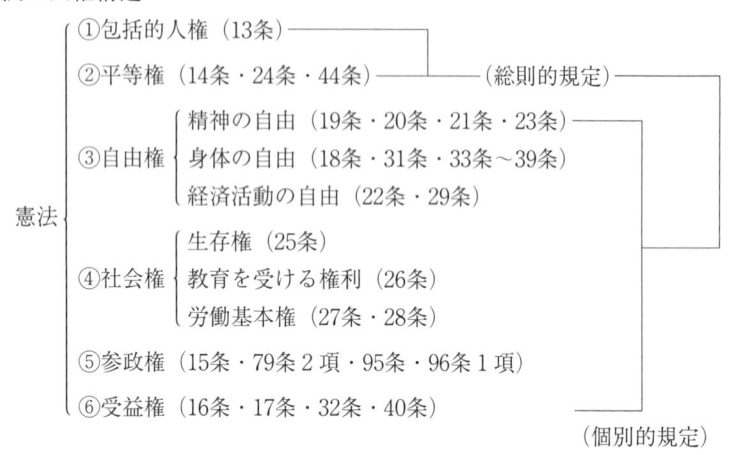

```
        ┌ ①包括的人権（13条）──────────┐
        │ ②平等権（14条・24条・44条）──(総則的規定)─┐
        │         ┌ 精神の自由（19条・20条・21条・23条）│
        │ ③自由権 ┤ 身体の自由（18条・31条・33条～39条）│
        │         └ 経済活動の自由（22条・29条）        │
憲法 ───┤         ┌ 生存権（25条）                      │
        │ ④社会権 ┤ 教育を受ける権利（26条）            │
        │         └ 労働基本権（27条・28条）            │
        │ ⑤参政権（15条・79条2項・95条・96条1項）     │
        └ ⑥受益権（16条・17条・32条・40条）           │
                                         （個別的規定）─┘
```

4 人権の主体

　日本国憲法に規定される基本的人権は，誰（これを享有主体といいます）に対して保障されているのでしょうか。人権の多くが規定されている10条から40条までの条文は，「国民の権利及び義務」という第3章にまとめられています。ですから人権の享有主体は国民であることは間違いありません。ここで問題になるのは，国民以外の存在です。例えば天皇，法人，外国人は保障されないといえるのでしょうか。また近年とくに話題になっている未成年の人権という表現がありますが，未成年者は国民でありながら人権を保障されない可能性があるのでしょうか。これらを具体的に考えてみましょう。

(1) 天　　皇

　かつての大日本帝国憲法においては，天皇が臣民と同様の権利を保障されるという考えはあり得ませんでしたが，日本国憲法では，天皇も広い意味では国民の一人であり，人権の享有主体と考えられます。ただしその**地位の特殊性から，最小限度の特別扱い（および制限）が認められる**とされています。

(2) 法　　人

　人権の享有主体は，原則として自然人（生物学的ヒト）である国民です。法人は法的にヒトと同様の権利を認められた団体ですが，その団体に人権が認められるかどうかについて，否定的な見解もありますが，今日の法人の活動状況

に照らしてこれを認める方が合理的とする説が一般的であり，判例もこの立場をとっています。**自然人特有の性質による権利（生存権や参政権）を除いて，居住移転の自由や財産権などの基本的人権が認められる**とされています。

（3）外 国 人

ここでいう外国人は，日本国内にいる外国人をさします。学説では，憲法は国家と国民の関係を定めたものであるとする否定説や，憲法の文言上，「何人も」という表現のある人権は保障されるとする文言説，そして憲法の性質上，前国家的権利は保障されるとする性質説があります。判例は性質説をとり，**後国家的権利と呼ばれるものを除いて歴史的に生得的権利とされるものは外国人にも保障が及ぶと判断しました**（最大判昭和53年10月4日民集32巻7号1223頁「マクリーン事件」）。

（4）未 成 年 者

未成年者の人権は成年者の人権に比べて制限されています。その理由は，**未成年者は判断能力が未熟であり，それゆえに未成年者が犠牲になったり社会が混乱しないように，ある程度の制約が必要**とされているからです。これは憲法の保障する基本的人権の一部が成年制度をとっていることからみても明らかです。例えば参政権（選挙権）は20歳からとされます。婚姻の自由もまた未成年者は親の同意を必要としています。そのほか売買契約や有害図書の購入などにも，未成年者には制約や保護があります。

【解　決】

① **日本国憲法は外国人に基本的人権の一部を保障**　憲法が保障する外国人の人権は，国家以前の人権（前国家的権利）とされる自由権のみです。国家の存在を前提とする社会権などは，国家と国民の関係の中で保障されるため，それぞれの国民はそれぞれの国家に対して要求すべきと考えられています。ただ，最近では社会権や参政権について，外国人にも保障すべきとの考えが広まり，すでに地方自治体によっては一部の公務職に外国人を認めるなどの制度もあります。

② **日本への出入国・滞在の自由は外国人に保障されない**　憲法22条は日本国内での居住・移転の自由を保障しますが，外国人が日本に入国する自由ま

では保障しないとするのが判例です。一般に，外国人に出入国を許すか否かは，国際慣習法ではそれぞれの国家の裁量によるものとされており，その点から見てもこの自由を外国人が保障される前国家的権利と考えるのは難しいでしょう。事実，犯罪歴のある外国人は，一定の期間日本への入国が許されません（出入国管理及び難民認定法5条）。

③ 政治活動を根拠として外国人の在留期間の更新を拒否できる

政治活動の自由は憲法19条にある思想・良心の自由であり，21条にある表現の自由の一つです。どちらも前国家的権利ですから，それ自体は外国人にも当然保障されます。ただし，出入国はそれぞれの国家の裁量とする判例及び国際慣習法の定めに従えば，在留期間中の行動の自由は保障されても，それを根拠に入国の更新を拒否されることはあり得ますので，憲法上の問題とはなりません。

●関連する条文

憲法　13条
出入国管理及び難民認定法　5条

〈憲法〉
第13条
　すべて国民は，個人として尊重される。生命，自由及び幸福追求に対する国民の権利については，公共の福祉に反しない限り，立法その他の国政の上で，最大の尊重を必要とする。

〈出入国管理及び難民認定法〉
第5条（上陸の拒否）
　次の各号の一に該当する外国人は，本邦に上陸することができない。
一　感染症の予防及び感染症の患者に対する医療に関する法律（平成十年法律第百十四号）に定める一類感染症，二類感染症若しくは指定感染症（同法第七条の規定に基づき，政令で定めるところにより，同法十九条又は第二十条の規定を準用するものに限る。）の患者（同法第八条の規定により一類感染症，二類感染症又は指定感染症の患者とみなされる者を含む。）又は新感染症の所見がある者
二　精神保健及び精神障害者福祉に関する法律（昭和二十五年法律第百二十三号）に定める精神障害者
三　貧困者，放浪者等で生活上国又は地方公共団体の負担となるおそれのある者
四　日本国又は日本国以外の国の法令に違反して，一年以上の懲役若しくは禁錮又はこれらに相当する刑に処せられたことのある者。ただし，政治犯罪により刑に処せられた者は，この限りでない。
五　麻薬，大麻，あへん，覚せい剤又は向精神薬の取締りに関する日本国又は日本国以外の国の法令に違反して刑に処せられたことのある者
六　麻薬及び向精神薬取締法（昭和二十八年法律第十四号）に定める麻薬若しくは向精

神薬，大麻取締法（昭和二十三年法律第百二十四号）に定める大麻，あへん法（昭和二十九年法律第七十一号）に定めるけし，あへん若しくはけしがら，覚せい剤取締法（昭和二十六年法律第二百五十二号）に定める覚せい剤若しくは覚せい剤原料又はあへん煙を吸食する器具を不法に所持する者

七　売春又はその周旋，勧誘，その場所の提供その他売春に直接に関係がある業務に従事したことのある者

八　銃砲刀剣類所持等取締法（昭和三十三年法律第六号）に定める銃砲若しくは刀剣類又は火薬類取締法（昭和二十五年法律第百四十九号）に定める火薬類を不法に所持する者

九　第六号若しくは前号の規定に該当して上陸を拒否された者で拒否された日から一年を経過していないもの又は第二十四条各号（第四号オからヨまでを除く。）の一に該当して本邦からの退去を強制された者で退去した日から一年を経過していないもの

十　第二十四条第四号オからヨまでの一に該当して本邦からの退去を強制された者

十一　日本国憲法又はその下に成立した政府を暴力で破壊することを企て，若しくは主張し，又はこれを企て若しくは主張する政党その他の団体を結成し，若しくはこれに加入している者

十二　次に掲げる政党その他の団体を結成し，若しくはこれに加入し，又はこれと密接な関係を有する者
　　イ　公務員であるという理由により，公務員に暴行を加え，又は公務員を殺傷することを勧奨する政党その他の団体
　　ロ　公共の施設を不法に損傷し，又は破壊することを勧奨する政党その他の団体
　　ハ　工場事業場における安全保持の施設の正常な維持又は運行を停廃し，又は妨げるような争議行為を勧奨する政党その他の団体

十三　第十一号又は前号に規定する政党その他の団体の目的を達するため，印刷物，映画その他の文書図画を作成し，頒布し，又は展示することを企てる者

十四　前各号に掲げる者を除くほか，法務大臣において日本国の利益又は公安を害する行為を行うおそれがあると認めるに足りる相当の理由がある者

②　法務大臣は，本邦に上陸しようとする外国人が前項各号のいずれにも該当しない場合でも，その者の国籍又は市民権の属する国が同項各号以外の事由により日本人の上陸を拒否するときは，同一の事由により当該外国人の上陸を拒否することができる。

〈練習問題〉

正誤を○×で答えなさい。

1　自由権は国家からの自由ともいわれる人権である。
2　社会権は国家への自由とよばれる人権である。
3　法人は法的に人とみなされた団体なので，自然人である国民と同等の人権が保障される。
4　外国人には原則として社会権は保障されない。

第22講 法の下の平等－租税法と憲法

問題提起

　A氏は，コンピュータソフト会社の営業課長です。毎月25日に給与を会社から支給されますが，その給与明細書を確認したところ所得税が源泉徴収（給与支給時に本人に代わり会社が所得税を差し引き税務署に納税する制度）によりかなりの金額が差し引かれていることを気にかけていました。

　脱サラしてコンビニエンスストアを開業し，自営業者として第2の人生を歩み始めた大学時代の同級生は，サラリーマン時代と違い昼食代や洋服代も必要経費として差し引くことができるので，最近は領収証をこまめに保存して帳簿に支出を記録していると話していた。

　そこで，A氏は，自分も営業の仕事上，スーツやワイシャツなどを新調した時の支出は必要経費であり，自営業者が必要経費として差し引くことのできる経費は，サラリーマンである自分にも存在するのであるから，憲法が規定する「法の下の平等原則」からしても給与収入から差し引けると考えた。このA氏の考えは法的に受け入れられますか。

point ①　A氏の必要経費控除の主張は受け入れられますか
　　　 ②　所得税法は給与所得者の必要経費控除を限定的にしか認めていないので，これは，自営業者と比較して，不合理な差別をもたらすものであり，憲法14条に違反し，無効であると主張できるか
　　　 ③　必要経費を自営業者は実際にかかった金額で引くことができるのに，なぜ給与所得者には実際にかかった費用を必要経費として控除できないのか，その差別の合理的理由はいずこにあるか

必要な法知識

1　憲法と租税法

　憲法は最高法規であり，法律は憲法の統制下に置かれます。憲法の規定に適

合しない法律は違憲とされ、無効となります。租税法も例外ではなく、憲法の要請に適合しなければ違憲とされ、無効となります。

　日本国憲法の規定上、租税法に最も関係の深い規定は、14条1項の「**法の下の平等**」規定と30条および84条であるといえます。

　租税法の基本原則として受け入れられている「租税公平主義」と「租税法律主義」は、いずれも憲法規定を法的根拠としています。前者の租税公平主義は、憲法14条の「法の下の平等」規定を法的根拠としています。その意味するところは、納税義務者が租税法の法的取扱関係においても等しく扱われ、また、租税の負担という経済的実質においても等しく扱われなければならないことを要請するものです。国会が租税法を立法する場合には、税負担が国民に平等に課されるよう憲法上の平等規定が要請するのです。仮に国民に不平等に作用する税法が定立された場合には違憲無効となるのですから、議会はこの平等規定に抵触しないかどうか細心の注意を払うことが必要とされます。

　後者の**租税法律主義**は、憲法30条及び84条の規定を法的根拠としています。ここでは説明を省略しますが、租税法の基本原則として重要な機能を果たしています。

　租税公平主義は、租税に関する法律を策定するときに最も尊重されるべき原則です。たとえば、消費税を導入するときに、消費税法という税法を立法する必要性がありました。その消費税法の立法過程において、国民に消費税を課すことが租税公平主義の理念に反しないか否か議論になりました。子供からお年寄りまで一律に、消費の際に消費額の5％相当額（消費税導入当初の税率は3％でした）の税を課すことは一見平等のようですが、はたして憲法の要請している平等の意味に適合しているのかどうかが議論されました。

　他の税、たとえば所得税などは所得を得ていない子供やお年寄りには課されません。それは税金を納める能力を所得によって測定する考え方に基礎をおく所得税法は、所得を獲得しない子供やお年寄りには課税しない仕組みをとっています。ところが、消費税は所得税が税金を負担する能力がないとして課税対象から除外した子供やお年寄りに対しても一律に課税します。

　平等という観点から言うと一律5％をその消費額に対して課税する消費税法のほうが所得税法より優れているように見えます。しかし、消費税法は憲法の

平等規定に違反するのではないかという批判が多く寄せられ，具体的な違憲訴訟も見られました。

そうすると，憲法14条が規定する「平等」とは，われわれが日常的に使用する単に等しいという意味とは違った意味を持つのではないかという疑問がわきます。

2 日本国憲法14条の歴史的意義

わが国の歴史を振り返ると，徳川幕府時代は公卿諸侯や士農工商といった厳格な身分制度が存在し，厳しい身分差別が行われていました。職業選択の自由も認められておらず，農民が武士階級に身分を引き上げるといった身分間の移動はほとんど不可能であったのです。明治憲法も身分間の差別を認める規定を置いており，平等原則を明文の規定をもって定めてはいませんでした。明治憲法は，第1に，天皇，皇族，華族，士族および平民という身分の別があり，華族以上には身分的特権が認められていました。第2に，貴族院の制度もあり，さらには，第3に，男女の平等は認めていませんでした。このために社会のさまざまな目煮に差別制度が存在していました。日本国憲法が制定される戦後までこれらの差別はわが国では当然のごとく存在していたのです。

日本国憲法は，14条1項で「すべて国民は，法の下に平等であつて，人種，信条，性別，社会的身分又は門地により，政治的，経済的又は社会的関係において，差別されない」と平等原則を宣言し，2項において，貴族制度を否定しました。このほか，24条で「両性の本質的平等」を，26条で「ひとしく教育を受ける権利」について，44条で議員および選挙人の資格の平等について，明確な平等条項を定めています。したがって，近代平等思想の要請は，日本国憲法の制定によってはじめて法的に充足されることになったのです。わが国においては，国民が平等権を獲得したのはそれほど遠い昔ではないのです。

ところで，日本国憲法の歴史的性格から考えると，平等の規定は，まず国家権力による差別的取扱いからの自由をめざすものであったといえます。それまでの国家権力による束縛や干渉からすべての人を解放するという意味で，自由と平等は，密接な関係にあるといえるでしょう。

3 「法の下の平等」の意味

　法の下の平等は、国民のサイドからみれば、法律上差別されないことを国家に対し主張しうることを内容とする権利であり、国家の義務のサイドから見ると、国家は、法定立の面においても、法適用の面においても、法律上、国民を差別してはならないということを意味します。

　ここに法定立の平等とは、14条1項前段の規定は、国家の機関のうち行政権、司法権のみを拘束するのではなく、立法権（議会の立法作用）を拘束することを意味します。

　法適用の平等とは、国家が国民に法律を適用するばあいに、人によって差別的な取扱をすることを禁止するという意味です。行政機関も司法機関も法の適用に際して人によって差別的な取扱をしてはならないという意味なのです。

4 相対的平等と絶対的平等

　さらに、憲法14条の「平等」概念は、法律上の平等概念で、数学などの自然科学で意味するところの等しいといった意味ではないことを、まずここで確認する必要があります。

　法律上の平等概念は、「**絶対的平等**」と「**相対的平等**」に大別されます。「絶対的平等」概念は、性別や年齢など、各人の事実上の差異を無視して、すべての人の法的取扱を等しくすることを意味するものです。他方、「相対的平等」概念は、人は年齢や性別、さらには貧富などにおいて生まれながらに差異が存在するのであるから、各人の特性を無視して、すべて等しく法的に取り扱うことは人々を不幸にする結果を招く場合があります。そこで、各人の特性を配慮して、それに応じた法的取扱いを行おうとする概念です。憲法14条1項の平等条項は、この「相対的平等」概念を意味するものであると考えられています。すなわち、税法における累進税率規定や労働基準法における母性保護の条項や、年少者保護条項・育児休業法などは、この相対的平等概念を前提に立法されたものと考えられます。相対的平等概念の本質は、合理的な理由のある差別は認めるが、不合理な差別は認めないという点にあります。税法における累進税率規定や労働基準法における母性保護の条項は、絶対的平等概念からすると受け入れられません。合理的理由のある差別は認めるとする相対的平等概念を憲法

が思考しているからこそ、それらの条項は認容されるのです。

たとえば、所得税法を例にあげると、学生のアルバイトによる収入やパートタイムの主婦が得た所得が、一定額（約100万円）以下であれば所得税が課されないような仕組みをとっています。また、現行の所得税率でいえば、330万円以下の所得には10％、330万円を超えて900万円までの所得には20％、そして1,800万円を超える所得には37％という具合に超過累進税率を採用しています。すべてを等しく扱うという絶対的な平等の要請からすると、累進税率そのものが否定されます。

しかしながら、所得税の累進税率構造は、国が高所得者から多くの税金を徴収し、低所得者などに再配分する、いわゆる富の再分配をすることは多くの人が支持し、正義であるというコンセンサスの存在を前提にするから許されるのです。すなわち合理的差別であるとして、憲法14条の「法の下の平等」規定が意味する平等概念に適合すると考えられています。相続税も同様に累進税率構造をとっていますし、相続税そのものの存在も富の再分配機能が正義であるとされているから認められているのです。そうでなければ相続税ほど過酷な税金はありません。親が精進して蓄財した財産を子孫に相続時点で引き継ぐところで過重と思われるほどの税を課す仕組みは、最近大きな批判を浴びています。

5　憲法14条「法の下の平等」規定は立法を拘束するか

憲法14条の「法の下の平等」規定の要請に反する行為を国の機関がした場合には、その行為自体が違憲無効となります。したがって、国会が憲法に違反する法律を制定したならば、たとえその法律が議会の承認を経るという正当な手続を経たとしても違憲無効となります。

議会が制定した法律が、憲法14条の「法の下の平等」規定の要請に違反し、不合理な差別をもたらすものであれば、当然違憲無効となるのです。その法律が不合理な差別を招くかどうかを判断するのは裁判所です。裁判所には違憲立法審査権が憲法によって付与されています。

このように、「法の下の平等」は、法を人々に等しく適用することを要求しているだけではなく、法の内容自体が不合理な差別をもたらすものであってはならないことまでも要請していることに注意が必要です。この点に着目すると、

この平等条項は，法を制定する立法者（議会）の立法行為を拘束する規定であるといえるのです。

ところで，この14条にいう「人種」とは，人の人類学的な種別，「信条」とは，政治上の信条・主義，人間としての基本的な人生観．世界観を意味するものと理解されています。また，「社会的身分」は，自己の意思によって決定することのできない社会的地位（尊属．卑属など）を指すほか，社会生活において占める身分（使用者．労働者など）をいうものとする学説もあります。さらに「門地」とは，華族や平民のように，人の出生によって決定される特権的身分（家柄）のことをいいます。

とはいえ，14条が規定している差別禁止の対象（人種・信条・性別・社会的身分・門地）や，関係（政治的・経済的・社会的関係）は，あくまでも例示したものにすぎないという点はここで確認しておく必要があります。「法の下の平等」規定は，社会生活のあらゆる事項，そして，あらゆる生活関係において，国がわれわれ国民に対し不合理な差別的取扱いをすれば，国民の平等権を侵害するものと考えられるのです。平等規定は，不合理な差別をもたらす法律はもとより，行政機関の不合理な差別行為も違憲無効であると宣言したものと理解されています。

6　消費税は憲法違反か ── 逆進性と累進性

所得額の大きくなるにつれて適用される税率が大きくなるといった累進税率を採用する所得税は，合理的な差別であるとして歴史的にも支持されてきました。すべての者を等しく扱うという平等本来の意味からすると，所得税よりも消費税のほうが支持されるべきであると思います。ところが，消費税は単一税率で，老若男女を問わずすべての者に課すという点から，逆進性があるとして大きな批判を浴びてきました。

憲法上の平等概念は，形式的に平等に取り扱うことによって結果的に平等本来の目的とする正義に反する状態を作り出してしまうことを想定しています。例えば，ここで取り上げた消費税の問題です。消費税は一律５％を課税するのですが，所得3,000万円のＡさんと所得300万円のＢさんがそれぞれ米等の主食費に年間30万円支出したとします。両者とも消費税負担額は１万５千円です。

しかし所得に占める消費税の負担率は，BさんがAさんの10倍になります。このことを消費税の持つ逆進性といいます。消費税は所得の大きい人のほうが小さい人に比べ消費税の負担率が軽くなるという結果を招きます。このように形式的に平等に扱うことが，人々の支持を得られない場合があることを端的に示した例といえます。

憲法上の平等概念は，形式的平等が結果的な平等を損なわない限り，形式的平等を支持するが，形式的な平等が結果的に不平等な状態を拡大すると思われる場合には，その結果的な不平等を拡大しないように差別を設けることを容認しているのです。所得税法が累進税率を採用し，扶養控除などの所得控除を認めているのも憲法の平等概念を反映したものということができるのです。

所得税法は夫婦子供二人の4人家族の年収額が約400万円以下の給与所得者には，給与所得控除や配偶者控除，そして，扶養控除等の所得控除を設け所得税が課されないような配慮を設けています。これらの扱いも憲法上の平等規定に反しないとされています。憲法14条は累進税率も所得控除をも容認しています。消費税法は，所得税法の基本的な仕組みと全く対称を成すものです。すなわち，逆進性を特徴とし，低所得者にも全く何の配慮もしない消費税法は憲法14条に逆に反するのではないかとの疑問が生じます。

一方では，これらのある一定の所得額を下回る人々には課税を免除するといった課税最低限の設定は，憲法25条「すべて国民は，健康で文化的な最低限度の生活を営む権利を有する。」と規定していますが，この幸福追求権の所得税法への反映であるとされています。ところが，消費税法は，所得税法が免税扱いにした人々にも容赦なくその消費税を課することは，憲法上規定された幸福追求権の理念にも反するのではないかという批判があります。

(解 決)

① **A氏の必要経費控除の主張は受け入れられません**　まず，所得税法自体が給与所得者の必要経費実額の控除を認める規定を設けていません（特定支出控除制度はあります）。したがって，勝手に必要経費を控除すれば違法行為として税務署により否認されます。

② **所得税法の内容自体が給与所得者に不合理な差別をもたらすものであり，**

違憲無効だという主張は可能か　サラリーマン税金訴訟として有名ないわゆる大島訴訟では，所得税法はサラリーマンに対して不合理な差別をしているとして大島正同志社大学教授が提訴した裁判でした。しかし，最高裁は，サラリーマンが必要経費を実額で控除できないとする所得税法の規定は，以下の理由により合理的差別の範囲内であり，違憲ではないとの判断を示しました。

　すなわち，所得税法は，給与所得者には給与所得控除制度を認めており，この給与所得控除制度は，必要経費の概算控除を認めたものであるとされています。給与収入金額に応じて控除額を自動的に算出できるよう規定を置いています。この概算控除により必要経費を控除できるようにしているのであるから，不合理な差別はないというのが裁判所の見解です。

　③　**必要経費を自営業者は実際にかかった金額で引くことができるのに，なぜ給与所得者には実際にかかった費用を必要経費として控除できないのか，その差別の合理的理由はいずこにあるか**　所得税の納税者に占める給与所得者の数の割合は極めて高いのです。給与所得者であるサラリーマンが，必要経費と思われる経費を実際にかかった実額で申告することは，その金額の適正さをチェックする税務署の行政コストが莫大になることが予想されます。そこで，マニュアル的に概算で控除する制度を採用することが，徴税コストを最小化していくには有効であるというところに差別の合理性が求められています。

　しかしながら，国民主権をうたう現行憲法下において，コストがかかるから，必要経費控除を認めないというのは平等原則の観点からも問題が残ります。

●関連する条文

　　　憲法　14条・30条・84条

〈憲法〉

　第14条〔法の下の平等，貴族の禁止，栄典〕

　　①　すべて国民は，法の下に平等であつて，人種，信条，性別，社会的身分又は門地により，政治的，経済的又は社会的関係において，差別されない。

　　②　華族その他の貴族の制度は，これを認めない。

　　③　栄誉，勲章その他の栄典の授与は，いかなる特権も伴はない。栄典の授与は，現にこれを有し，又は将来これを受ける者の一代に限り，その効力を有する。

　第30条〔納税の義務〕

　　　国民は，法律の定めるところにより，納税の義務を負ふ。

　第84条〔課税〕

あらたに租税を課し，又は現行の租税を変更するには，法律又は法律の定める条件によることを必要とする。

〈考えてみましょう〉

1　税務調査が行われますが，どの納税者に対しても等しい手続きで実施されているのか疑問が多く，訴訟も多く提訴されています。これは平等規定以外のいかなる憲法規定と関係があるでしょうか。
2　所得税法の扶養控除等の課税最低限は，憲法のいかなる規定を根拠にしているのでしょうか。

第23講 精神的自由権

問題提起

　A子さんは，B大学卒業後，総合職社員として3カ月の試用期間の後，本採用される予定でC大手企業に就職しました。ところが，試用期間中に，A子さんがデモ等の学生運動に参加し，関連の役員をしていたことが企業に知られました。しかもA子さんは，採用に際して提出する書類や面接で，その事実を一切明らかにしていませんでした。

　C大手企業は，このような事実を問題視し，それを理由に本採用を拒否しました。さて，A子さんの政治活動を理由として企業が雇用を拒否することは，憲法14条の差別の禁止や，19条における思想・良心の自由を侵害していないのでしょうか。

point ① 憲法上の人権を保障する義務があるのは誰か
　　　　② 企業の契約の自由は無制限に認められるか
　　　　③ 企業は特定の思想を理由に採用を拒否することができるか否か

必要な法知識

1　精神活動の自由

　人間が他の動物と大きく違うところは，考える力を持つということです。日々の行動をさまざまな情報から選択し決定するという積み重ねが，人を成長させます。物事を考え，信じ，表現し伝える自由が大切なのは，それが人間らしさをつくる重要な手段だからです。また，この自由は，単に人間らしさに必要というだけでなく，国民自身が政治のやり方を決めていくという民主主義のあり方にも必要不可欠です。もし，自由な精神活動とその結果としての多様な情報提供が制限されていたのでは，国民1人1人の判断を政治に反映させるこ

とは困難になり，日本国憲法が採用する民主主義の精神に反してしまいます。ですから，精神活動の自由を保障することは，憲法の運営に欠かせない基本条件といえます。

日本国憲法には，精神活動の自由すなわち精神的自由権として，思想・良心の自由（19条），信教の自由（20条），表現の自由（21条），学問の自由（23条）の4つが保障されています。

2　思想・良心の自由

憲法19条は，「思想及び良心の自由は，これを侵してはならない」という簡潔な一文で，思想及び良心の自由を保障しています。「思想」と「良心」の内容については，特に区別する必要はないとするのが学説・判例です。このような内心の国家観・人生観・世界観も，それが内心にとどまる限り絶対的に自由であり，国家権力は，特定の思想に基づいて不利益な扱いをしたり特定の思想を禁止することはできません。

内心の思想が自由であるということは，国家権力がそれを表明することを強制してもいけないということです。ただし，裁判判決で相手の名誉毀損の回復のために謝罪広告を命ずることができるかどうかについては，心の底から謝罪することまでを要求するものではなく，人格形成と直接関わりはないので強制とはいえないとされました（最大判昭和31年7月4日民集10巻7号785頁「謝罪広告強制事件」）。

3　信教の自由

20条1項は「信教の自由は，何人に対してもこれを保障する」として，信教の自由を定めています。それには，①信仰の自由，②宗教的行為の自由，③宗教的結社の自由が含まれます。

①信仰の自由とは，信仰を持ちまたは持たない自由であり，それを表明しあるいは表明しない自由ともいえます。この点について，自衛隊の隊友会が亡夫を靖国神社にまつったことについて，キリスト教徒の妻が宗教的に夫をしのぶ権利を侵害されたとして争われた裁判があります（最大判昭和63年6月1日民集42巻5号227頁「自衛隊合祀事件」）。判決は，隊友会（ＯＢ会で民間の組織）にも

信仰の自由があり，それをおさえてまで妻の信仰を優先させる必要がないという理由で，これを否定しました。これは後に説明するように，私人間効力の問題として扱うことができます。

②宗教的行為の自由とは，信仰の自由に関して個人が単独あるいは共同で，祈禱や礼拝など宗教上の儀式を行う自由をいいます。これにも宗教的行為をしない自由が含まれ，また20条2項で強調するように，宗教的行為を強制されない自由も含まれます。布教・宣伝などは直接には表現の自由になります。

③宗教的結社の自由とは，特定の宗教を布教・宣伝する目的で団体を結成する自由です。宗教的行為の一部と解する説も有力です。21条にある結社の自由のなかで宗教的結社については，信教の自由としても保障されているといえます。

4 国家と宗教との分離（政教分離）の原則

20条1項後段は「いかなる宗教団体も，国から特権を受け，又は政治上の権力を行使してはならない」とし，また3項で「国及びその機関は，宗教教育その他いかなる宗教的活動もしてはならない」と定めています。また89条によって「宗教上の組織若しくは団体」には，公金の支出が禁じられています。これは，**特定の宗教団体が国から特権を受けることを禁止し，国家の宗教的中立性を明示した規定**とされています。この政教分離の原則は，信教の自由を保障するための制度的手段といわれます。

国家と宗教団体の分離のあり方については2つの学説があります。第1は，政教分離原則は信教の自由に必要不可欠であるから，厳格な基準をもって分離すべきとする**厳格分離説**です。この立場では，国家が禁止されている宗教的行為や活動の範囲をなるべく広くとらえ，その行為や活動の主宰者，儀式の手順，主要な効果のいずれかに宗教性があれば違憲と判断します。

第2は，国家と宗教のかかわり合いを一切排除するのは事実上困難であり，また宗教思想の福祉としての役割を考えればむやみに分離する理由もないので，①目的に宗教的意義があり，②効果に特定宗教団体の援助が認められれば，過度のかかわりあい，すなわち違憲と判断するという**相対的分離説**です。

判例は相対的分離説に立ち，たとえば市立中学校の体育館起工式として地鎮

祭を行った事件については、目的に宗教的意義はなく効果も特定教団の援助にならないので合憲と判断しています（最大判昭和52年7月13日民集31巻4号533頁「津地鎮祭事件」）。

5　表現の自由

　内心における思想や信仰は、外部に表明され、伝達されて社会的効果を生み出します。ですから表現の自由は、大変重要な人権といえます。

　表現の自由とは、すべての表現手段の自由を意味します。ラジオ・テレビ・新聞・本や雑誌の出版のほか、演劇や映画、絵画・音楽などの活動、また演説、評論、集会などの政治的な手段も含まれます。これは情報の送り手の自由と共に受け手の自由の保障として考えられます。

　一般に、広く公共に対する表現手段を持たない国民にとって、意見発表の場であるそれらを含めた集会・結社などの集団行動は、民主主義に必要不可欠であるとのことから、21条によって保障されている大切な人権です。ただし集団行動の自由は、その性質から他の人々の権利との調整が必要です。そこで各地方自治体が定めている公安条例との関係が問題となります。

　たとえば東京都公安条例は、道路その他の公共の場所で集会等を行う場合は、事前に警察の許可を得なければならないとしています。許可の根拠に、戦前のような治安維持を持ってきますと、特定の思想・信条が不利益を受けるおそれがあります。そうでなくても、不明確な規定は、それが事前抑制になって表現の自由が侵害されます。表現の自由を保障するためには、どういう目的で許可を出すのかを明示する必要があります。それに関して、徳島県の公安条例ではデモ行進の届出制をとっていましたが、その際に「交通秩序を維持すること」を守る義務が課せられていました。ある団体のデモ行進の際に、自らジグザグ行進をしそれを他人にも勧めたという理由で条例違反を問われた人が、その義務が明確でないとして争った事件がありました（最大判昭和50年9月10日刑集29巻8号489頁：「徳島県公安条例事件」）。判決は、確かに「交通秩序を維持すること」の具体的内容が明らかでないことは認めながら、通常の判断能力で読みとれる場合は不明確とまではいえないとして合憲としました。

6　表現の自由と二重の基準論

　すでに述べたように，表現の自由は民主主義に欠かせない大切な人権です。したがって**その保障は，他の人権よりも特別に保護されなければならない**とされました。つまり，やむをえずこの権利を制限する場合でも，他の権利より厳しい基準が課せられなければなりません。アメリカで生まれて発展し，日本に導入されたこの理論を**二重の基準論**と呼んでいます。

　精神的自由権を規制する法律等に適用される厳しい基準としては，以下のようなものがあります。

(1)　事前抑制禁止の原則

　21条2項の「検閲の禁止」にあるように，表現活動などを事前に抑制されるような法律は違憲と判断されます。

(2)　明確性の原則

　表現活動などを規制する場合には，その規定は必ず明確でなければ違憲となります。漠然とした規定は，表現活動に萎縮効果をもたらすからです。一応明確でも，その範囲が広すぎる場合もまた違憲です。後者を「過度の広汎性の基準」として区別する説もあります。

(3)　明白かつ現在の危険の原則

　とりわけアメリカでは有名な基準です。これは具体的な危険を引き起こす可能性が①明らかにして重大であり，②時間的にも切迫し，したがって③その規制が必要不可欠であるという要件が認められなければ違憲となる基準です。しかし日本の最高裁判所では，まだ使われたことがありません。

(4)　より制限的でない他の選びうる手段の原則（ＬＲＡの原則）

　その法律がめざす目的について，よりゆるやかな制限で足りる別の方法が具体的・実質的にある場合には，違憲とされる基準です。英語の less restrictive alternatives から頭文字をとってＬＲＡの原則ともいいます。日本においてはこの判断には①目的の正当性，②目的と手段との合理的関連性，③利益衡量（得られる利益と失う利益の比較検討）の要件が必要とされます。ただ，この基準によると目的と手段との関連は抽象的でも良く，また形式的な利益衡量になりやすいなどの点で問題が多いとされています。

7　表現の自由の制約

他の人権と同様，表現の自由といえども絶対無制限ではありません。以下の場合には制約を受けます。

①**扇動的表現**の場合，明白かつ現在の危険の原則により制限を受けます。②ある人について社会的評価を落とすような事実の指摘は，事実の有無にかかわらず**名誉毀損**として処罰されます。ただしその言説が，a. 公共の利益のため（犯罪の追及）になされ，b. また真実であると誤信する相当の理由があるときは，除外されます。③a. 他人に知られておらず，また b. 知られたくないような，c. 人の事実，を公表した場合**プライバシーの侵害**になります。プライバシーの権利は，新しい人権としてすでに判例で定着しています（詳しくは第25講参照）。④善良な性的羞恥心を害し，いたずらに性欲を刺激する言動は，**わいせつ表現**として処罰されます。わいせつの定義については曖昧なところも多く，その規制を問題とする説もあります。

8　学問の自由

学問の自由は思想・良心の自由と重なるところが多いのですが，あえてこれを別に保障したのは①学問は社会の発展と福祉の増進に貢献し，②研究者の自主性が尊重されることが重要だが，③歴史的には弾圧されてきた，という理由によるとされます。

学問の自由は，**学問研究の自由，研究発表の自由，教授の自由**を含むとされます。教授の自由に関して，小・中と高等学校の教師については，教育の機会均等と全国的な教育水準の維持という目的のために完全には認められないとされます。

学問は特に大学において行われるため，**大学の自治**を認めることにつながります。具体的には研究者の人事の自治と施設・学生管理の自治を指します。学生の政治的演劇活動の監視のため大学構内に警察官が立ち入ることは，学問の自由を侵害するかどうかについて，判決では，自治の主体は研究者であり学問的な内容に限るとして，学生の政治活動は学問の自由に含まれないとしました（最大判昭和38年5月22日刑集17巻4号370頁「ポポロ劇団事件」）。

9 憲法の私人間効力

　ところで，ここで重要なのは憲法の**「私人間効力」**という問題です。私人間（しじんかん）とは，**親と子，企業と消費者，私立学校と学生，友人などのような関係**をさします。憲法は，国民が国家権力を制限するという趣旨で作られた法ですから，憲法に規定されていることを守らなければならないのは，国家権力の側です。国民は，直接守る義務を負わされているわけではありません。それは憲法99条の遵守義務の規定をみても明らかです。とすると，国民同士，あるいは国民と民間組織との間では憲法の規定は直接の効力を持ちません。それが憲法の限界の一つとされています。では，憲法に規定する人権は私人間では全く保障されないのでしょうか。

　日本の法は憲法だけではありません。法体系という言葉のとおり，法は1つの秩序にしたがって作られた多くの法律，政令，条例その他から成り立っています。そしてすべての法律その他は，頂点に立つとされる憲法に違反することができません。そこで労働基本権（同様に15条4項・18条）のように，例外的に私人間効力が直接はたらく人権を除いてその他の人権もまた間接的に他の法律を通してその効力がはたらくと考えられます。例えば，公序良俗に反する法律行為は無効とされる民法90条のような規定を通して，間接的に私人間に効力を及ぼすとされます。これを**間接適用（間接効力）説**とよび，通説・判例はこの立場をとっています。それに対して直接適用（直接効力）説もありますが，市民社会が国家からの自由をきっかけに発展してきたことを考えれば，憲法の規定が直接私人間に及ぶとすると，私人間の行為が大幅に憲法によって制約を受け，市民社会の基本原則である私的自治の原則がそこなわれ，問題が多いとされています。

　この問題にかかわらず，人権の保障を疑うような事件があった場合は，それが誰との間に起きたものかを考えなければなりません。**国家との関係ではない場合には，他の法律違反として考えられ，必ずしも人権侵害としては認められない場合があります**から注意が必要です。

解　決

① 思想・良心の自由は私人間に直接効力を及ぼさない　　憲法の私人間効

力という問題から，企業にも法人として思想・良心の自由があることを忘れてはいけません。企業には採用しない自由があります。ただし，いったん正社員として雇用すると，27条の勤労の権利の問題に移行します。これは私人間効力の直接適用される人権ですので，正当な理由がなければ解雇することはできなくなります。あくまで採用の段階の自由にとどまります。

② **企業の契約の自由は公序良俗に反しない限り保障される**　正式な雇用後は労働契約として人権の直接の適用を受けますが，採用の自由については，特別に法律がなければ信義誠実の原則（民1条）や公序良俗（民90条）に反しない限りで保障されます。

③ **企業は特定の思想・信条を理由に採用を拒否できる**　企業にも経済活動の自由があり，どんな人をどういう条件で雇い入れるかについて，法律その他に特別の制限がない限り（労働契約には各種の法律があります）原則として自由です。

●関連する条文

憲法　19条・20条・21条・23条

〈憲法〉

第19条〔思想及び良心の自由〕
　思想及び良心の自由は，これを侵してはならない。

第20条〔信教の自由〕
　信教の自由は，何人に対してもこれを保障する。いかなる宗教団体も，国から特権を受け，又は政治上の権力を行使してはならない。
② 何人も，宗教上の行為，祝典，儀式又は行事に参加することを強制されない。
③ 国及びその機関は，宗教教育その他いかなる宗教的活動もしてはならない。

第21条〔集会・結社・表現の自由，通信の秘密〕
　集会，結社及び言論，出版その他一切の表現の自由は，これを保障する。
② 検閲は，これをしてはならない。通信の秘密は，これを侵してはならない。

第23条〔学問の自由〕
　学問の自由は，これを保障する。

〈練習問題〉

正誤を○×で答えなさい。

1　表現の自由は原則として私人間には及ばない。

2 政教分離の原則は，国家と宗教を厳格に分ける厳格分離説が通説・判例である。
3 精神的自由権は他の人権と同じように制限される。
4 学問の自由は小学校の教師にも同様に及ぶ。

180　Ⅳ　私たちの人権を守る法

第24講　経済的自由権

問題提起

　憲法第22条1項には「何人も，公共の福祉に反しない限り，……職業選択の自由を有する」とし，職業選択の自由を保障しています。さて，あなたが職業として銭湯（公衆浴場）の経営を選んだとします。ところが銭湯の経営は許可制です。しかも条例によると，半径200メートル以内に銭湯がある場合は営業許可が下りないことになっています。なぜこのような制限が必要なのでしょうか。ちなみに薬局の開設には距離制限がありません。

point ①　営業の自由は憲法上保障される人権か
　　　　②　営業の自由を制限する目的と手段はどうあるべきか
　　　　③　条例による距離制限は合憲といえるかどうか

必要な法知識

1　経済的活動の自由

　憲法は，個人の経済活動の自由，すなわち経済的自由権として**「職業選択の自由」**，**「居住・移転の自由」**（22条）と**「財産権の保障」**（29条）を保障しています。この2つの人権規定の大きな特徴は，いずれも**「公共の福祉」という制約が明記されている**ことです。これは経済的自由権が，他の人権に比べて国家の制約を受けやすいことを意味します。

　西洋近代の自由主義国家では，経済学者アダム・スミスのいうような「見えざる手」によって市場経済が調和的に導かれるために，財産権の不可侵，契約の自由，居住・移転および職業選択の自由は必要不可欠な前国家的権利と考えられていました。しかし資本主義の発達とともに，これらの自由の保障は結局少数の経済的強者（資本家）しか享受することができず，その他大勢の経済的

弱者（労働者）は，富の偏在による貧困と不平等を黙って受け入れるしかないことがわかってきました。社会正義として資本家と労働者の絶対的格差を縮小するためには，富の偏在を国家が何らかの形でいったん吸収し再分配する必要があります。

そこで資本主義諸国は，一方で財産権を中心とする私有財産制度を維持しながらも，一定の制限を加えて最低限の経済的平等を確保し，すべての国民が実質的な自由と平等を受け取ることができるような工夫をこらしました。このような国家を福祉国家とよびますが，日本もこの理念に立って，経済的自由権については公共の福祉による制約を明記し，国家による制約の大きいことをあらわしています。

2　職業選択の自由

22条1項は「何人も，公共の福祉に反しない限り，居住，移転及び職業選択の自由を有する」として，自分の職業を選ぶ権利を保障しています。また，自分の選んだ職業を行う自由として，**営業の自由もまた保障しています。営業の自由は，財産権を保障する29条とも密接な関わりがあります。**

職業選択の自由は，公共の福祉という制約が大きく働きます。また精神的自由権（第23講参照）ですでに述べたように，二重の基準論という考え方によって，経済的自由権は精神的自由権よりも制約を受けるものとされています。なぜなら，職業は社会との関連性が強く，無制限に自由を許すと社会の安全や秩序をおびやかす可能性が大きいからです。それだけでなく，福祉国家を実現するためにも，一部の職業や企業に政策的配慮が必要な場合があります。また社会権（第27講参照）の保障のためには，経済的自由権の制限は不可欠となります。

3　職業選択の自由の規制

職業選択の規制については，a.届出性（理容業），b.許可制（飲食業），c.資格制（医師），d.特許制（電気・鉄道等「公益」事業），e.国家独占制（郵便事業）があります。これらの規制は，目的によって①**消極目的規制**と②**積極目的規制**に分けられます。消極目的規制とは，**他人の生命・健康に対する危害や犯**

罪の予防など，社会公共の安全や秩序維持を目的とした制限です。たとえば医師は社会的地位が高く人気の職業といえますが，独善的な知識で治療を行えば患者を死に至らしめる危険性があります。そこで，国家試験の合格者にのみ厚生大臣からの免許を交付して，営業の自由を制限しています（医師法5条）。資格制の一部と許可制の多くは，消極目的規制に属しているといえます。

積極目的規制とは，**労働者や社会的・経済的弱者の生活の保障という利益を目的とする制限**で，社会経済政策に基づく規制として比較的強い制限も許されています。労働基準法における労働者の最低賃金の保障は，契約の自由の原則に対する制限ですが，労働契約においては雇用主と被雇用者との間に立場上の格差があるため，雇用主が制限を受けるのは社会正義に適合すると考えられています。

これらの規制の合憲性を判断する基準には，「**合理性の基準**」が使われます。これは，その規制を定める法律の目的と手段の両方について，一般人を基準にして合理性が認められるかどうかを審査するものです。その際，まず国会の下した判断に合理性があることを前提としますので（合憲性推定の原則），比較的緩やかな基準といえます。

この「合理性の規準」は，規制の目的に応じて使い分けられます。消極目的規制の場合にはLRAの原則に基づく「**厳格な合理性**」で，積極目的規制の場合には明白な不合理があるかどうかの「明白性の原則」に基づく「**合理性**」によって判断されます。たとえば，薬局の距離制限を定めた法律・条例が問題となった事件では，LRAの原則に基づく「厳格な合理性」に照らして判断し，不良医薬品の供給から国民の健康と安全を守るという消極目的において，不良医薬品の防止は距離制限ではなく行政上の取締りの強化でも達成できるとし，違憲となりました（最大判昭和50年4月30日民集29巻4号572頁「薬局開設距離制限事件」）。

4　居住・移転の自由

居住・移転の自由は，自分の住むところを自由に決め，変更する権利です。これには，一時的に生活するところを変更する旅行の自由も含まれます。この自由が経済的自由権として分類されるのは，かつて人々は領主によって土地に

結びつけられ，自由な場所で商売をすることができなかったからです。いまでは，どこに住むかということは経済ばかりでなく，社会生活全体に関わる問題として考える必要があります。さらに22条2項では「何人も，外国に移住し，又は国籍を離脱する自由を侵されない」として，外国に旅行・移住する自由と国籍離脱の自由も保障しています。ただ，外国旅行については，外務省の発行する旅券（パスポート）が必要です。この旅券については外務大臣からの発給を拒否される場合があります（旅券法13条）。国籍離脱については無国籍者となることを防止する意味で，外国籍を取得した場合に限り国籍離脱の自由を認めています（国籍法11条）。

5　財産権の保障

　1789年のフランス人権宣言において「所有権は，神聖かつ不可侵の権利である」（17条）とされた規定は，財産権を個人の重要な人権として明示していました。しかし20世紀に入って社会権の登場に伴い，例えばワイマール憲法のように「所有権は義務を伴う。その行使は，同時に公共の福祉に役立つべきである」（153条3項）と変化し，制限が前提となりました。今日の日本国憲法も，この思想に基づいて財産権を定めています。つまり29条で「財産権は，これを侵してはならない」としつつ2項では「財産権の内容は，公共の福祉に適合するやうに，法律でこれを定める」とし，また3項でも「私有財産は，正当な補償の下に，これを公共のために用ひることができる」として**公共の福祉による制限**を明示します。財産権とは，財産的価値を含む一切を指し，土地や建物などの物権や代金請求権などの債権，著作権があげられます。また，私有財産制度は社会制度の1つですが，社会主義運動が生産手段の公有化を目指して社会主義国家をうち立てたことからみて，資本主義国家である日本では，**生産手段の私有化が私有財産制度の内容**であると考えることができます。

　財産権の一般的制限としては，29条2項にあるように①**公共の福祉によるもの**と②**法律（条例を含む）によるもの**があげられます。①公共の福祉による制限とはそれ自体あいまいな表現ですが，社会正義の実現という福祉として発達した生存権などの保障を考慮すれば，積極目的規制による制限ととらえることができます。②法律による制限とは，時代や事例に合わせた社会正義の実現の

手段として，法律や条例による制定が望ましいとされることを指しています。

6　正当な補償

29条3項は「私有財産は，正当な補償の下に，これを公共のために用ひることができる」と定めています。これは，私有財産が公共のために収用または制限されることを明示し，その際には「正当な補償」が必要としています。公共のためというのは公共事業だけでなく，戦後の自作農を広げるための農地買収のように，特定の個人が受益者（利益を受ける人）であっても，目的が社会公共の利益であればよいとされます。「用ひる」とは強制的に収用・制限することです。

補償については，一般的な制約ではなく「特別の犠牲」を受けた場合に限られるとされます。例えば奈良県で，ため池の周囲（土手）に農作物を植えることを禁じた条例は，その土地を持つ者の財産権の制限が災害の防止という一般的な制約に基づく当然の責務として，補償に当たらないとした判決があります（最大判昭和38年6月26日刑集17巻5号521頁「奈良県ため池条例事件」）。

補償の内容については，損失に照らして**完全補償説**と**相当補償説**が対立しています。完全補償説は，**その財産の客観的な市場価値を全額補償すべき**とし，相当補償説は，**その財産の合理的に算出された相当な額であれば市場価値を下回ってもよい**とする説です。一般に，道路拡張のための土地収用のような，特定の財産の使用価値が問題となるような場合は完全補償によるべきだが，戦後の農地改革時の土地収用のような，土地所有権に対する根本的な社会変動による場合は相当補償でよいと考えられています。

7　正当な補償と国家賠償

29条の，損失について補償するという考え方（損失補償）と比較すると分かりやすいのは国家賠償制度です。17条では「何人も，公務員の不法行為により，損害を受けたときは，法律の定めるところにより，国又は公共団体に，その賠償を求めることができる」として，**国家賠償請求権**という人権を補償しています。ここでいう法律は国家賠償法のことです。その法律では，公務員が，故意または過失によって違法に他人に損害を与えたときに賠償することを定め（1

条），公の建物の設置・管理に問題があったときに賠償することを定めています（2条1項）。

29条の損失補償と17条の国家賠償の違いは，**損失補償が国家の合法的な行為によって損失が生じた場合の補償であるのに対し，国家賠償は国家の違法な行為によって損失が生じた場合の賠償である**という点です。

ところで，国の定めた予防接種によって死亡・後遺症が生じた場合は，どのように考えたらよいのでしょうか。国家賠償法によれば，故意か過失が条件になりますから，接種者に過失が認められなければ国家賠償の対象にはなりません。しかし29条の損失賠償は，本来財産権に対する補償ですが，公共の目的のために生命や身体に対してなされた合法な侵害とみることもできますから，29条によって損失賠償を請求できるとするのが通説です。

(解 決)

① **営業の自由は憲法上保障される人権といえる**　　営業という言葉は憲法の文言にはありませんが，職業を遂行するために不可欠の自由として，営業の自由もまた22条で保障された人権といえます。

② **営業の自由を制限する目的と手段は合理的な関連が必要**　　経済活動の自由を規制する法律の合憲性は「合理的な基準」で判断されます。消極目的，積極目的に応じた法の目的の正当性があり，その目的に合った手段かどうかは消極目的ならＬＲＡの原則で，積極目的なら明白性の原則によって判断されます。

③ **条例による距離制限は合憲といえる**　　制限の方法は**法律だけでなく条例も含み**ます。公衆浴場の距離制限の場合，**2つのケース**が考えられます。

1つは，25条2項にある「公衆衛生の向上」に不可欠な施設として公衆浴場をとらえ，**消極目的による規制**と考えた場合，すべての国民に公平に入浴の機会を保障するには，距離制限が合理的であり，他の方法が考えられないというＬＲＡの原則に基づいて，合憲とみなすことができます。

もう1つは，公益事業の安定化として，業者が経営の困難から廃業することを防止するという**積極目的による規制**と考えた場合，明白の原則に基づいて特に不合理はなしとして合憲とすることができます。個人の家に内風呂の少な

かった70年代には前者が，80年代末には後者の考え方によって，いずれも合憲とされる判決が出されています（最大判昭和30年1月26日刑集9巻1号89頁，最大判平成元年1月20日刑集43巻1号1頁「公衆浴場距離制限事件」）。その他，両方を合わせた理由で合憲とする判決もありました（最大判平成元年3月7日判時1308号111頁）。

● 関連する条文

憲法　17条・22条・29条
旅券法　13条1～5号
国籍法　11条

〈憲法〉

第17条〔国および公共団体の賠償責任〕
　何人も，公務員の不法行為により，損害を受けたときは，法律の定めるところにより，国又は公共団体に，その賠償を求めることができる。

第22条〔居住・移転・職業選択の自由，外国移住及び国籍離脱の自由〕
　何人も，公共の福祉に反しない限り，居住，移転及び職業選択の自由を有する。
② 何人も，外国に移住し，又は国籍を離脱する自由を侵されない。

第29条〔財産権〕
　財産権は，これを侵してはならない。
② 財産権の内容は，公共の福祉に適合するやうに，法律でこれを定める。
③ 私有財産は，正当な補償の下に，これを公共のために用ひることができる。

〈旅券法〉

第13条（一般旅券の発給等の制限）
　外務大臣又は領事官は，一般旅券の発給又は渡航先の追加を受けようとする者が左の各号の一に該当する場合には，一般旅券の発給又は渡航先の追加をしないことができる。
一　渡航先に施行されている法規によりその国に入ることを認められない者
二　死刑，無期若しくは長期2年以上の刑に当たる罪につき訴追されている者又はこれらの罪を犯した疑いにより逮捕状，勾引状，勾留状若しくは鑑定留置状が発せられている旨が関係機関から外務大臣に通報されている者
三　禁錮以上の刑に処せられ，その執行を終るまで又は執行を受けることがなくなるまでの者
四　第二十三条の規定に該当して刑に処せられた者
四の二　国の援助等を必要とする帰国者に関する領事官の職務等に関する法律第一条に規定する帰国者で，同法第二条第一項の措置の対象となつたもの又は同法第三条第一項若しくは第四条の規定による貸付けを受けたもののうち，外国に渡航したときに公共の負担となるおそれがあるもの
五　前各号に掲げる者を除く外，外務大臣において，著しく且つ直接に日本国の利益又は公安を害する行為を行う虞があると認めるに足りる相当の理由がある者

〈国籍法〉
　第11条（国籍の喪失）
　　①　日本国民は，自己の志望によつて外国の国籍を取得したときは，日本の国籍を失う。
　　②　外国の国籍を有する日本国民は，その外国の法令によりその国の国籍を選択したときは，日本の国籍を失う。

〈練習問題〉

正誤を○×で答えなさい。
1　経済的自由権は精神的自由権と同様に保障される。
2　職業選択の自由は営業の自由を含む。
3　29条によれば，財産権は国家の違法な侵害のあった場合，それに応じて国家から正当な補償を受ける権利があるとされている。
4　17条と29条の補償と賠償の違いは，国家の行為が合法か違法かの違いである。

第25講　プライバシー権

問題提起

　Aさんは，B自動車教習所の指導員として仕事を続けてきましたが，突然解雇を言い渡されたため，納得できず裁判所に地位保全の仮処分申請をしていました。会社からの依頼を受けたC弁護士は，弁護士法23条の2に基づき，所属弁護士会を通じて居住地の市役所に対し「労働委員会，裁判所に提出するため」としてAさんの前科および犯罪歴について問い合わせました。市役所はこれを受けて，Aさんの道交法違反11件，業務上過失傷害1犯，暴行1犯の前科を通知しました。C弁護士を通じてAさんの前科を知ったB教習所は，関係者に報告して経歴詐称を理由に解雇予告を行いました。Aさんは回答した市長を相手に，自分の名誉・信用・プライバシーに関する「自己の前科や犯罪歴を知られない権利」を侵害されたとして訴えました。市長はプライバシーを侵害した責任を問われるでしょうか。

point ①　プライバシーの権利は人権か
　　　 ②　プライバシー侵害の基準は何か
　　　 ③　市長はプライバシー侵害の責任があるか

必要な法知識

1　新しい人権

　日本国憲法は，14条以下において詳細な人権規定をおいています。ただしそれらの規定は，歴史的に国家権力によって侵害されることの多かった重要な権利を列記したにすぎず，あらゆる人権を規定したものではありません。憲法制定後の1960年代以降になると，社会状況の変化に応じたよりよい社会生活の維持のため，新しい人権が主張されるようになりました。**プライバシー権**はそのようにして生まれた人権の一つであり，その他にも知る権利，アクセス権，学習権，健康権，平和的生存権や環境権，日照権，嫌煙権，自己決定権などがあ

ります。それらは，個人主義の浸透と同時に，個人の力ではどうにもならない状況の中で自らを守る防波堤として考えられるようになってきた権利です。したがって各種の新しい人権は，その利益自体が新しい概念ではありませんが，その利益を人権として確保せざるをえなくなった社会状況が新しいといえます。

　それらの根拠を直接定めた憲法の条文はありませんが，新しい人権を現在の憲法で保障する方法は，2つあります。1つは，**14条以下の個別に列記された人権規定から類推・拡張して解釈する方法**であり，もう1つは，包括的人権を定めたものとされる13条の**「生命，自由及び幸福追求に対する国民の権利」に由来すると考えて，保障する方法**です。前者によれば，知る権利は21条の表現の自由の一内容として考えることができます。アクセス権もそうです。また25条から健康権が，26条から学習権が考えられています。平和的生存権は憲法の前文に由来するとされます。後者によれば，プライバシー権，環境権，日照権，嫌煙権，自己決定権などが導き出されます。13条は，個々の人権規定に明確に関連づけられない権利を保障する条文とされます。それら各種の権利の根拠は，条文上の文言から**幸福追求権**と呼ばれています。

2　幸福追求権

　幸福追求権は，当初，14条以下の人権を抽象的に表現したものとされ，ここから具体的な権利を新しく引き出すことは不可能と考えられていました。しかし公害訴訟を初めとする社会状況の変動と新しい権利意識のめばえによって，それらを法的に保護する必要性が生まれました。法に明記されている権利を明記されているように保障することはもちろんですが，しかし明記されていないというだけで否定することはできません。なぜなら，法は制定された時点が一番新しく，その後どんどん古くなる運命を免れないからです。したがって法の解釈や援用が重要視されます。時には，法の改正も欠くべからざる方法といえます。そこで，個人の尊重をうたった13条は，憲法に列記されない新しい人権の根拠となる包括的人権と位置づけられ，幸福追求権によって導き出される各種の人権が，裁判上の救済を受ける具体的な権利として認められるようになりました。たとえば肖像権について，判例もまたそれを支持しているといえます（最大判昭和44年12月24日刑集23巻12号1625頁「京都府学連事件」）。

とはいえ，幸福追求に関わる権利はすべて人権として保障すべきかというと，その範囲が広すぎて，**あらゆる生活領域の行為の自由を含む**可能性があります。これを肯定する立場は**一般的自由説**と呼ばれます。しかし，個人にとって幸福と考えられるものの追求を限りなく認めれば人権の濫用を招き，協調を不可欠とする社会秩序を混乱させます。多数説では，幸福追求権は「**自律した個人が人格的に生存するために不可欠と考えられる権利**」に限定して考えるべきとします。これを**人格的利益説**といいます。その説によれば，人格に不可欠でないいくつかの権利は単に法律上の権利としてとどまり，①国家の干渉が著しい侵害を与えるか，②他人の人権を侵害するか，③多くの国民の生活に必要不可欠と考えられる場合には，新しい人権として保障すべきとされます。しかしながら**最高裁判所が正面から認めた新しい人権は**，前述のように，**プライバシーの権利の一部である肖像権ぐらいしかありません**。新しい人権の主張は，これからの国家と個人のよりよい未来を真剣に考えるきっかけを私たちに与えてくれるものといえます。

3　プライバシーの権利

プライバシーの権利とは，一般に**私生活をみだりに公開されない権利**，より進んで，最近では**自己に関する情報をコントロールする権利**（情報プライバシー権）として理解されています。人権としてのプライバシーの権利は，もともと「ひとりで放っておいてもらう権利（right to let me alone）」としてアメリカの判例で発展してきた考えです。この権利は**かつては私法上の人格権の一つ**とされ，具体的な侵害としては，個人間における肖像権の侵害や過去の経歴（前科および犯罪歴・病歴など）の暴露，信書の開封，電話の盗聴，私生活を暴露する記事や誹謗中傷などが該当するとされていました。しかしその後日本でも，小説によって私生活を暴露された個人の訴えに対して，裁判所がプライバシーの権利を「私生活をみだりに公開されない法的保障ないし権利」と定義し，かつ人格的生存にも不可欠であるとして，**憲法13条によって裏付けられた人権であることを認めました**（東京地判昭和39年9月28日判時385号12頁「『宴のあと』事件」）。

プライバシーの権利が新しい人権として13条により保障されるかどうかは，

それが人格的生存に不可欠であることが必要とされます（人格的利益説）。そもそも現代の情報化社会においては，国家や企業が個人情報を収集しデータバンク化することによって，個人の秘密が脅威にさらされ，本人の知らないところで収集・蓄積・流用される状況が発生しています。また，個人の人格の自律性は民主主義にとっても重要な要素です。したがってプライバシー権の保護は，今日人格的生存に不可欠とみなされ13条で保障される人権と考えることができます。

ところで個人の領域に無断で立ち入らせないとするプライバシー権の考え方は，国家の干渉を拒否するという意味で，従来自由権的なものと考えられてきました。しかし情報化社会の進展により，それを自己に関する情報をコントロールする権利として積極的にとらえ，プライバシーの保護を国家に対して積極的に要求していく姿勢が重視されるようになりました。なぜなら，個人情報が行政機関によって集中的に管理されている福祉国家において，自己情報の閲覧・訂正・抹消の請求権もまたプライバシーの権利に関わると考えられるようになったからです。このようなプライバシーの保護については，「行政機関の保有する電子計算機処理に係る個人情報の保護に関する法律」・「行政機関の保有する情報の公開に関する法律」等が制定されましたが，情報の開示に制限が多く，情報の利用や訂正に関してもまだ不十分なままです。

4　プライバシーの権利侵害の審査の基準

プライバシー権の侵害があったかどうかについては，何をプライバシー侵害とするかの基準が明らかにされなければなりません。プライバシー侵害に対する法的救済には①**その内容が私生活上の事実，もしくはそう受け取られるおそれのあるもの**，②**一般人の感受性を基準として公開を欲しないであろうこと**，③**一般の人々にいまだ知られていない事柄であること**，④**公開によって本人が実際に不快・不安の念を感じたこと**，の４つの要件を必要とします。ただし侵害を受ける側が公人（公務員）や公的存在（学者・文化人・俳優・スポーツ関係者など）であった場合には，公共の利害に関する事実であれば表現の自由が優先するとして，一私人の場合より侵害禁止の領域が狭くなると解されています。

このような基準に照らした結果，その個人情報は①誰が考えてもプライバシーであると思われるもの，②一般的にプライバシーと考えられるもの，③プライバシーに該当するかどうかはっきりしないもの，のいずれかに大別されます。一方，国家は公共の安全秩序の維持という目的から，しばしば国民の私生活を制限する権利を行使することがありますが，プライバシー権の侵害については，その情報が①の場合には，国家の行為がa.公共の利益という目的を持ち，b.明らかな必要性ないしは緊急性があり，c.他に方法がない場合には人権侵害とはみなされず（最も厳格な審査基準），その情報が②などの場合には，a.とb.の要件を越えなければ人権侵害とはみなされません（厳格な合理性の基準）。

解決

① プライバシーの権利は人権として認められる すでに述べたように，プライバシーという言葉は憲法の条文に明記されておらず，もともとは私法上の権利である人格権の一つとして考えられてきました。しかし現代の情報化社会の中で人間らしく生きていくには，必要な権利と考えられています。そのような場合は，直接の憲法条文がなくても，包括的人権を規定した13条の幸福追求権から，人権として導き出すことができます。したがって，プライバシーの権利は今日では人間らしい生活に不可欠のものとして13条による人権と認められます。

② プライバシー侵害の判断基準 プライバシーの侵害が法的救済を受けるためには，まず公開された内容が①私生活上の事実またはそう受け取られるおそれのあること，②一般人の感受性を基準として公開されたくないであろうと推測されること，③一般の人々にまだ知られていない内容であること，④当人が不快に思ったこと，の4つを必要とします。また，国家が国民のプライバシーを公開する場合には，①公共の利益のためであり，②必要性があり，③それ以外に方法がないこと，などが必要です。

③ 市長はプライバシー侵害の責任がある 2であげたプライバシーの侵害となる内容の基準と，国家がプライバシーを公表できる要件にてらしてこのケースをみれば，内容について①は当然として，②③④が明らかに該当し，誰がみてもプライバシーと思われる内容です。それに対する国家の公表の正当性

について①③のいずれも当てはまらないことから，市長の回答は違法な公権力の行使になると考えられます。

● 関連する条文
　　憲法　13条
　　弁護士法　23条の2

〈憲法〉
第13条〔個人の尊重・幸福追求権・公共の福祉〕
　　すべて国民は，個人として尊重される。生命，自由及び幸福追求に対する国民の権利については，公共の福祉に反しない限り，立法その他の国政の上で，最大の尊重を必要とする。

〈弁護士法〉
第23条の2（報告の請求）
　①　弁護士は，受任している事件について，所属弁護士会に対し，公務所又は公私の団体に照会して必要な事項の報告を求めることを申し出ることができる。申出があつた場合において，当該弁護士会は，その申出が適当でないと認めるときは，これを拒絶することができる。
　②　弁護士会は，前項の規定による申出に基き，公務所又は公私の団体に照会して必要な事項の報告を求めることができる。

〈練習問題〉
正誤を○×で答えなさい。
1　幸福追求権は，一般に具体的権利として裁判上の保障を受けると解される。
2　プライバシー権は，私生活をみだりに公開されない権利であるが，犯罪の前歴については社会安全の維持に関わるため，憲法の保障を受けない。
3　プライバシー権は私法上の人格権の一部と考えられてきたが，今日では13条に由来する人権として通説も判例も認めている。
4　公人や公的存在のプライバシーは，公共の利益のための事実であれば，一私人よりも保障の範囲が狭くなる。

第26講 生殖の自己決定権

問題提起

　もしあなたが今結婚（法律婚・事実婚を含む）しているとして，ある産婦人科で，あなたもしくは配偶者が妊娠していることが判明したとします。妊娠した時点でのあなたもしくは配偶者の年齢は36歳で，高齢出産という部類に属します。高齢出産は障害児の出生が高くなるという統計があり，医師は出生前診断を勧めました。さて，あなたはこの診断を受けますか。あるいはこの診断を配偶者に受けてほしいと思いますか。

　また，この診断の結果，胎内の子供に障害の可能性が見つかった場合，それでもあなたは産みますか。あるいは配偶者に産んで欲しいと思いますか。

point ① 産む・産まないを決める権利は人権か
　　　 ② 産む・産まないを決めるのは誰か
　　　 ③ どういう条件があれば，産む・産まないを自由に決めることができるか

必要な法知識

1　自己決定権

　新しい人権として，憲法13条の幸福追求権によって保障されるプライバシーの権利を，自己情報のコントロール権（情報プライバシー権）として考えた場合，今までプライバシー権に属するとされてきたいくつかの自由がそれに当てはまらないことに気がつきます。たとえば**①結婚するかしないか，子供を持つか持たないか等の家族の形成・生殖にかかわる自由**（避妊・妊娠中絶など）や，**②医療拒否などの自己の生命・身体にかかわる自由**（尊厳死・安楽死など）や，**③髪型や服装などのライフ・スタイルにかかわる自由**は，いずれも人格的生存に欠かせない個人の問題として，国家の介入や干渉なしに決定すべき事項と考

えられてきました。これらはやはり広義のプライバシー権の一部ですが、これを総称して**自己決定権**と呼び、情報プライバシー権と区別しています。

もともとプライバシーの権利は、アメリカの「ひとりで放っておいてもらう権利」として発展してきた法理ですが、具体的には①の中絶の自由を中心に形成されてきたものです。したがって、**自己決定権は独自の人権というよりは、情報プライバシー権と並ぶ広義のプライバシー権**として考えられています。ただ、日本では**自己決定権を正面から認めた判例は存在しません**。中学・高校の校則による髪型やバイクの規制が、自己決定という形で扱われたことはあります（最大判平成8年7月18日裁判所時報1176号233頁「パーマ禁止校則事件」、東京地判平成3年5月27日判時1387号25頁「修徳学園バイク退学事件」）。しかしその場合でも、未成年者を対象とする教育を目的とした学校施設においては、目的と手段に教育上の合理的な理由があれば規制もやむなしとされ、自己決定権が人権の問題として純粋に論じられたことは一度もありません。したがって、法理としては未完の権利といえます。新しい人権形成の最先端に位置しているのが、自己決定権です。

2　生殖の自由と自己決定権

そもそも自己決定権は、J. S. ミルの『自由論』で述べた個人の自律の原則に由来するとされます。そこでは、「どんな行為でも、その人が社会に対して責を負わねばならない唯一の部分は、他人に関係する部分である。単に彼自身に関する部分においては、彼の独立は当然、絶対的である。個人は彼自身に対して、すなわち彼自身の肉体と精神とに対しては、その主権者なのである」とされます。一般に**他人に迷惑にならない限り、私のことは私が決めるというこの論理は、自己決定権の基本的な考え方**とされています。ここから導き出される具体的な権利の主張として①産む産まないは私の自由という**性と生殖の自由**、②私の性は私が決めるという**性転換の自由**、があります。これらはリプロダクティブ・ライツ（性と生殖の権利）と呼ばれ、②について日本ではまだなじみがありませんが、1998年に埼玉で行われた性転換手術をきっかけに、戸籍の性別変更を求める権利が主張されています。①についてはエジプト・カイロで開かれた国連の「国際人口開発会議」（1994年）の行動計画にも盛り込まれました。

それは，すべての男女が身体的・精神的・社会的によりよい状態で「子供をもつかどうか」「子供をいつ，何人産むか」について女性が自分の意思で決める自己選択権を尊重するものです。これは，発展途上国の急増する人口問題が現代世界の重要な問題になっている現在において，それを解決するには政治的・経済的な対応だけでなく，女性の教育や地位の向上を図り，社会の慣習や制度によって望まない妊娠や出産に苦しんでいる女性に自己決定権を保障することが必要という考えから生まれました。したがって性と生殖に関する自己決定権は，他人と性的な関係を結ぶことや妊娠・出産・中絶など，女性の身体にかかわることがらは女性自身の意志にしたがって決めるべきであるという考え方につながるため，**女性の自己決定権**とも呼ばれます。先進国では特に，女性の自己決定権として中絶の権利，また男女を問わず家族形成権としての人工生殖技術利用の権利を中心に考えられています。

このように，女性の身体への自己決定権が基本的人権として尊重されなければならないことは近年国際的にも認識されましたが，女性に対する暴力や性の商品化が著しい日本では，残念ながら性と生殖の自己決定権が確立されているとはいえません。日本における性と生殖の自己決定権に関わる諸問題として，a. 人工妊娠中絶の現状，b. 母体保護法，c. 刑法の堕胎罪，d. 不妊治療があげられます。

3　出生前診断とは

今日では医療技術の進歩により，生まれる前の検査で胎児の障害や病気がある程度分かるようになりました。それが**出生前診断**（胎児診断）と呼ばれる方法です。胎児が特定の疾患をもつかどうか，その可能性がどの程度高いかなどを調べる出生前診断は，羊水中に浮遊している胎児由来の細胞を採取して調べる羊水検査，絨毛（じゅうもう）と呼ばれる胎盤の組織の一部を採って調べる絨毛検査，胎児臍帯血採取法，胎児皮膚生検法など，多くの方法があります。どれも実際には母体を傷つける検査ですが，出生前診断は「胎児診断」と同じ意味で使われてきました。

最近は，母体の血液中の蛋白質やホルモンなどの値だけで胎児の異常を予測する，スクリーニング（トリプルマーカーテスト）という方法もあります。こ

れにより，一部の先天異常（ダウン症などの染色体異常）や二分脊椎（せきつい）などの先天奇形の可能性を，胎児の段階である程度知ることができるとされています。スクリーニングは，腕からの採血により行われるため，献血や貧血検査と同程度の手軽な検査です。しかも羊水検査が特定の厳格な基準を満たした母体だけに行われるのに対し，スクリーニングには基準がなく，法的には「やっていいとは言っていないが，やっていけないとも言っていない。やってほしい人がいてその技術を提供できる人がいる」という意味で，自己決定の可能な検査といえます。この値によってあらためて羊水検査等の直接検査を受けるかどうかを決めるため，予備検査として利用されます。イギリスでは出生前診断が比較的普及し，胎児の重い障害や病気を理由にした中絶が合法とされ，妊婦の半数以上がスクリーニングを受けているといわれます。日本では，**障害や病気を理由に中絶をすることは法律上許されません**が，出生前診断そのものは年間数千件から1万件に及ぶとされています。

4 産む自由という権利

日本では，産む自由が直接問題になったことはありません。しかし産むことが全く自由かというと，いくつかの点で問題があります。例えば企業の慣行として行われている，妊娠・出産退職制があげられます。過去に裁判にもなりましたが，当時の社会通念には適合するという理由で退けられています（「三井造船事件」）。また，産む自由が「健康な子どもだけを」産む自由として制限されたことがあります。かつて兵庫県では「不幸な子供の生まれない運動」(1969年)が行われていました。これは地方自治体の福祉行政の一環として，羊水検査を奨励し先天異常の子どもの産まれないようにするという施策です。対象は，家族の「四親等内に異常または異常者のある妊婦」(異常児出産防止事業実施要領)で，羊水検査を承諾した者に限定されていましたが，異常が分かれば事実上の中絶がはかられ，産む自由への重大な侵害が生じた可能性がありました。不幸な子ども（障害児）の産まれないようにということが目標として設定されると，不幸な子ども（障害児）には生まれる権利はないのかという問題が生じます。また，産む自由からみても，「胎児に異常がない場合に限り」産む自由が保障されることになります。

5　産まない自由と中絶の権利

　出生前診断によって障害があると診断された胎児は，多くの場合中絶されています。産まない・産みたくないという自由はいかにも利己的に思われ，倫理的道徳的にもさまざまな制約が課せられてきました。しかし産まない選択と同様に，産む選択もまた個人の自由意思によるものであり，その点ではどちらも利己的な判断であることに変わりはありません。産まないことによる不利益が直接他人の人権を侵害するのでなければ，産まない自由も自己決定権として認められるべき権利といえます。

　産まない自由に含まれるのは，妊娠しない自由としての**避妊**と，妊娠した場合の**中絶（人工妊娠中絶）**があります。アメリカ・コネティカット州では，かつて避妊具使用禁止法がありましたが，1965年に連邦最高裁判所で「結婚上のプライバシー権の侵害」として違憲判決が下されました。今日では，中絶もまた自己決定権として憲法上の保障を受ける権利とされています。日本においては，避妊に刑事罰が科されることはありませんでしたが，中絶については明治の制定時以来，刑法で自己堕胎や同意堕胎，業務上堕胎など各種の堕胎（中絶）に刑事罰を科しています。したがって，日本では**産まない自由としての中絶の権利は認められていません**。中絶は，妊娠22週未満（胎児が母体外で生命を維持できない時期）の胎児について**母体保護法**14条の定める場合にのみ認められるとする規制があります。しかし現実には14条の「経済的理由」を広く解釈し，拡大利用されています。例えば出生前診断の結果異常胎児が発見された場合，厳密には障害や病気を理由とする中絶は認められていませんが，治療や通院の可能性を14条の「経済的理由」に含めて解釈し，合法的に中絶が行われています。

6　出生前診断と障害者の人権

　今日の出生前診断は，一見，子どもを産む選択を広げたかのようにみえます。またさまざまな生殖医療の発達により，「いつ，どこで，どのように，どのくらい子どもを持つか持たないか」がほとんど個人の選択しだいであるかのような錯覚が生じています。しかし最新の生殖医療と出生前診断によって，人はどのような場合に妊娠の継続を選択するでしょうか。おそらく，胎児の障害の有

無が基準となるでしょう。人権の視点からは，障害の有無や程度で胎児を選ぶことが許されるべきかどうかが問題となります。より具体的には**障害者の人権が侵害されるおそれ**が指摘されます。障害を持つ胎児を中絶することが許されなければどうなるのか，あるいは場合により許されるならばその基準はどうするか等，結果として障害をどうとらえるかという社会の障害観・障害者観が問われているのです。

　生まれてくる子どもが健康であって欲しいという想いは，どの妊婦にも共通にあります。しかし，親としてわが子の健康を願う心情と，流産のリスクを伴う羊水検査等を受け障害胎児を積極的に排除しようとする行動とが，1人の人間の中にあって苦痛をもたらします。幸福追求のために認められるはずの中絶の権利が，どちらを選んでも個人の幸福を保障しないという，自己決定の矛盾があります。妊婦だけが差別意識を強く持っているわけではありません。しかし，障害児を育てられるだろうかと不安に思う気持ちは，現実にこの社会で障害者とその家族がどのように扱われているかを考えれば，非難することはできません。障害胎児と診断されれば結果的に中絶を選択するような，障害者への差別的な状況があるならば，そこにあるのは産む自由とは遠い現実です。

　また，私のことは私が決めるという意味では，胎児の中絶は誰の問題かということになり，厳密には妊婦の自己決定の範囲を超えてしまいます。ミル以来の論理では，中絶の決定を自己決定権として捉えることはできません。

7　不妊治療と法の限界

　最近，**不妊症**（子供ができないこと）に悩む人達のために，妊娠・出産に助力する医療技術が目覚しく発達しています。その中心的なものが人工授精・体外受精であり，自然な性交によらずに，医療技術の力を借りて精子と卵子を受精させ，子供を作るための処置です。また，特に女性側に不妊原因がある場合，これらに加えて，代理母ないし借り腹という方法が採られることがあります。人工授精，体外受精をめぐる問題点として，①人になりうる可能性のある受精卵を実験に用いることの是非，②本人の処分権として精子，卵子，受精卵の売買は認められるか，③多胎児の一部を選別して中絶することは許されるか，④精子や卵子提供の場合の父母は誰か，⑤提供者が匿名という現状において子供

の出自を知る権利はどうするか,⑥未婚の母,独身者や同性のカップルにも認めるか,等があります。例えば親子関係を規定する民法は,男女の自然性交により子どもが生まれることを前提として作られているため,必ずしも人工授精・体外受精から生じうる問題を適切に解決できません。母体保護法も減胎手術に関する規定はありません。ここに先端技術をめぐる法の限界があります。

8　自己決定権が人権となるためには

　障害者の人権保障とは逆行するように,生まれる権利の否定につながる出生前診断は現在急速に広がっています。産む側である女性に対しても,診断の目的や子供が障害を持った場合の生活等の情報がほとんど保障されないまま「産む・産まない」を自己決定するよう迫られており,リプロダクティブ・ライツとして尊重されているとはいえない状況です。しかし出生前診断を受けなければよい,ということにはなりません。胎児の中絶は,確かに自分のものとしての自己決定とは異なりますが,ほかに自己決定すべき存在がいないという中での決定権として考えられるべきでしょう。そしてそれは,最終的には出産という形で胎児を引き受けざるを得ない妊婦に,決定権を認める他はありません。そしてそのような自己決定が許されるべきか否かを問う前に,誰がどうみてもそこからは自由な自己選択が出てこないと思われる状況を少しでも変えていくことが大切です。

　たとえ出生前診断をクリアしても,障害を持たない子どもの親になれる保障はありません。診断は可能性の1つに過ぎないからです。子どもの存在を親として引き受けるということは,病気や障害を持った子どもが一定程度必ず産まれるという事実を引き受けることといえます。障害を持つことが不幸なのではなく,障害を持つことは不幸だとしか思えないことが不幸なのです。障害を不幸と考えない社会を作るのは社会政策と私たち国民の努力の問題といえるでしょう。

　このように考えれば,自己決定権とは,自分や自分だけでは決定できない物事であっても,その決定の可能性を当事者から奪わないという意味で新しい権利です。他人の迷惑にならない限り私のことは私が決めるという,従来の憲法が想定してきた自律した個人の人権ではなく,むしろ胎児を宿す妊婦のような,

他人（ここでは医師）の世話になろうとも私のことは他人が決めてはいけないという，**自律しない人間の人権**としてとらえるものです。この人権の保障のためには，どのような決定も可能であるような，**支え合う共生社会の発展が必要不可欠**といえます。

解決

① **産む・産まないを決める権利は人権と考えるべき**　日本では，性と生殖の自己決定権を含め自己決定権そのものが人権として裁判上認められていません。しかし法理論上は充分に根拠を持ち，人権として保障可能な権利といえます。

② **産む・産まないを決めるのは当事者としての女性**　最終的に産む・産まないを決めるのは出産の当事者となる女性です。生殖は女性のみで成立するものではありませんが，出産は女性のみの行為であり，その点から出産の決定権は女性に任せるより他にはありません。

③ **産む・産まないという自由の保障には，共生の社会が必要不可欠**　もし国家が，政策として人口の増加を推進するとしても，それは避妊や中絶の制限ではなく，いつ，どこで，どのように産んでも不安のない，差別されない社会を作ることを目標としなければなりません。子どもを生み育てるということは個人的な事情でも，個人の倫理や努力だけで済む問題ではありません。自己決定権の新しさは，たとえ自律しない個人であろうとも，決定の権利を奪わないとする考え方から来ています。今後，人権を制限されてきた未成年，老人，障害者の権利としても自己決定権が尊重されるためには，どのような決定も可能とする社会の実現が必要不可欠です。人々が支え合う共生の社会の実現によってのみ，自己決定権は人権として保障されるといえます。

●関連する条文

　　　憲法　13条
　　　母体保護法　2条2項・14条
　　　刑法　212条〜215条

〈憲法〉
　第13条〔個人の尊重・幸福追求権・公共の福祉〕

すべて国民は，個人として尊重される。生命，自由及び幸福追求に対する国民の権利については，公共の福祉に反しない限り，立法その他の国政の上で，最大の尊重を必要とする。

〈母体保護法〉
第2条（定義）
① （略）
② この法律で人工妊娠中絶とは，胎児が，母体外において，生命を保持することのできない時期に，人工的に，胎児及びその附属物を母体外に排出することをいう。

第14条（医師の認定による人工妊娠中絶）
都道府県の区域を単位として設立された社団法人たる医師会の指定する医師（以下「指定医師」という。）は，次の各号の一に該当する者に対して，本人及び配偶者の同意を得て，人工妊娠中絶を行うことができる。
一 妊娠の継続又は分娩が身体的又は経済的理由により母体の健康を著しく害するおそれのあるもの
二 暴行若しくは脅迫によつて又は抵抗若しくは拒絶することができない間に姦淫されて妊娠したもの
② 前項の同意は，配偶者が知れないとき若しくはその意思を表示することができないとき又は妊娠後に配偶者がなくなつたときには本人の同意だけで足りる。

〈刑法〉
第212条（堕胎）
妊娠中の女子が薬物を用い，又はその他の方法により，堕胎したときは，一年以下の懲役に処する。

第213条（同意堕胎及び同致死傷）
女子の嘱託を受け，又はその承諾を得て堕胎させた者は，二年以下の懲役に処する。よって女子を死傷させた者は，三月以上五年以下の懲役に処する。

第214条（業務上堕胎及び同致死傷）
医師，助産婦，薬剤師又は医薬品販売業者が女子の嘱託を受け，又はその承諾を得て堕胎させたときは，三月以上五年以下の懲役に処する。よって女子を死傷させたときは，六月以上七年以下の懲役に処する。

第215条（不同意堕胎）
女子の嘱託を受けないで，又はその承諾を得ないで堕胎させた者は，六月以上七年以下の懲役に処する。

〈練習問題〉

正誤を○×で答えなさい。
1 自己決定権は，判例上人権として確立していない。
2 中絶は，日本では刑法により処罰の対象となっている。
3 自己決定権はプライバシー権とは概念が全く異なる人権である。
4 自己決定権が争われた裁判は，日本では髪型やバイクの自由に関する事件のみである。

第27講 社 会 権

問題提起

　79歳で1人暮らしのA子さんは，自宅でクーラーを設置して使っていましたが，生活保護の申請をして受給された後に，住んでいる市から，クーラーを取り外さなければ生活保護を打ち切るといわれてやむなく取り外しました。しかし高齢で病院通いをしており，記録的な猛暑だった7月のある朝，脱水症で倒れ40日余りの入院生活を送りました。クーラーは生活保護家庭にはぜいたく品として撤去すべきでしょうか。

point　① 憲法が保障する健康で文化的な最低限度の生活とは
　　　　② 生活保護者はなぜ生活の指図を受けるのか
　　　　③ 国や市は，最低限度の生活内容をどのように決定すべきか

必要な法知識

1　社 会 権

　憲法では，人権のうち，25条の**生存権**から26条の**教育を受ける権利**，27条の勤労の権利および28条の**労働三権**までを，まとめて社会権と呼んでいます。
　ヨーロッパにおいて18世紀の市民革命に始まり，19世紀を通して確立された人権は，国王・貴族・平民という階級支配からの脱却として**国家からの自由**を目的としていたため，自由権（18世紀的人権）と呼ばれています。これらの人権は資本主義の発達に大きな役割を果たしました。しかしながら自由権の拡大は，必然的に資本家対労働者といったような新しい階級格差を生み出し，やはり少数の成功者が圧倒的多数を支配する階級支配と変わらないという不満が起こりました。その不満は一方では階級解消への社会主義運動として発展し，他方は階級間格差の縮小を目指す社会権運動（労働運動）として発展しました。

20世紀の第一次世界大戦後からは、社会主義を制度として採用しなかった資本主義国家においても、国家の制度を通して生存の確保等を要求する権利、すなわち**国家による自由**を目的として、社会権（20世紀的人権）と呼ばれる人権が保障されるようになりました。1919年に制定されたドイツ共和国の**ワイマール憲法**は、世界で初めて社会権を保障した憲法として有名です。

2　生存権（25条）

　3つの社会権のうちの1つ、生存権は、社会的・経済的に弱い立場にある人々が「健康で文化的な最低限度の生活」を営む権利であり、人間が人間らしく生きるための権利です。この権利の実現を保障するために、国は各種の社会保障政策を実施する義務を負うことになりました。

　生存権の保障は、どこまで具体的に要求されるべきでしょうか。それには3つの学説があります。第1に、それは国家の努力目標に過ぎないから、法的効果はないとする**プログラム規定説**です。しかしそれでは憲法で保障する意味がありませんから、他の2つの学説が出されました。前者は、25条は具体的保障を直接要求できるものではないが、既存の法律があればそれに従って保障を要求できるという**抽象的権利説**です。後者は既存の法律がなければ、その法律を作らなかったこと自体を憲法違反として問えるとする**具体的権利説**です。ただし、具体的権利説とはいえ、具体的な保障の要求までは認められないとされます。通説は抽象的権利説です。

　要するに生存権の保障とは、国民に具体的権利を保障したものではなく、国に義務を課したものとみることができます。国は国会での立法により25条を具体化し、その法律に従って行政府が25条を実現します。この実現過程において、行政府は憲法により制限された裁量権を与えられていますので、明らかな逸脱がない限り、裁量による判断に裁判所は立ち入りません。

　「健康で文化的な最低限度の生活」は、人間らしい生活を指しますが、その基準は時代や地域その他によって異なり、流動的です。そこで国民の膨大な情報を独占する行政府が、そのデータと科学的な統計から推論し、ある時点での具体的な生活水準を決定します。その基準が、各種の社会保障を給付される権利の根拠となります。行政府に裁量権があるのは、「健康で文化的な最低限度

の生活」が流動的で，実情に近い推論ができるのは行政府であるという理由からです。したがってある時点での「健康で文化的な最低限度の生活」は，各種の社会保障法に定められている判定基準と政令等からうかがい知ることができます。

3　生活保護とは何か

冒頭の事例では，生活保護を受けている女性が出てきましたが，**生活保護**とはどんな制度でしょうか。

日本国憲法では，25条において「健康で文化的な最低限度の生活を営む権利」を保障しており，それを実現化する社会保障政策の1つとして，生活保護法に基づく生活保護制度があります。

生活保護は，申請しても簡単にはもらえません。身近な親族がいる場合には，まず援助してもらうよう指導されます。まだローンの残る住宅を所有していれば，売却して残金を生活費にあてるよう指導されます。自動車やクーラーは贅沢品であるから，売却しなさいといわれることがあります。冒頭の事例は，その結果起こった実際の事件を参考にしています。

このような実態を考えると，生活保護は，国の恩恵であるからどのような条件をつけられても仕方がないのだろうか，との疑問が起こります。結論からいえば，そのような考えは当てはまりません。生存権は憲法に明示されている権利ですから，生活保護に関する争いも憲法上の権利の問題といえます。ただ，生活保護法は，1条にあるように「困窮の程度に応じ，必要な保護を行」うという目的で制定されました。そこで，年齢・性別・世帯構成・所在地や保護の種類ごとに，「最低限度の生活の需要を満たすに十分なものであつて，且つ，これをこえない」（8条2項）よう，**厚生大臣が保護の基準を定めています**。その基準により，各地方公共団体で生活保護が支給されます。そのため，生活内に細々とした市の指導が入らざるをえなくなるのです。

解決

① **クーラー撤去の違法性**　クーラー撤去が違法であるかどうかは，**厚生大臣の定めた基準に適合するかしないかによります**。厚生省はクーラーの設置

について，必要性があり，一般世帯と格差が出ないことを条件にしています（社会・援護局長通達）。そして，**当該地域の全世帯の70％程度の普及率**を基準にして，各市町村が具体的に判断することになっています（厚生省保護課）。

つまり，A子さんの事例で考えるならば，厚生大臣の基準すなわち住んでいる市のクーラー保有世帯数がだいたい70％以下なら合法，以上なら違法の疑いが強いといえます。直ちに合法・違法といえないのは，厚生大臣の基準が「程度」であり，また保有世帯数を正確に計ることが困難だからです。

② **実際に起きた事件では** この事例のもとになった実際の事件は，1994年に埼玉県桶川市で起きました。総務庁の『全国消費実態調査報告書』（平成元年）によると，埼玉県内のクーラー保有世帯数は82.4％にも達しています。その女性は高齢であると同時に病院に通院しており，またその家の屋根がトタン板のため，夏の日中は40度を超えるという事情がありました。それらを考えるとこの事件では，市のクーラー撤去という命令は生活保護法違反の疑いが強いということができます。しかし埼玉県福祉課によれば，現実には「厚生省から，"生活保護世帯のクーラーはだめ"との指導があるのは事実」ということでした。また桶川市は「生活保護は国の機関委任事務なので，厚生省の判断に従うしかなかった」と説明しています（読売新聞，1994年9月8日朝刊）。この事実が明らかならば，厚生大臣（現在：厚生労働大臣）の基準に反する厚生省の指導の有効性が問われなければならないでしょう。

③ **生存権保障の難しさ** もしA子さんの住んでいる市のクーラー保有世帯数が70％以下ならば，厚生大臣の基準に適合するのですから，撤去されて入院しても仕方がないのでしょうか。

これは大変難しい質問です。なぜならば，人はもともと多様だからです。ある基準で保護を保障するということは，平均的な人々を救済することはできますが，全ての人々を救済することはできません。事実A子さんは，そのために入院し，生存をおびやかされたわけです。クーラー保有世帯数が70％以上であろうと以下であろうと，このような事態を出さないような配慮が求められなければなりません。憲法においては，すべて国民は個人として尊重され，法の下の平等が約束されています。基準に合わないというだけで救済されないのが当然なら，人権とはいえないでしょう。ではA子さんのようなケースは，どのよ

うに対処すればよいのでしょうか。

　実際の事件では，女性の退院後，厚生大臣は，高齢者や病弱者を抱えた生活保護世帯には実情に合わせてクーラー保有を認めていく方針を明らかにしました。また都道府県に対して厚生省は，クーラーについて「厳密に7割にこだわるよりも，世帯個々の実情に配慮する」という方針を徹底するよう通知しました (毎日新聞，1994年9月8日夕刊)。また埼玉県も方針を変え，設置してから年数のたっているクーラーの保有だけでなく，世帯内に高齢者・病弱者・障害者がいて，健康管理の面から必要な場合は新しいクーラーの保有を認めるようになりました。

　このような実例から私たちが学ぶことは，①**生存権の保障には最低限度の生活基準は必要であるが**，②**しかしそれらは常に点検されなければならず**，③**また，個々の実情に合わせた対策がとれるような，行政の柔軟な対応が必要**，ということです。A子さんの入院が事前に推察された場合の対応，事後に同じ事例を繰り返さないための基準の更新について，国や市が当事者の立場に立って迅速に事を運ぶならば，生存権は人権として保障されているといえるでしょう。

〈補足・その他の社会権〉

　① **教育を受ける権利** (26条)　　人間が人間らしく生きるためには，一定の知識・教養や，社会への適応力を身につける必要があります。そこで憲法は，すべての国民に「その能力に応じて，ひとしく教育を受ける権利」を保障しました。また，今日の社会では，教育がないと自己実現ができないため，特に**子供の学習権**が保障の重要な目的とされています。だからといって，大人の学習権すなわち教育を受ける権利が認められないわけではありません。ただ，自ら学習することのできない子供は，その学習を国だけでなく大人に対しても要求する権利として，学習権を持っていると解釈されます。その実現のために，国は義務教育の制度を整え，義務教育の無償が定められました。ただし，この**無償というのは，授業料のみ**です。実際に教科書は無料で配布されていますが，その他の法律で無償と定められているに過ぎず，憲法上の権利ではありません。

　さらにすべての国民は，「その保護する子女に普通教育を受けさせる義務」を負っています。これにともない，学校教育法22条・39条は，保護者がその子女

を小中学校等に就学させる義務を定めており，91条では，その義務に違反した者に罰金刑を定めています。

② **労働基本権**（27・28条）　特に労働者の生存権を保障することを目的として，**労働基本権**すなわち27条の**勤労の権利**および28条の**労働三権**を保障しています。そしてその実現のために，労働組合法や労働関係調整法，労働基準法などの**労働三法**や，職業安定法などが制定されました。

28条にいう勤労者とは，労働力を提供して対価を得る者です。公務員も勤労者にあたりますが，労働基本権の制約があります。**自営業者は勤労者には含まれません。**

労働三権のうち団結権は，資本家と労働者が対等の立場に立つための権利ですから，ある程度の加入強制は合憲とされます。また，経済的な利益の獲得のために団体交渉権があり，それを機能させるために団体行動権（争議権）があります。そして正当な争議行為は，刑事・民事両方の免責があります。ただし経済的な利益ではない純粋な政治ストの場合，それが暴力をともなわないものであっても許されません。

なお，憲法28条の労働三権は国家に対してだけではなく，企業に対しても直接の効力（私人間効力）を持つ強力な権利です。

さらに今日では，女性の社会進出にともない，女性の雇用面での性差別撤廃を目的として1985年に男女雇用機会均等法が成立し，育児休業法では男性にも育児休暇が認められ，男女の労働条件の均等化が進められています。

● 関連する条文

　　憲法　25条・26条・27条・28条
　　生活保護法　1条・8条

〈憲法〉
第25条〔生存権，国の社会保障的義務〕
　① すべて国民は，健康で文化的な最低限度の生活を営む権利を有する。
　② 国は，すべての生活部面について，社会福祉，社会保障及び公衆衛生の向上及び増進に努めなければならない。
第26条〔教育を受ける権利，教育の義務〕
　① すべて国民は，法律の定めるところにより，その能力に応じて，ひとしく教育を受ける権利を有する。

② すべて国民は，法律の定めるところにより，その保護する子女に普通教育を受けさせる義務を負ふ。義務教育は，これを無償とする。
第27条〔勤労の権利及び義務，勤労条件の基準，児童酷使の禁止〕
　① すべて国民は，勤労の権利を有し，義務を負ふ。
　② 賃金，就業時間，休息その他の勤労条件に関する基準は，法律でこれを定める。
　③ 児童は，これを酷使してはならない。
第28条〔勤労者の団結権・団体交渉権その他団体行動権〕
　勤労者の団結する権利及び団体交渉その他の団体行動をする権利は，これを保障する。

〈生活保護法〉
第1条（この法律の目的）
　この法律は，日本国憲法第二十五条に規定する理念に基き，国が生活に困窮するすべての国民に対し，その困窮の程度に応じ，必要な保護を行い，その最低限度の生活を保障するとともに，その自立を助長することを目的とする。
第8条（基準及び程度の原則）
　① 保護は，厚生労働大臣の定める基準により測定した要保護者の需要を基とし，そのうち，その者の金銭又は物品で満たすことのできない不足分を補う程度において行うものとする。
　② 前項の基準は，要保護者の年齢別，性別，世帯構成別，所在地域別その他保護の種類に応じて必要な事情を考慮した最低限度の生活の需要を満たすに十分なものであつて，且つ，これをこえないものでなければならない。

〈練習問題〉

正誤を○×で答えなさい。
　1　生存権は18世紀に誕生した人権の1つである。
　2　生存権は，具体的な社会保障の給付を直接要求できる権利ではないが，該当する法律があれば，その法律を根拠に社会保障の給付を要求できる権利である。
　3　生活保護の基準は法律で具体的に定められている。
　4　生活保護の基準は厚生労働大臣により定められる。

第28講　参　政　権

問題提起

　Aさんは，衆議院議員選挙の際B候補者を当選させるため票集めをしてくれるよう頼み，それに応じたC，D，Eさんらはその運動資金として現金を受け取りました。後にそれが発覚し，A，C，D，Eさんら4人は公職選挙法の買収罪にあたるとして裁判を受け，それぞれ罰金刑を言い渡され，また選挙権・被選挙権を停止させられました。4人は選挙権・被選挙権の停止は人権侵害であると逆に裁判所に訴えました。公職選挙法違反者から選挙権を取り上げることは，憲法違反になるでしょうか。

point ①　選挙権はどのような性質の人権か
　　　　　②　選挙権を停止されるのはどのような場合か
　　　　　③　公職選挙法は憲法14条に違反するといえるかどうか

必要な法知識

1　参　政　権

　日本国憲法では，その第1条で「主権の存する日本国民」とし，主権を日本国民に認めています。主権というのは国政の最高決定権という意味です。したがって国民は国政の最高決定権を行使するために，国政に参加する権利すなわち参政権を持っているということができます。参政権には，国政に関して公務員の選定・罷免権（15条1項），特に国会議員の選挙権・被選挙権（43・44条），憲法改正に際しての国民投票（96条1項），最高裁判所裁判官の国民審査（79条2項）などがあります。また地方自治レベルでは，地方公共団体の長・議会の議員・法律の定めるその他の吏員の選挙（93条2項）があります。また広く公務就任権（公務員になる権利）や請願権（国政に関する要求をする権利：16条）も

参政権に含めて考えることができます。

2 選挙権

　参政権のうち，議員を選挙する選挙権が最も一般的で重要です。選挙とは，選挙人団（有権者の集合体）によって，公務を担当する機関（公務員という機関）を選出する行為といえます。そこでの**選挙権**とは，この行為に各選挙人（有権者）が一票を投ずることで参加することができる権利，すなわち投票権ということになります。

　選挙権の法的性格について学説では，①公務説，②権利説，③二元説の三種類があります。公務説は戦前の通説でしたが，それによると選挙権は，選挙人団を構成する一選挙人として選挙に参加できる資格または地位とされ，その与えられた資格によって公務員を選出する「公務」と解されていました。権利説においては，選挙権は国政への参加を国民に保障する文字通りの「権利」として考えられています。今日の通説では，その両者を合わせ持つと理解され，確かに選挙権は人権の一部である参政権の行使という意味では権利であるが，公務員という国家機関を選定することでもあるから純粋な個人の権利とは異なる公務の性格をみる**二元説**が主流となっています。

　したがって，公職選挙法11条にあるような，**成年被後見人（従来の禁治産者：心身喪失により法律行為の制限を受けている者），受刑者，選挙犯罪による処罰者などが選挙権を行使できないのは，選挙権の公務としての性格に基づく限度内の制限として許される**と説明することができます。

3 被選挙権

　被選挙権は，**立候補の自由**という意味では権利の１つと解されます。最高裁判所は，「憲法15条１項には，被選挙権者，特にその立候補の自由について，直接には規定していないが，これもまた，同条同項の保障する重要な基本的人権の１つと解すべきである」と判示しています（最大判昭和43（1968）年12月４日刑集22巻13号1425頁）。しかし現実には，**供託制度**というのがあり，衆議院小選挙区選出議員の選挙については候補者一人につき300万円，比例代表選出議員の選挙については名簿搭載者一人につき600万円を事前に供託所に預けなけ

ればならないとされています（公職選挙法92条）。しかも一定の得票数に達しない場合は没収されてしまいます。町村長の選挙でも50万円の供託金が必要ですから，立候補の自由というのがどの程度保障されているのか，実際には大変疑問が多いといえましょう。

4　選挙権の五原則

　選挙の自由・公正と効果的な代表制の実現のために，憲法は次の5つの基本原則を認めています。すなわち，**①普通選挙，②平等選挙，③自由選挙，④秘密選挙，⑤直接選挙**がそれです。

　①普通選挙とは，財力（財産または納税額）を選挙権の要件としない制度をいいます。財力を要件とする場合は制限選挙になります。日本では1925年に初めて男子普通選挙制が実施されました。普通選挙は，広い意味では財力の他教育，性別についても含まれるとされ，その意味では，20歳以上の男女に選挙権が与えられた，1945年の普通選挙制によって実現したということになります。日本国憲法では，15条3項に「成年者による普通選挙を保障する」と定めています。

　②平等選挙とは，一人一票を原則とする制度をいいます。これはかつては選挙権の数的平等の原則とされていましたが，今日では投票の結果の価値的平等の原則も含むとされ，その意味では，各選挙区の議員定数の不均衡が問題となります。これは選挙区によって，議員1人あたりが代表する選挙人の数に圧倒的な格差があることを疑問視する考えです。またこうした**1票の格差**は憲法14条の法の下の平等に反し，民意を歪めることにもつながります。多くの訴訟において，最高裁判所はその格差が1対3を超えると違憲としながらも，選挙を無効にすると公の利益に損害が生じるとの理由で，選挙そのものは合憲とする**事情判決**が多くみられ，格差はなかなか解消されません。

　③自由選挙には，棄権する自由（強制投票の禁止）と選挙運動の自由の2つがあります。前者については，選挙の公務性を考えると正当な理由なしに棄権をした選挙人に制裁を加えることにも一理あり，事実ベルギーやオーストラリア，ルクセンブルグ等では棄権者に対して罰金，氏名の公表，選挙人資格の一時停止などの制裁によって投票義務制が実施されています。後者の選挙運動の

自由については，選挙運動期間に戸別訪問・署名運動の禁止（138条），図画の頒布・掲示の制限（142条〜143条）等，**公職選挙法**にさまざまな規制のあることが憲法21条にいう表現の自由の侵害かどうかが問題となります。政治的な表現の自由は民主主義国家に必要不可欠の自由ですが，選挙運動に関しては，自由であると同時に適正・公平に行われなければなりません。特定の候補者や政党の利益のために，権力や経済力によって選挙人の意思が歪められることを避ける必要があります。したがって，選挙を公正に行うために，各候補者が同一の条件で運動を展開するよう規制することは憲法21条には違反しないと考えられます。

④秘密選挙は秘密投票ともいわれますが，文字通り誰に投票したかを秘密にする制度のことです。社会における弱い立場にある者の自由な投票を保障するために生まれた制度といえます。憲法では，15条4項に「すべて選挙における投票の秘密は，これを侵してはならない」として明示されています。どのような方法で秘密を保障するかは，公職選挙法（46条・47条他）で規定されています。

⑤直接選挙は，選挙人が公務員を直接に選挙する制度のことです。それに対してアメリカの大統領選挙は，選挙人がまず選挙委員を選び，その選挙委員が大統領を選ぶという間接選挙制によるものです。日本でも国会議員は直接選挙ですが，総理大臣は間接選挙によって選ばれています。憲法43条でいう「選挙」は直接・間接選挙をともに含むと解されます。

（解　決）

① **選挙権は公務の性格から制限を受ける人権**　　選挙権は主権の存する国民が国政に参加するための人権の1つであり，国民の重要な基本的人権の1つであることは当然です。しかしそれは信教の自由などのような，国家の制約を超えた権利ではなく，公務員という国家の重要な機関を選ぶ公務としての側面から，一定の資格を要する権利と理解されます。したがって公務を全うすることができるかどうかが考慮される，制限付の人権と考えざるをえません。

② **選挙権の停止は公職選挙法にある一定の選挙犯罪者ほか**　　選挙権は公務としての性格から，最小限度の制限を受けると考えられています。未成年者や成年被後見人，特定の刑法・公職選挙法違反による受刑者などは選挙権・被選挙権を有しません。冒頭の事例について答えるなら，公職選挙法252条の犯

罪に該当する選挙犯罪者として，選挙権・被選挙権を5年間停止されます。

③ 公職選挙法は憲法14条に違反しない　公職選挙法に定める選挙犯罪は，いずれも選挙の公正を害する犯罪として規定されており，その受刑者は公正な選挙を行うことができなかった者であるわけですから，選挙権という人権の特徴から見て，憲法14条にいう法の下の平等に違反する差別待遇と考えることは誤りといえます。

●関連する条文

　　　憲法　　15条・16条・79条②・95条・96条
　　　公職選挙法　　11条・92条①，③・221条1，4，5号・252条①，②，③

〈憲法〉

第15条〔公務員の選定罷免権，公務員の本質，普通選挙の保障，秘密投票の保障〕
① 公務員を選定し，及びこれを罷免することは，国民固有の権利である。
② すべて公務員は，全体の奉仕者であつて，一部の奉仕者ではない。
③ 公務員の選挙については，成年者による普通選挙を保障する。
④ すべて選挙における投票の秘密は，これを侵してはならない。選挙人は，その選択に関し公的にも私的にも責任を問はれない。

第16条〔請願権〕
　何人も，損害の救済，公務員の罷免，法律，命令又は規則の制定，廃止又は改正その他の事項に関し，平穏に請願する権利を有し，何人も，かかる請願をしたためにいかなる差別待遇も受けない。

第79条〔最高裁判所裁判官の国民審査〕
① （略）
② 最高裁判所の裁判官の任命は，その任命後初めて行はれる衆議院議員総選挙の際国民の審査に付し，その後十年を経過した後初めて行はれる衆議院議員総選挙の際更に審査に付し，その後も同様とする。
③～⑥　（略）

第95条〔特別法の住民投票〕
　一の地方公共団体のみに適用される特別法は，法律の定めるところにより，その地方公共団体の住民の投票においてその過半数の同意を得なければ，国会は，これを制定することができない。

第96条〔改正の手続〕
　この憲法の改正は，各議院の総議員の三分の二以上の賛成で，国会が，これを発議し，国民に提案してその承認を経なければならない。この承認には，特別の国民投票又は国会の定める選挙の際行はれる投票において，その過半数の賛成を必要とする。

〈公職選挙法〉

第11条〔選挙権及び被選挙権を有しない者〕
① 次に掲げる者は，選挙権及び被選挙権を有しない。

一　成年被後見人
二　禁錮以上の刑に処せられその執行を終るまでの者
三　禁錮以上の刑に処せられその執行を受けることがなくなるまでの者（刑の執行猶予中の者を除く。）
四　公職にある間に犯した刑法第百九十七条，第百九十七条の二，第百九十七条の三又は第百九十七条の四の罪により刑に処せられ，その執行を終わり若しくはその執行の免除を受けた者でその執行を終わり若しくはその執行の免除を受けた日から五年を経過しないもの又はその刑の執行猶予中の者
五　法律で定めるところにより行われる選挙，投票及び国民審査に関する犯罪により禁錮以上の刑に処せられその刑の執行猶予中の者

第92条（供託）

町村の議会の議員の選挙の場合を除くほか，第八十六条第一項から第三項まで若しくは第八項又は第八十六条の四第一項，第二項，第五項，第六項若しくは第八項の規定により公職の候補者の届出をしようとするものは，公職の候補者一人につき，次の各号の区分による金額又はこれに相当する額面の国債証書を供託しなければならない。
一　衆議院（小選挙区選出）議員の選挙　三百万円
二　参議院（選挙区選出）議員の選挙　三百万円
三　都道府県の議会の議員の選挙　六十万円
四　都道府県知事の選挙　三百万円
五　指定都市の議会の議員の選挙　五十万円
六　指定都市の長の選挙　二百四十万円
七　指定都市以外の市の議会の議員の選挙　三十万円
八　指定都市以外の市の長の選挙　百万円
九　町村長の選挙　五十万円
③　第八十六条の三第一項の規定により届出をしようとする政党その他の政治団体は，当該参議院名簿の参議院名簿登載者一人につき，六百万円又はこれに相当する額面の国債証書を供託しなければならない。

第221条（買収及び利害誘導罪）

①　次の各号に掲げる行為をした者は，三年以下の懲役若しくは禁錮又は五十万円以下の罰金に処する。
一　当選を得若しくは得しめ又は得しめない目的をもつて選挙人又は選挙運動者に対し金銭，物品その他の財産上の利益若しくは公私の職務の供与，その供与の申込み若しくは約束をし又は饗応接待，その申込み若しくは約束をしたとき。
四　第一号若しくは前号の供与，供応接待を受け若しくは要求し，第一号若しくは前号の申込みを承諾し又は第二号の誘導に応じ若しくはこれを促したとき。
五　第一号から第三号までに掲げる行為をさせる目的をもつて選挙運動者に対し金銭若しくは物品の交付，交付の申込み若しくは約束をし又は選挙運動者がその交付を受け，その交付を要求し若しくはその申込みを承諾したとき。
六　（略）
②，③　（略）

第252条（選挙犯罪に因る処刑者に対する選挙権及び被選挙権の停止）

①　この章に掲げる罪（第二百四十条，第二百四十二条，第二百四十四条，第二百四十五条，第二百五十二条の二，第二百五十二条の三及び第二百五十三条の罪を除く。）を犯し罰金の刑に処せられた者は，その裁判が確定した日から五年間（刑の執行猶予の言渡しを受けた者については，その裁判が確定した日から刑の執行を受けることがなくなるまでの間），この法律に規定する選挙権及び被選挙権を有しない。

②　この章に掲げる罪（第二百五十三条の罪を除く。）を犯し禁錮以上の刑に処せられた者は，その裁判が確定した日から刑の執行を終わるまでの間若しくは刑の時効による場合を除くほか刑の執行の免除を受けるまでの間及びその後五年間又はその裁判が確定した日から刑の執行を受けることがなくなるまでの間，この法律に規定する選挙権及び被選挙権を有しない。

③　第二百二十一条，第二百二十二条，第二百二十三条又は第二百二十三条の二の罪につき刑に処せられた者で更に第二百二十一条から第二百二十三条の二までの罪につき刑に処せられた者については，前二項の五年間は，十年間とする。

〈練習問題〉

正誤を○×で答えなさい。

1　選挙権・被選挙権は参政権の1つである。
2　選挙権・被選挙権は自己破産を宣告された場合，停止される。
3　平等選挙における一票の格差は，判例では1対2を超えると違憲である。
4　日本では棄権の自由は保障されていない。

第29講　国民主権と天皇

問題提起

憲法上，天皇は外国を訪問した際に「おことば」を述べますが，その内容について天皇が個人的な意思を表明することは許されるでしょうか。また，現皇太子と結婚した雅子妃の，元外交官としての経験を生かす「皇室外交」がありえるのでしょうか。

point ① 象徴天皇制とは何か
② 天皇としてできる行為とは
③ 皇室外交は，天皇の行為といえるか

必要な法知識

1 象徴天皇制

　天皇制は，ドイツの公法学者イェリネクの定義によれば立憲君主制という政治体制の1つといえますが，第二次世界大戦後の日本国憲法は，大日本帝国憲法における天皇の地位を大きく変えました。そこで前者を象徴天皇制と呼び，後者の神権天皇制と区別しています。

　大日本帝国憲法下では，天皇は現人神（あらひとがみ）として神聖不可侵で，また統治権の総攬者（そうらんしゃ）とされ，その意味での主権を持っていました。つまり天皇は神のような存在として強大な権力者と明示されていたのです。

　これに対し日本国憲法は，第1条で「天皇は，日本国の象徴であり日本国民統合の象徴であつて，この地位は，主権の存する日本国民の総意に基く」と定めています。ここにおいて主権は国民に移り，天皇は象徴になりました。ところで，象徴とはどのような地位なのでしょうか。例えば，十字架はキリスト教の象徴といわれますね。葵の家紋は徳川家の象徴ですし，鳩は平和の象徴とさ

れます。西欧絵画の中では、女神が自由の象徴として描かれることもあります。このように、**抽象的な内容を暗示する具体的な形を、私たちは一般に象徴と呼んでいます。**

また象徴は、代表とは異なります。代表は、代表するものとされるものとの間に共通の性質があることが前提になります。しかし象徴は、象徴するものとされるものとの間が元来異質です。例えば、ゆりは山の草花の代表ということができますが、ゆりは純潔の象徴と言うこともできるわけです。

つまり日本国憲法は、具体的な天皇という1人の人間に、代表としてではなく「日本国」および「日本国民統合」という抽象的な内容を暗示する役割を与えました。「日本国」は外国から見たわが国のありようを、また「日本国民統合」は国民から見たわが国のありようを示す抽象的な説明として理解されています。ですから天皇は、対外的にも対内的にも日本を表す役割を持つ存在だといえましょう。

2　天皇の行為

憲法4条によれば、天皇は、憲法の定める国事に関する行為のみを行い、国政に関する権能（法律上認められた能力）を持たないとされています。国事に関する行為、すなわち**国事行為**については、6条・7条に列挙されていて、天皇は、これらの国事行為以外は、いっさい国の政治に関する決定権や影響力を持っていません。

天皇の国事行為には、次の行為があります。

① 内閣総理大臣については国会の指名により、最高裁判所長官については内閣の指名により、天皇が任命を行うこと（6条1項・2項）。内閣総理大臣の任命は、伝統的な君主権能の最も代表的なものです。

② 憲法改正、法律、政令、条約を公布（一般に知らせる）すること（7条2項）。公布により初めて法令としての効力を有します。

③ 国会を召集（議員を呼び集める）すること（7条2号）。常会・臨時会・特別会はいずれも召集により活動が開始されます。

④ 衆議院を解散させること（7条3号）。

⑤ 国会議員の総選挙施行を知らせること（7条4号）。

⑥　国務大臣および法律の定めるその他の官吏の任免，全権委任状・大使および公使の信任状を認証(公に証明)すること(7条5号)。具体的には，天皇がそれらの任免の公文書に親書を添えることで行われます。

⑦　大赦，特赦，減刑，刑の執行の免除および復権（まとめて恩赦）を認証すること（7条6号）。司法の結果を内閣が変更することになりますが，これは権力分立の例外といわれています。

⑧　栄典を授与すること（7条7号）。いわゆる勲章の授与を指します。

⑨　批准書および法律で定めるその他の外交文書を認証すること(7条8号)。批准書とは，条約を締結した権限者に同意を表す国家の意思を表した文書です。批准書自体は内閣が発給します。

⑩　外国の大使および公使を接受(接待)すること(7条9号)。接受とは，外国からの大使・公使からの信任状の捧呈を受け，接見する外交儀礼をいいます。

⑪　儀式を行うこと（7条10号）。天皇が主宰し執行する国家的性格の儀式です。即位の礼がこれにあたります。

以上が憲法の定めている国事行為です。これ以外の国事行為を新しくつくり出すことは許されません。またこれらの国事行為は全て形式的・儀礼的行為にすぎないとされています。しかし天皇は，これ以外の行為を全く行わないというわけではありません。天皇も1人の人間ですから，テニスや散歩など個人的な行為としての**私的行為**があります。さらに国会の開会式や内外の歓迎会に出席して「おことば」を述べたり，外国の元首と親書を交換したりするなどといったことは，完全な私的行為ではありませんが規定された国事行為でもなく，公的色彩の強い行為といえます。これを**公的行為**と呼んで，解釈上，象徴としての地位からくる行為の1つととらえる見方があります。その場合，それらの公的行為は国事行為と同じく，特定の政治や宗教と結びつくような行為は許されません。また，国事行為・公的行為はいずれも内閣の責任のもとに行わなければならないとされています。

3　行為の責任

日本国憲法3条によれば，天皇の国事行為は**内閣の助言と承認**が必要とされ，

内閣がその責任を負うことになっています。解釈上，公的行為も同様とされます。では国事行為以外の行為については，天皇は自らその責任を負うのでしょうか。天皇の地位にある限り，**刑事上の責任は負わない**とされますが，民事上の責任について学説上は負うとされ，判例では負わないとされています。

4　皇室外交と天皇の行為

さて，冒頭の事例にある皇室外交について考えてみましょう。外交とは，国家を代表して他国に行きまたは代理として外交使節を派遣し，相手国と交渉することをいいます。これは世界的には，立憲君主制国家における国王の権限として与えられているものの1つです。今日の日本国憲法において，天皇およびその親族に独自の外交上の権限が与えられているでしょうか。

それを考える時，天皇が内外の大使等賓客を接受する際に述べられる「おことば」が重要なポイントになります。もし「おことば」に天皇の法的責任が認められるなら，天皇は「おことば」を通して外交交渉を行う権限が与えられていると考えることができます。そこで，「おことば」の法的地位が問題になります。

「おことば」は，天皇のどのような行為に該当するのでしょうか。外国の大使の接受の際に述べられるという特徴を持つわけですから，7条9号の国事行為に該当するのではないかとの推測も成り立ちます。しかし憲法上明記されていませんので，国事行為に付随する**公的行為とするのが妥当**でしょう。

とすると，公的行為は国事行為と同じく内閣の助言と責任によって行われる行為ですから，「おことば」の法的責任は内閣が負うことになります。したがっていかに天皇が親しく述べたように見えても，「おことば」が公的行為である以上，天皇の心情を正確に伝えるものではありえず，**皇室独自の外交は存在しません**。雅子妃が元外交官であるということからの新しい皇室外交の期待も，憲法上は不可能ということになります。

5　象徴天皇制の問題点

イギリスにおいて国王は「君臨すれども統治せず」といわれるように，立憲君主制においては，もともと国王は実権よりも象徴的機能の方が強く発揮され

る存在です。日本国憲法の天皇制はそれをさらに押し進めたかたちで，ほとんど象徴としての権能しか有しません。したがって日本では，立憲君主制において一般に国王の権能とされる条約締結権，外交使節の任命権（対外的権能），法律の裁可（対内的権能）等はいずれも内閣に所属し，国家の代表たる地位としての元首の可能性はあいまいなままに残されています。

　このような状態で，天皇が日本のどのような象徴であるのかを考えるのは難しい問題であると思われます。より具体的には国歌や国旗と天皇がどのように異なるかということですが，他の立憲君主制国家の持つ国王の対外的・対内的権限をことごとく持たない天皇に対して，国歌や国旗以上の象徴性を期待するには論理的矛盾があるということを，もう少し真剣に考えてみてもよいのではないでしょうか。

解　決

　① **象徴天皇制とは，国王としての実権を一切持たない国王による立憲君主制の一種である**　　象徴というのは，抽象的な内容を具体的に示す存在をいいます。天皇は日本国の象徴と憲法１条に規定されていますが，それは代表という意味ではありません。したがって，代表機能はもちろん，他国の国王が持つような条約締結権などの外交権を持っていません。とはいえ天皇もまた私的行為を行う人間ですから，制限された人権を持ちますが，その制限の正当性は象徴という地位の特殊性にあるとされます。

　② **天皇としてできる行為は国事行為と公的行為のみ**　　天皇は憲法６条・７条に定められた国事行為とそれに付随する公的行為の他は，天皇として行うことはできません。また国事行為・公的行為の一切は内閣が責任を持つ行為なので，天皇として独自に決断できる行為は存在しないといえます。

　③ **皇室外交は天皇の行為ではない**　　天皇には他国の国王のような外交権が憲法上認められていませんので，皇室外交は不可能です。したがって皇室外交という言葉は憲法の視点からは意味をなしません。皇室外交を期待するならば，憲法改正が必要となります。

● 関連する条文

日本国憲法　1条・3条・4条・6条・7条
大日本帝国憲法　1条・3条・4条

〈日本国憲法〉
第1条〔天皇の地位・国民主権〕
　天皇は，日本国の象徴であり日本国民統合の象徴であつて，この地位は，主権の存する日本国民の総意に基く。
第3条〔天皇の国事行為に関する内閣の助言と承認〕
　天皇の国事に関するすべての行為には，内閣の助言と承認を必要とし，内閣が，その責任を負ふ。
第4条〔天皇の権能の限界・天皇の国事行為の委任〕
　① 天皇は，この憲法の定める国事に関する行為のみを行ひ，国政に関する権能を有しない。
　② 天皇は，法律の定めるところにより，その国事に関する行為を委任することができる。
第6条〔天皇の任命権〕
　① 天皇は，国会の指名に基いて，内閣総理大臣を任命する。
　② 天皇は，内閣の指名に基いて，最高裁判所の長たる裁判官を任命する。
第7条〔天皇の国事行為〕
　天皇は，内閣の助言と承認により，国民のために，左の国事に関する行為を行ふ。
　一　憲法改正，法律，政令及び条約を公布すること。
　二　国会を召集すること。
　三　衆議院を解散すること。
　四　国会議員の総選挙の施行を公示すること。
　五　国務大臣及び法律の定めるその他の官吏の任免並びに全権委任状及び大使及び公使の信任状を認証すること。
　六　大赦，特赦，減刑，刑の執行の免除及び復権を認証すること。
　七　栄典を授与すること。
　八　批准書及び法律の定めるその他の外交文書を認証すること。
　九　外国の大使及び公使を接受すること。
　十　儀式を行ふこと。

〈大日本帝国憲法〉
第1条
　大日本帝国ハ万世一系ノ天皇之ヲ統治ス
第3条
　天皇ハ神聖ニシテ侵スヘカラス
第4条
　天皇ハ国ノ元首ニシテ統治権ヲ総攬シ此ノ憲法ノ条規ニ依リ之ヲ行フ

〈練習問題〉

正誤を〇×で答えなさい。

1 天皇は制限された主権を持つ。
2 天皇は外交権を持つ。
3 天皇は内閣の助言と承認により国事行為を行う。
4 天皇は刑事責任を問われない。

V
私たちの安全な生活を守る法

第30講 デュー・プロセス

問題提起

> A男（17歳）さんとB子（17歳）さんは，年齢の関係上，法的に結婚できないものの，結婚を前提として同棲していました。2人の関係を苦々しく思っていたB子さんの父Cさんは，二人を別れさせようと警察官のDさんに相談したところ，Dさんは「18歳未満の者と淫行した者」を処罰する条例があるから，これで逮捕しようといって，A男さんを逮捕しました。逮捕は，CさんとDさんがいっしょに二人の住むアパートへいき，令状も見せずに，CさんがB子さんを無理矢理実家へ連れ戻し，DさんがA男さんを無理矢理警察署に連行するというものでした。その後の家宅捜査で，アパートにシンナーがあるのが発見されました。
> A男さんを条例違反とシンナー所持の罪で起訴して，処罰することはできるでしょうか。
>
> **point** ① デュープロセス（適正手続）の意味
> ② 罪刑法定主義と実体的デュープロセス

必要な法知識

1 適正手続の保障

個人の尊厳あるいは個人の人格的な自律を確保するということが基本的人権の保障の基底にあると考えますと，**人身の自由**は精神的な自由とならんで重要な人権であるということになります。人の身体が物理的あるいは精神的に拘束を受けることは個人の尊厳をいちじるしく侵害することになるからです。憲法は18条に加え，31条ないし40条において，人身の自由に関する保障を具体的に定めています。

なかでも，憲法31条以降の諸規定は，刑事手続をはじめとする国家刑罰権の行使に関して具体的に人身の自由の保障を定めています。国家による刑罰権の

行使は，刑罰自体が害悪であることから国民の自由・権利に対する脅威となりえます。また，刑罰を科すために行われる刑事手続も，それ自体，人権侵害的な性質をもっています。

犯罪を行った者に刑罰を科すことは必要かもしれませんが，そのためには裁判によって犯罪事実を認定することが必要です。裁判に先だち，**捜査**が行われます。捜査の形態として，権利侵害を伴うものを強制捜査，権利侵害を伴わないものを任意捜査といいます（刑事訴訟法197条参照）。犯人および証拠を十分に捜査する（同189条2項参照）には，場合によって，強制捜査を行う必要があるでしょう。しかし，それを無制約に許容することは不必要な人権侵害を招くおそれがあります。裁判についても，裁判所や検察官の行動になんら制約をもうけないときは，同様に人権侵害のおそれが出てきます。憲法31条以下の規定はそのような点に配慮するものです。

憲法31条は，それに続く各条項の基本原則となる内容を規定しています。文言だけみますと「法律の定める手続」とだけしかありません。しかし，上記のような人身の自由の保障の意味からすると，そこにある「法律」とはたんに手続に関する法律だけでなく，なにが犯罪かという要件，どのような刑罰を科すのかという法律効果に関する法律も含むものと解することになります。さらに，個人の自由を保障するものである以上，たんに法律が定められているだけでなく，その内容が適正なものでなければならないとされます。すなわち，刑罰を科す手続が法定され，その内容が適性であること（**手続的デュー・プロセス**），および，犯罪と刑罰について法定されその内容が適性であること（**実体的デュー・プロセス**）を憲法31条は規定しているといえます。これらを**デュー・プロセス**あるいは**適正手続**といいます。

2　科刑手続の法定と適正

まず，科刑手続は法律で定められなければなりません。次に，手続を定めている法律は適正なものでなければなりません。

刑事手続の原理に関しては，このような適正手続とともに，**実体的真実主義**ということがいわれます。刑事訴訟では事案の真相を明らかにしなければならない（刑訴法1条）とされています。事案の真相とは真実のことですが，これは

あくまで訴訟的真実のことを意味します。証拠法に基づき認定できた事実のみが真実とされるのです。さらにこの真実は実体的真実であって、可能な限り真相に近い事実を明らかにすることが必要であるとされます。民事訴訟では、当事者の認諾があればその事実を真実とみなすという形式的真実でたりるとされていることと対比されます。

ただし、実体的真実主義も、必ず犯罪を発見し、しさいもらさず真相を明らかにすべきであるとする積極的な側面と、罪のない者が処罰されることのないようにすべきであるとする消極的な側面があります。刑事訴訟法は、実体的真実主義とともに、人権保障をその目的としていますから、人権保障と実体的真実主義との調和を求められます。また、近代刑事法の原則として**無罪の推定**あるいは「**疑わしきは被告人の利益に**」ということがいわれます（市民的及び政治的権利に関する国際規約14条2項）。これらのことは、実体的真実主義も、その消極的側面においてとらえられるべきであることを意味します。このような視点から、適正手続とは、人権保障を適正に配慮したもとでの真実主義であるといえます。

捜査段階では、**令状主義**（憲法35条）の制約を受けるだけでなく、強制捜査は法定のものに限られています（刑訴法198条但書）。また、ダイバージョンの考えが導入され、行為者の改善・更正の効果、刑事裁判、刑罰の有害性が犯行に比して著しいことなどを考慮して、微罪処分（同246条）、起訴猶予（同248条）、略式手続（同461条以下）によって、実体的真実を訴訟的に追及することが放棄されています。

公訴提起についてみれば、起訴猶予以外にも、その事件についてすでに確定判決が存在しているときは、再び起訴することは許されない（一事不再理）とされます（憲39条、刑訴法337条1号）。公判段階では、訴因制度（刑訴法256条3項）により起訴状に記載された犯罪事実以外の犯罪事実を解明することは許されません。さらに、証拠法上も人権保障の観点から種々の制約が設けられています。被告人には黙秘権が保障され（憲38条1項、刑訴法311条1項）、証人にも証言拒否権があります（刑訴法146条以下）。任意性に疑いのある自白はその証拠能力を否定されるだけでなく（憲38条2項、刑訴法319条1項）、自白だけで被告人を有罪にすることはできません（憲38条3項、刑訴法319条2項）。

真実の追求が人権保障の枠内でのみ許容されていることを一番示すのは，**違法収集証拠の排除**です（最判昭和53年9月7日刑集32巻6号1672頁）。裁判所は，違法な所持品検査によって収集された覚せい剤等について，憲法31条が法の適正な手続を保障していることに鑑みて，令状主義の精神を没却するような重大な違法があり，これを証拠として許容することが将来における違法な捜査の抑制の見地から相当でないと認められる場合に，証拠能力は否定されるとしました。令状主義という憲法的な観点を考慮しつつも，違法捜査の抑止という手段的性質をみとめるものといえます。

3　犯罪成立要件・刑罰の法定と適正
(1)　罪刑法定主義

ある者を犯罪を理由に刑罰を科すためには，あらかじめ法律でどのような行為を犯罪とし，それについてどのような刑罰を科すのかを定めておく必要があります。これを**罪刑法定主義**といいます。罪刑法定主義の根拠をどのように考えるかにはいろいろな考えがあります。

罪刑法定主義の根拠については，一般に，民主主義的な側面と自由主義的な側面があるとされます。まず，民主主義的な側面を強調する立場は，裁判官を法律に拘束させることで，主権者である国民によるコントロールをはかるという民主主義の要請に，罪刑法定主義の意義があるとします。そして，刑罰の法定はあらかじめ国民に刑罰を予告することで犯罪行為を回避するように威嚇(いかく)するためにあるとします（一般予防といいます）。

他方で，自由主義的な側面を強調する立場は，あらかじめ国民にその処罰される行為の範囲を示すことで，その行動の自由の確保をはかる点に罪刑法定主義の意義があるとします。裁判官が法律にしたがって判断すべきことも，裁判官の恣(し)意的な判断によって，国民の行動の自由が制約されることを防ぐことに意味があるとします。

なお，一般には，罪刑法定主義は形式的な原理としてとらえられ，犯罪と刑罰の法定のみを意味するものとされています。そのため，その内容の適正については実体的デュープロセスという別の原理が持ち出されます。形式的側面で罪刑法定主義の内容をみると，法律で犯罪と刑罰を規定すべきであるとする**法

律主義をその中心に位置づけることができます。その派生的原理として，事後法の禁止（憲法39条），類推解釈の禁止といったことがあげられることになります。

(2) 明確性の原則

犯罪と刑罰を規定する各条文の内容は明確でなければいけません。これを**明確性の原則**とよびます。明確性の原則を罪刑法定主義ないし法律主義に位置づけるのか，あるいは実体的デュープロセスに近づけて理解するのかは，議論がありますが，不明確な条文の存在が，裁判官の判断を恣意的にする危険性のあること，裁判官の判断の自由な裁量を許容することになること，法律に従うべき国民にとって許容される行動範囲が不明確であるため，処罰をおそれるあまり，その行動の自由が本来許容されるべき範囲を下回る結果となること（い縮効果）などが明確性の原則を認める理由であるとされます。

ある条項が明確かどうかということは，通常の判断能力を有する一般人の理解で具体的場合に当該行為がその適用を受けるかどうかの判断を可能にするような基準が読み取れるかどうかによって決定すべきであると，裁判所は判示しました（最大判昭和50年9月10日刑集29巻8号489頁）。国民の行動の自由の確保という視点から明確性の原則を理解する立場からすると，この基準は妥当であることになります。ただし，条文の文言が不明確であっても，ただちに違憲無効とすべきではなく，それを解釈よって限定可能な場合には，違憲判断を回避すべきであるとしています（これを「**合憲限定解釈**」といいます）。例えば，「何人も，青少年に対し，淫行又はわいせつの行為をしてはならない」と規定し，その違反に罰則を定めた条例について，裁判所は，「青少年を誘惑し，威迫し，欺罔し又は困惑させる等その心身の未成熟に乗じた不当な手段により行う性交又は性交類似行為のほか，青少年を単に自己の性的欲望を満足させるための対象として扱っているとしか認められないような性交は性交類似行為をいう」として合憲限定解釈により有効であるとしました（最大判昭和60年10月23日刑集39巻6号413頁）。しかし，このように「淫行」という言葉の意味をあきらかに書きかえるような解釈を裁判所がとることは，いわば司法による立法であり，三権分立の根幹を揺るがす危険があることに注意すべきです。

(3) 実体的デュープロセス

犯罪と刑罰を規定する条項はその内容が適正なものでなければなりません。適正かどうかをどのように判断するのかということは、手続に関する法律の適正性を判断するより困難であるといえます。ただ、憲法31条が個人の尊厳の原理に基づき人身の自由をはかるものであることからすれば、個人の尊厳を基軸とした人権保障とその他の諸価値との利益考量により判断されることになるでしょう。裁判所は、刑罰法規が罪刑の均衡その他種々の観点からして著しく不合理なものであって、とうてい許容しがたいものであるときは、違憲と判断すべきであるとしています（最大判昭和49年11月6日刑集28巻9号393頁）。罪刑の不均衡以外にも、残虐な刑罰・立法理由・処罰根拠の不存在や不当性が認められるときも、適正性を欠くといえます。そのほかにも、基本的人権の保障をないがしろにする規定も、不適正であるといえます。

【解決】

まず、淫行行為を処罰する条例は、明確性の点、内容の適正の点で憲法31条に違反する疑いがあります。少なくとも、結婚を前提にしているような交際についてまで介入するのは妥当ではありません。したがって、問題の条例は違憲無効か、合憲限定解釈より、A男さんとB子さんの交際について適用されることはありません。

警察官Dさんの逮捕行為は令状の提示のない違法なものです。しかも、その実態は、Cさんの娘を連れ戻す行為にあったものといえます。したがって、その逮捕は違法であり、その逮捕を契機として発見されたシンナーも証拠として認めることは許されないといえます。

● 関連する条文

　　憲法　　31条・32条・33条・34条・35条・36条・37条・38条・39条
　　刑事訴訟法　1条・197条・319条

〈憲法〉
第31条〔法定手続の保障〕
　何人も、法律の定める手続によらなければ、その生命若しくは自由を奪はれ、又はその他の刑罰を科せられない。

第32条〔裁判を受ける権利〕
　何人も，裁判所において裁判を受ける権利を奪はれない。
第33条〔逮捕に対する保障〕
　何人も，現行犯として逮捕される場合を除いては，権限を有する司法官憲が発し，且つ理由となつてゐる犯罪を明示する令状によらなければ，逮捕されない。
第34条〔抑留・拘禁に対する保障〕
　何人も，理由を直ちに告げられ，且つ，直ちに弁護人に依頼する権利を与へられなければ，抑留又は拘禁されない。又，何人も，正当な理由がなければ，拘禁されず，要求があれば，その理由は，直ちに本人及びその弁護人の出席する公開の法廷で示されなければならない。
第35条〔住居侵入・捜索・押収に対する保障〕
① 何人も，その住居，書類及び所持品について，侵入，捜索及び押収を受けることのない権利は，第三十三条の場合を除いては，正当な理由に基いて発せられ，且つ捜索する場所及び押収する物を明示する令状がなければ，侵されない。
② 捜索又は押収は，権限を有する司法官憲が発する各別の令状により，これを行ふ。
第36条〔拷問および残虐な刑罰の禁止〕
　公務員による拷問及び残虐な刑罰は，絶対にこれを禁ずる。
第37条〔刑事被告人の諸権利〕
① すべて刑事事件においては，被告人は，公平な裁判所の迅速な公開裁判を受ける権利を有する。
② 刑事被告人は，すべての証人に対して審問する機会を充分に与へられ，又，公費で自己のために強制的手続により証人を求める権利を有する。
③ 刑事被告人は，いかなる場合にも，資格を有する弁護人を依頼することができる。被告人が自らこれを依頼することができないときは，国でこれを附する。
第38条〔不利益な供述の強要禁止，自白の証拠能力〕
① 何人も，自己に不利益な供述を強要されない。
② 強制，拷問若しくは脅迫による自白又は不当に長く抑留若しくは拘禁された後の自白は，これを証拠とすることができない。
③ 何人も，自己に不利益な唯一の証拠が本人の自白である場合には，有罪とされ，又は刑罰を科せられない。
第39条〔刑罰法規の不遡及，二重処罰の禁止〕
　何人も，実行の時に適法であつた行為又は既に無罪とされた行為については，刑事上の責任を問はれない。又，同一の犯罪について，重ねて刑事上の責任を問はれない。

〈刑事訴訟法〉
第1条〔本法の目的〕
　この法律は，刑事事件につき，公共の福祉の維持と個人の基本的人権の保障とを全うしつつ，事案の真相を明らかにし，刑罰法令を適正且つ迅速に適用実現することを目的とする。
第197条〔捜査に必要な取調べ〕
　捜査については，その目的を達するため必要な取調をすることができる。但し，強制の処分は，この法律に特別の定のある場合でなければ，これをすることができない。

第319条〔自白の証拠能力・証明力〕
① 強制，拷問又は脅迫による自白，不当に長く抑留又は拘禁された後の自白その他任意にされたものでない疑のある自白は，これを証拠とすることができない。
② 被告人は，公判廷における自白であると否とを問わず，その自白が自己に不利益な唯一の証拠である場合には，有罪とされない。
③ 前二項の自白には，起訴された犯罪について有罪であることを自認する場合を含む。

〈練習問題〉

正誤を○×で答えなさい。

1　憲法31条は刑罰を科す手続を法律で規定することだけを要求し，その内容は問題にしていない。
2　憲法31条は刑罰を科す手続の法律についてのみ問題にしており，犯罪と刑罰については特段法律で定めなくてもよい。
3　犯罪と刑罰は明確に法律で規定されるべきである。
4　ある行為にまったく有害性がない場合，その行為を処罰する規定をもうけることは憲法に違反する疑いがある。

第31講 罪 と 罰

問題提起

(1) 公共交通機関内での携帯電話等の使用を禁止し，その違反に刑罰を科すことは妥当でしょうか。

(2) Bさんは，所属していた暴力団を脱会するため，組長から指を詰めるようにいわれました。そこで，自分では指を詰めることができないので，兄貴分のCさんに自分の指を詰めるように頼み，CさんはBさんの指を切断しました。BさんとCさんに傷害罪は成立するでしょうか。

point ① 刑法の目的は何か
　　　 ② 被害者のない犯罪を処罰できるか
　　　 ③ 被害者の承諾がある場合に犯罪は成立しないか

必要な法知識

1　刑法の目的・機能とは何か

　一般に犯罪とは何か「悪いおこない」と考えられています。しかし，「悪いおこない」すべてが処罰されるわけではないのです。また，「悪いおこない」が処罰されるべきであるとしても，「悪い」とは一体何を意味しているのかということが明確ではありません。刑法では罪刑法定主義の原則が妥当します（第30講参照）から，法律で犯罪とされた行為が「犯罪」であるといえるかもしれません。では，どのような行為であっても法律で「犯罪」として規定し，処罰してよいのでしょうか。かつては，そのような見解も主張されていました。しかし，犯罪の認定は刑罰という人権侵害（生命のはく奪，行動の自由の制限など）を正当化するものである以上，刑罰を科すことが正当化できる実質を伴うことが必要でしょう。そこで，刑罰を科すことを正当化できる犯罪とは何かというこ

とが問題とされ，その問題解決の前提として刑法の目的・機能ということが問われることになります。

刑法の機能の1つとして秩序維持機能があげられます。たしかに刑法が社会に存在することによって社会的な平穏が保たれるという安心感を市民はもつことができるかもしれません。問題はここでいう秩序の具体的な内容です。一つの考え方は，刑法の働きを道徳に近いものと考え，社会倫理秩序を維持することが刑法の目的であるとするものです。この考えに対しては，そこでいう社会倫理のあいまいさが指摘されます。現代社会では，多様な倫理的価値観が存在しているのであって，それを1つの価値観で統制する結果になり，個人の尊厳を基調とする現行憲法にそぐわないのではないか，刑法は「立ち振舞い」を教えるものではないなどといった批判が提起されています。

これに対して，個人の尊厳を基調とする現行憲法の下では，個々の市民が生活していく上で必要な権利ないし利益，社会的システムをまず法的に保護することが必要であり，刑法の目的は，生命，身体，財産をはじめとする個人の社会生活上の利益（**法益**）の保護にあるとする考えが主張されています。この考えによれば，刑法はあらかじめ一定の法益を侵害する行為に刑罰を科すことを規定することで，そして現に法益を侵害した行為を処罰することで，法益を保護するものであるということになります。

2　犯罪の実質

このような刑法の目的に関する見解の対立は，犯罪の実質を異なって理解することになります。社会倫理の維持を重視する立場からは，犯罪の実質を反倫理性に認めることになりますが，法益の保護が刑法の目的であるとする立場からは，法益侵害が犯罪であると理解することになります。もっとも，殺人や窃盗などのような犯罪行為は，法益を侵害するものであるのと同時に，反倫理的な行為でもあり，結論的に大きな違いは生じません。しかしながら，例えば社会風俗に関する犯罪については，その論理的帰結が異なってきます。

刑法175条は「わいせつな文書，図画その他の物を頒布し，販売し，又は公然と陳列した者」および「販売の目的でこれらの物を所持した者」を処罰することを規定しています。では，なぜこのような行為が処罰されるのでしょうか。

判例は，わいせつの概念について，①いたずらに性欲を興奮または刺激させること，②普通の人の正常な性的羞恥心を害すること，③善良な性的道義観念に反することという要件をもとに判断するとしています。これは，刑法175条の処罰の根拠あるいは保護法益が善良な性道徳・性秩序にあると考えることから導かれるものです。しかしながら，前述の社会倫理と同じように，ここでもやはり性道徳や性秩序とはどのようなものかはあまりはっきりしません。

　性行為を描写したビデオや写真について，それが世の中のどこかにあることすら嫌悪感をもよおす人もいるでしょうが，そういったものをみたいと思う人もいます。性道徳や性秩序をみだすから，わいせつな写真やビデオの販売・頒布（頒布とは不特定または多数の人へ配布することを意味します）を処罰するべきだという考えは，わいせつなものの存在それ自体に対する嫌悪感あるいは，わいせつなものはよくないとの倫理観を根拠にしているといえます。なぜなら，わいせつなものの公然化による風俗の乱れを根拠にするのであれば，そういったものに関心がある人たちだけの，うちわでの売買・頒布が風俗を害するとはいえないからです。

　しかしながら，このような嫌悪感だけを根拠に処罰するのは妥当ではありません。例えば，たばこが健康にわるいことから嫌悪感をいだく人がいるのであれば，たばこの販売行為も処罰すべきことになるでしょう。けれども，個人の尊厳を認めるわが国の憲法の下では，個人の好き嫌いの感情にまで国家が関与するのは，ゆきすぎた干渉といえます。げんに刑法175条も個人がわいせつな写真やビデオを鑑賞することまでは処罰していません。また，近年のインターネットの普及により，容易に多数の日本人が海外のわいせつな画像を取得することができ，ディジタル・データの形態で日本に流入している現状からみて，わいせつなものの存在それ自体が風俗をみだすとの考えは，もはや無意味なものとなっています。

　おそらく，わいせつなものを売買・頒布することを処罰する根拠は，個人の性的な自由への侵害ないしその危険性または未成年者の性的な環境の健全性の確保であるとすることが，犯罪の実質を法益の侵害に基づいて理解することに適合するといえます。もっとも，このような考えからすると，公然となされていない販売行為や頒布行為を処罰する現行法の文言は，広くとらえすぎている

ということになります。そのため，175条は違憲で無効であるまたは実質的利益の侵害だけを処罰できるように限定して解釈すべきである（**合憲限定解釈**）といった見解が主張されています。

3 被害者のいない犯罪

　わいせつ物に関する犯罪はなお具体的な被害が生じる可能性があります。しかし，賭博罪，なかでも単純賭博罪ははたして具体的な被害が存在するのかがそもそも問題となります。この点，賭博罪がなぜ処罰されのかということについても，刑法に道徳的ないし倫理的な秩序維持の機能を求める立場と刑法の目的を個人の自由を中心に構成しようとする立場とで，その考えがわかれてきます。

　刑法に道徳的な秩序維持機能を認める立場は，賭博は健康で文化的な社会の基礎をなす勤労の美風を害するから処罰するのだと主張します。しかしながら，現在の日本で国家の側がこのようなことを主張するのは，ある種の自己矛盾となります。周知のように，国や地方公共団体は賭博にあたる競馬・競艇などを開催して，その財政上の収益源としていますし，「宝くじ」は賭博と同様に射幸心をあおる刑法の「富くじ」（刑法187条）に該当します。これらが許容されるのはただたんに特別の立法により合法化されているからにすぎないのです。公的な法律で許容されたものは勤労の美風を害することはなく，それ以外のものが勤労の美風を害するということはありえないでしょう。

　これに対して，刑法を法益保護を中心に構成しようとする立場からは，賭博が自己の財産に危害を加える行為および他人の財産に同意をもって危害を加える行為であり，自分で自分自身の財産を守れない者にかわって国家が保護するものであるとして，その処罰の根拠を説明します。しかし，この考えもやはり競馬等の公営賭博を容認している状態でそのまま主張することは困難です。

　いずれにせよ，単純賭博罪の処罰をやめるべきであるという考え方は根強く存在します。それは，上記のような処罰の理由を説明することが困難であるということだけではなく，賭け麻雀など日常的に数多くの賭博行為が存在し，パチンコのように事実上賭博になっているものがあるなかで，ごく一部の賭博を立件しても，それはいわば見せしめでしかなく，法律で容認されたものもそう

でないものも含め処罰されない賭博行為を放置しておくことは，かえって法の実効性を損なうことになるからです。少なくとも，国民の間で賭博に対する違法性の意識があいまいかしている現状では単純賭博行為を**非犯罪化**すべきであるとの主張は傾聴に値します。刑法・刑罰はなんのためにあるのかという問題も含めこの点はよく考える必要があるといえます。

4　被害者の承諾と犯罪の成否

　上述の賭博罪のような場合をのぞき，被害者が自らの利益を放棄し，これを侵害する場合，通常刑法は関与することはありません。それは個人の尊厳に基づく**自己決定権**を尊重することによるものです。もっとも被害者に同意能力が十分に備わっていないと考えられる場合（強制わいせつ罪および強姦罪での13歳未満の者），自己の利益以外の侵害も含む場合（虚偽告訴等の罪で虚偽の告訴に同意している場合）には犯罪の成立は妨げられません。さらに，被害者自身の利益であっても犯罪の成立が認められる場合があります。刑法202条後段は被害者の同意・嘱託(しょくたく)があっても殺害した場合については，通常の殺人罪よりは法定刑を軽くしているものの，犯罪の成立を認めています。その理由についてはいろいろ説明されます。例えば，自己決定の基礎となる生命それ自体を放棄することは個人の自己決定そのものを危うくするから認められない，または第三者が他人の生命に関与することは妥当ではないなどと説明されます。

　しかしながら，被害者が同意を与えた場合に犯罪の成立について争われる問題があります。被害者の同意をえて傷害する場合に犯罪が成立するのかという問題です。刑法に倫理的な観点を加味する立場からしますと，被害者の同意があっても，その同意をもっておこなった行為が反社会的・反倫理的なときは，その行為の違法性を認めるべきであるということになります。これに対して，犯罪の実質をあくまで法益の侵害にのみ認める立場からしますと，被害者がその処分可能な自己の利益に対する侵害について同意している以上，刑法上保護すべき利益の侵害が存在しないのであるから，原則としてその行為の違法性を否定すべきであるということになります。

　具体的に問題となった事案は，保険金を詐取するため，AとBが共謀し，Aが故意にBの乗っている乗用車に衝突し，Bに傷害を負わせたというものでし

た。最高裁は，Bの傷害の同意を保険金を詐取するという違法な目的に利用するために得られた違法なものであるとして，傷害行為の違法性を阻却しないとしました（最決昭和55年11月13日刑集34巻6号396頁）。これは，上記の第一の立場に立っているといえます。ただ，刑法と道徳は一応区別すべきであり，憲法の基本的態度から個人の自己決定を最大限尊重すべきであるとの立場からは，傷害の同意も自己実現の一つの態様であるといえ，傷害の違法性を否定すべきであり，最高裁の結論は妥当でないことになります。ただし，自己実現・自己決定をつねに尊重すべきであるかということには疑問もあります。それは，**堕落する自由**はあるのかという形で問われます。堕落する自由を一貫して肯定すると，麻薬や覚せい剤などの薬物の自己使用も，個人の自己決定である以上，処罰すべきでないといえます（ドイツの憲法裁判所はこのような立場をとっています）。自由とは何かということも含め，慎重に考える必要があります。

解 決

(1) 公共機関内での携帯電話等の禁止は，現在，マナーの一つであるといわれています。刑法に道徳的・倫理的秩序の維持を認める立場からすると，そのようなマナーを強制するために刑罰を科すことが可能であるということになります。刑法の目的を法益侵害を中心に考える立場からはどのようになるのでしょうか。たしかに，携帯電話の使用がその周囲にいる他の乗客に不快な思いをさせるといえます。しかし，電車やバスの中で，会話をしたり，騒いだりしていることは，ごく日常的な風景として存在します。そのような声は携帯電話の会話とたいして違いません。携帯型ゲームやヘッドホンからの音も，嫌な人には嫌悪感をもよおすものです。これらのことからすると，会話や着信音が騒々しいから，有害であり，禁止すべきであるというのは，好き嫌いという価値観を基礎にした規制です。このような理由から刑事罰を科すのは，法益侵害を中心として刑法を考える立場からは，妥当とはいえません。ただし，携帯電話の発する電磁波が身体にもたらす危険性，とりわけ医療器具の誤動作による生命の危険を問題にして，その危険性の存在を前提に刑罰を科すことは可能かもしれません。その場合でも，刑罰の程度は危険性の程度と対応したものである必要があります（実体的デュー・プロセス）。また，処罰されるべき行為を

明確にすることが必要になります（第30講参照）。

(2) 犯罪の実質を法益侵害を中心に考える立場からは，たとえ反道徳的であっても，指を詰める行為について，生命の危険性があるわけでもなく，被害者の同意がある以上，傷害罪の成立は否定されます。これに対して，刑法に倫理的な秩序維持の機能を期待する立場からは，やくざの指つめは反道徳的であり，指を詰められる者がたとえ同意していても傷害罪の成立が認められます（なお，指つめの強要等に対する中止命令違反は暴力団対策法により処罰されます）。

●関連する条文

　　　刑法　185条・175条・176条・177条・199条・202条・204条

〈刑法〉

第185条（賭博）
　　賭博をした者は，五十万円以下の罰金又は科料に処する。ただし，一時の娯楽に供する物を賭けたにとどまるときは，この限りでない。

第175条（わいせつ物頒布等）
　　わいせつな文書，図画その他の物を頒布し，販売し，又は公然と陳列した者は，二年以下の懲役又は二百五十万円以下の罰金若しくは科料に処する。販売の目的でこれらの物を所持した者も，同様とする。

第176条（強制わいせつ）
　　十三歳以上の男女に対し，暴行又は脅迫を用いてわいせつな行為をした者は，六月以上七年以下の懲役に処する。十三歳未満の男女に対し，わいせつな行為をした者も，同様とする。

第177条（強姦）
　　暴行又は脅迫を用いて十三歳以上の女子を姦淫した者は，強姦の罪とし，二年以上の有期懲役に処する。十三歳未満の女子を姦淫した者も，同様とする。

第199条（殺人）
　　人を殺した者は，死刑又は無期若しくは三年以上の懲役に処する。

第202条（自殺関与及び同意殺人）
　　人を教唆し若しくは幇助して自殺させ，又は人をその嘱託を受け若しくはその承諾を得て殺した者は，六月以上七年以下の懲役又は禁錮に処する。

第204条（傷害）
　　人の身体を傷害した者は，十年以下の懲役又は三十万円以下の罰金若しくは科料に処する。

〈練習問題〉

正誤を○×で答えなさい。

1 被害者の同意があれば，どのような場合も処罰されることはない。

2 個人の自己決定権を尊重するなら，原則として，傷害の同意がある場合は処罰すべきではない。

3 刑法を倫理的な秩序維持の機能を中心に理解するなら，たとえ被害者がいなくとも，反倫理的行為を犯罪としてもよい。

4 犯罪を反倫理的行為と理解することは，特定の価値観を押しつける可能性がある。

第32講 少年非行と犯罪

問題提起

　少年A（17歳），B（15歳），C（13歳）の三人兄弟は，こづかいを稼ぐつもりで，甲さんに暴行を加えて，現金10万円を奪いました。その暴行によって，甲さんは死亡しました。この事件について，A，B，Cの三人の少年はどのような処分をどのような手続で受けることになるでしょうか。

point　①　少年非行の意義と現状
　　　　②　少年法における保護処分と手続
　　　　③　少年法の改正の意義

必要な法知識

1　少年非行の意義と特徴

　1997年の神戸小学生殺人事件以降，少年非行および凶悪な行動を起こした少年の処遇に関する議論が活発化しました。またそれ以前からも山形マット死事件や調布駅前暴行事件の経過から，少年審判における非行事実の認定問題が取り上げられてきました。こうした背景のもと2000年秋には少年法の改正が行われました。このような法改正や少年法の理念をめぐる議論は，ワイドショーや週刊誌にみられるようなたんなる感情論的な言説で終始することは不適切で，冷静な科学的，合理的な議論を必要とすることに注意しなければなりません。ここでは，そうした議論の前提となる基礎的な概念をみることにします。なお，一般に少年非行・少年犯罪という場合，少年とは20歳未満の者をいい，男女とも含みます。これに対して，児童という言葉も法的意義があり，これは18歳未満の者をいいます（児童福祉法4条参照）。

(1) 少年非行の意義

少年法3条は，家庭裁判所の審判に付すべき少年として**非行少年**を三種類に分けて規定しています。

①犯罪少年（1号）　罪を犯した少年
②触法少年（2号）　14歳未満の少年で，刑罰法令に触れる行為をした者
③虞犯少年（3号）　3号に規定されている4つの事由（虞犯事由）のいずれかが存在し，しかも性格または環境に照らして将来犯罪を犯し，または刑罰法令に触れる行為をするおそれのある少年

犯罪少年と触法少年の違いは，刑法41条の規定に由来します。刑法上犯罪が成立するためには，責任能力が必要とされます。しかし，刑法は14歳未満の者に責任能力を一律認めないことにしています。そのため，14歳未満の者とそれ以上の者とで区別されているのです。いずれにせよ，非行と犯罪との相違は，虞犯を含むという点，責任能力なき場合も含むという点にあり，その成人の犯罪と異なった処遇がなされる前提にもなっています。

少年法の対象ではありませんが，少年補導の対象となる分類があります。少年警察活動要綱2条には，少年警察活動の対象となる少年として要保護少年と不良行為少年を規定しています。要保護少年とは，非行少年には該当しないが，虐待され，こく使され，または放任されている少年，そのほか児童福祉法による福祉措置が必要と認められる少年をいいます。不良行為少年は，飲酒，喫煙，けんかそのほか自己の徳性を害する行為をしている少年をいい，非行の前段階の問題行動がみられる少年を対象にしています。

(2) 非行の意味

非行少年あるいはそれに対する処遇を考える上で，非行の社会的な意味を考慮する必要があります。「非行は社会を映す鏡」であるという考えがあります。少年非行はたんに少年自身の問題ではなく，その少年をとりまく社会にも問題があり，社会的な病理が少年の問題行動としてあらわれているというものです。

また，時代の急速な変化のために世代間のギャップが激しくなり，世代ごとに価値観，行動様式の異なる多元的な社会が構成されているとの考えもあります。そこでは，10代の少年の行動様式はおとな社会の行動様式と異なるため，

そのずれが非行との評価を受けることになります。あるいは，非行がある世代の少年の表現形式の1つであるともいえます。

さらに，アイデンティティ確立への過程として非行が現出するという考えもあります。こどもからおとなへと社会的に成長する過程で，なんからの問題が生じ，非行に訴えることで自己表現，アイデンティティを確立しようとする場合があるというものです。このような考えによれば，少年の周囲の者が適切な対応をすることによって，人格形成・社会化が修正され，適切にアイデンティティの確立がはかられることになるといえます。

いずれにせよ，社会的な背景を抜きに少年非行を取り扱ったり，問題を非行を行った少年だけに求めることは，適切な対応を欠くことになりうることに注意する必要があります。

(3) 現代非行の特徴

少年非行がそのときの時代，社会に反映されることは，戦後の少年非行の推移をみることによって明らかになります。

その推移から，1951年をピークとする第1期，1964年をピークとする第2期，1988年以降の第3期に大きく分けられます。第1期は，戦後社会の混乱，貧困を背景にした生存要求からくる非行が中心であると特徴づけられます。第2期は，高度成長にともない実現された豊かさ，社会的寛容，自由を背景にしているといえます。例えば，経済的豊かさは大量の消費社会を生み出し，身の回りには貴重品の感覚が希薄化した他人の物（放置自転車，山積みされた商品，スーパーの誕生）があふれ，万引きや自転車盗などの初発型非行（遊び感覚の非行）が多発しました。また，同時に，そのような社会についていけない少年による非行もでてきました。暴走族，校内暴力など反抗的態度を示した非行少年がこれです。高度成長の豊かさ，寛容さ，自由は，いわば受験社会で勝ち残った者，勝ちつづける努力をした者にのみ許容され，そのレールから脱落した者には抑圧，不寛容を示すものであったといえます。そのような非行は，こうした社会への反抗として現れたといえます。

さらに第3期にあたる現代は，今の少年の非行を理解しがたいといわる状況を示しています。突然ナイフで教師を刺殺した少年，人殺しを経験してみたいといって近所の主婦を殺害する少年，注意されてむかついたといって金属バッ

トで殴り殺す少年など。たしかに少年非行の大半は，第2期からの延長線上にあり，遊び型の非行が多いのですが，凶悪な非行については，その数の増加の有無に争いがあるものの，以前とは異なった様相を示しています。いわば非行が個人的な感情の発露でしかないようになっています。このような非行も含め，社会的規範軸が喪失していることに現代型非行の一番の特徴があります。自己中心的な快楽主義による感情的行動による非行が目立つといえます。

かつて少年非行は，経済的，社会的背景のもとにありました。家庭が貧困であったり進学課程から脱落した少年が非行少年の典型でした。しかし，現代は，少年の世代に共通する要因によるものか，少年非行が一般化している傾向にあります（ただし，非行少年の家庭は，表面的には問題がなくとも，実質的には問題家庭であるとの指摘も多いようです）。初発型非行はもとより，凶悪な犯行におよぶ少年もごく普通の家庭の子どもであったりします。少年非行の一般化とともに，低年齢化も現代の非行の特徴です。

2　少年保護の手続

非行少年に対する司法手続は，成人の犯罪とは異なっています。成人と未成年である少年を区別して扱うのは，少年に対する保護を重視することにあります。ここで，保護というのは，親や家庭の保護を受けることができない少年に対して国が親にかわって少年を保護し，改善・更正を図っていこうという考えによるものを意味しています（**国親思想**，パレンス・パトリエ）。十分な判断力を身につけている成人には応報としての刑罰がふさわしいが，未成熟な少年はその将来的な可塑性に配慮していかに健全な成長を推進していくかということが重要視されるのです。

(1)　事件の送致

そのような観点から，非行少年は手続上特別な扱いを受けます。触法少年および14歳未満の虞犯少年については，児童福祉法の措置が優先されます（児童福祉法25条）。家庭裁判所は，知事または児童相談所の所長から送致を受けた場合にかぎり審判に付すことができます（同27条1項4号）。ただし，児童福祉法の適用がある少年について，たまたま行動の自由を制限し，またはその自由を奪うような強制的措置を必要とするときは，家庭裁判所に送致すべきであ

るとされています（少年法6条3項）。14歳から18歳未満の虞犯少年については，発見者は直接家庭裁判所に送致もしくは通告するか，児童相談所に通告するかを選択できます（同6条2項）。18歳から20歳未満の虞犯少年についてはすべて家庭裁判所に直送しまたは通告・報告することになります。これに対して，犯罪少年は警察等により検挙された後，すべての事件が家庭裁判所へ送致されて少年保護事件としての手続がなされます。これを**全件送致主義**といいます。

(2) 家庭裁判所での処遇の決定手続

事件を受理した家庭裁判所は，家庭裁判所調査官に命じて，少年，保護者などの行状，経歴，素質，環境等について必要な調査をおこなわせ，さらに審判の必要があれば，観護措置の決定によって，少年を少年鑑別所へ送致してその身柄を拘束して鑑別を求めることができます（少年法17条1項2号・9条）。これを**調査前置主義**といいます（同8条）。このような調査の結果，審判を開始するのが相当である場合，審判開始の決定がなされます（同21条）。

しかし，調査の結果によっては，審判を開始せずに，家庭裁判所が終局的決定をすることもあります。法律上あるいは事実上審判に付すことが不能な場合（非行事実の不存在，少年の所在不明など），**要保護性**が認められないか，あってもきわめて微弱で処分を必要としない場合には，審判不開始の決定がなされます（同19条）。児童福祉法の措置が相当と認められた者には，知事または児童相談所長送致の決定がなされます（同18条）。調査の結果，本人が20歳以上であることが判明したとき（同19条2項），罪質および情状に照らして刑事処分を相当と認めたとき（同20条）は検察官送致の決定がなされます。

2000年の改正前までは，検察官に送致できるのは，送致のときに16歳以上の少年に限られていました（少年法旧20条但書）。しかしながら，2000年の改正によって，この年齢制限を廃止し，14歳以上の者であれば検察官送致を決定できるようになりました（但書の削除）。これによって，14ないし15歳の義務教育を受けるべき年齢の者も刑罰を受ける可能性があります。これは凶悪事件の低年齢化に対処するものであるとされています。また，16歳以上の者で重大な事件を犯した場合には原則として検察官に送致すべきものとされています（少年法20条2項）。1998年の統計によると，20条2項の対象となる少年は283人いますが，このうち逆送されたのは43人でした。この数字が今後どのように推移する

のかみまもる必要があります。この改正理由も厳罰化による凶悪な犯罪の抑止ということがあげれらています。

　審判の結果による終局決定には，不処分と**保護処分**の決定があります。不処分の決定は，保護処分に付すことができないか，またはその必要がないと判断される場合になされます（同23条2項）。これに対し，保護の必要性が認められる場合，保護処分の決定を下します。

(3)　少年審判

　少年審判では，従来，必ずしも真実の発見は重要でなく，非行事実は少年のおかれている要保護性を判断する資料の1つでした。そこでは，非行事実があったかではなく，非行にいたる経緯，非行再発を防ぐにはどうすればよいかが事前に調査され，それに基づき審判が行われるものでした。審判は職権主義的に裁判官と少年が対峙するなかで最良の道を探るものといえます。このような制度の背景には，前述少年保護の思想が存在し，裁判官がつねに少年のためによい判断をするという暗黙の了解が認められていました。ですから，審判も非公開だとされました。

　しかしながら，集団犯行における口裏あわせや証拠の隠滅など犯行が巧妙化する事件がみられ，あるいは否認事件が増加し，非行事実の存在しない者に処分をくだしたとされる事案もでてきています。そこで，事実認定を強化するため，一定の重大な事件について検察官の少年審判への立ち会うことを認めました（同22条の2）。さらに，非行事実の認定について検察官の抗告権を認めるようになりました（同32条の4）。このように，刑事裁判のモデルを部分的に少年審判に持ち込む点に改正法の特徴があります。ただ，このような急変は，少年の保護育成の理念を著しく交替させることになる可能性があります。真実究明のみを追求することは，場合により，少年のもつ問題性を一層深刻化させることになりえます。おそらくこのような厳罰化の背景には被害者に対する同情的な心情があるのでしょうが，被害者の救済の問題と少年の厳罰化とはかならずしも一致しないといえます。さらに，少年非行の問題の深刻化の原因を明確にすることなく，ただ烙印づけと排除の論理によって厳罰化を押し進めることはかえって将来的な犯罪・非行の増加をもたらすことになりかねないことに注意すべきです。

3　少年に対する司法処分

(1)　保護処分

　非行少年に対する**保護処分**には，保護観察，児童自立支援施設または児童養護施設への送致，少年院送致の3種類があります。

　少年院は，家庭裁判所の決定により保護処分を命じられた者を収用する矯正教育施設です。そこでは，強制的な収容によって，規律ある生活による生活の陶冶および良習慣の養成を目的として生活訓練が行われます。

　児童養護施設は，保護者のいない児童，虐待されている児童その他環境上養護を必要とする児童を入所させて，養護することを目的とする児童福祉法上の施設です（児童福祉法41条）。家庭環境にかえて，児童養護施設が少年を保護することになります。児童自律支援施設は，不良行為を行い，またはそのおそれのある児童を収容して，生活指導を行い，その自立を支援する施設です（児童福祉法44条）。

　保護観察は，保護処分として少年に措置される場合と少年院からの仮退院に際して措置されるものとがあります。いわゆる社会内処遇で，少年に通常の社会生活を営ませるなかで，指導監督，補導援護して改善更正させることを目的とするものです。保護処分に付された少年は，原則として，20歳に達するまで，保護観察官および保護司の指導監督を受け，改善更正のために必要な補導援護を受けることになります。その期間中，行状の安定がみられるなど再犯のおそれがなくなったと認められると，保護観察の解除の措置がとられます。逆に，行状が悪化するなど成績不良となった場合には，家庭裁判所に新たな処分を求める通告がなされます（仮退院者については少年院への再収容である戻し収容）。

(2)　刑　事　処　分

　家庭裁判所の調査の結果，検察官送致の決定が下された場合，公訴が提起されたときは，通常の刑事裁判と同様に手続はすすみます。裁判で有罪の判決を受けたときは刑罰が科されることになります。ただし，刑罰については一定の制約がもうけられています。罪を犯すとき18歳未満の者に対しては，死刑を科すべきときは無期刑を科すべきであるとされ，無期刑を科すべきときは10年以上15年以下の懲役または禁錮の定期刑を科すことができるものとされています（少年法51条）。また，少年に対する自由刑については，長期と短期をさだめて

刑を科すことができます（相対的不定期刑）。

少年に対しては少年刑務所においてその刑を執行します。ただし，14歳から16歳未満の者は16歳に達するまで少年院においてその刑の執行を受け，矯正教育を受けることができます（同56条3項）。少年院における処遇と刑務所における処遇のもっとも異なる点は，懲役刑を受ける場合，刑務作業が課されることでしょう。それでも，少年刑務所では，受刑者が少年であることを鑑みて，教育的，保護的側面が重視されています。

解　決

A，B，C3人の少年は強盗致死罪（刑240条）の要件に該当する行為を行いました。そこで，A少年は17歳ですので，原則として，家庭裁判所から検察官へ送致され，通常の刑事裁判を受けることになるでしょう。B少年は，通常は家庭裁判所の審判に付されることになります。C少年は14歳未満ですので，犯罪は成立せず，いわゆる触法少年に該当します。通常は，知事または児童相談所長への通告がなされますが，場合により家庭裁判所に送致されます。家庭裁判所で審判が開始された場合でも，その年齢が14歳に満たないと，少年院送致の保護処分は下されず，施設への収容処分は児童自律支援施設送致の選択しかなくなります。

●関連する条文

　　少年法　2条・3条・18条・19条・20条

〈少年法〉

第2条（少年，成人，保護者）
　① この法律で「少年」とは，二十歳に満たない者をいい，「成人」とは，満二十歳以上の者をいう。
　② この法律で「保護者」とは，少年に対して法律上監護教育の義務ある者及び少年を現に監護する者をいう。

第3条（審判に付すべき少年）
　① 次に掲げる少年は，これを家庭裁判所の審判に付する。
　　一　罪を犯した少年
　　二　十四歳に満たないで刑罰法令に触れる行為をした少年
　　三　次に掲げる事由があつて，その性格又は環境に照して，将来，罪を犯し，又は刑罰法令に触れる行為をする虞のある少年

イ　保護者の正当な監督に服しない性癖のあること。
ロ　正当な理由がなく家庭に寄り附かないこと。
ハ　犯罪性のある人若しくは不道徳な人と交際し，又はいかがわしい場所に出入すること。
ニ　自己又は他人の徳性を害する行為をする性癖のあること。

②　家庭裁判所は，前項第二号に掲げる少年及び同項第三号に掲げる少年で十四歳に満たない者については，都道府県知事又は児童相談所長から送致を受けたときに限り，これを審判に付することができる。

第18条（児童福祉法の措置）
①　家庭裁判所は，調査の結果，児童福祉法の規定による措置を相当と認めるときは，決定をもつて，事件を権限を有する都道府県知事又は児童相談所長に送致しなければならない。
②　（略）

第19条（審判を開始しない旨の決定）
①　家庭裁判所は，調査の結果，審判に付することができず，又は審判に付するのが相当でないと認めるときは，審判を開始しない旨の決定をしなければならない。
②　家庭裁判所は，調査の結果，本人が二十歳以上であることが判明したときは，前項の規定にかかわらず，決定をもつて，事件を管轄地方裁判所に対応する検察庁の検察官に送致しなければならない。

第20条（検察官への送致）
　家庭裁判所は，死刑，懲役又は禁錮にあたる罪の事件について，調査の結果，その罪質及び情状に照して刑事処分を相当と認めるときは，決定をもつて，これを管轄地方裁判所に対応する検察庁の検察官に送致しなければならない。但し，送致のとき十六歳に満たない少年の事件については，これを検察官に送致することはできない。

〈練習問題〉

正誤を○×で答えなさい。

1　犯罪を行った少年だけが家庭裁判所の審判に付されることになる。
2　少年の保護育成の理念を徹底させると，非行事実の存在は保護処分の要否の判断の資料の1つでしかなくなる。
3　少年院送致は施設への収容であるから，刑罰と変るところはない。
4　殺人などの凶悪な犯行を行った高校生は原則として刑事裁判にかけられることになる。

第33講　生命と刑法

問題提起

　Aさんは，末期がんであり，余命半年であるとの告知を受けました。そのとき，Aさんは，死ぬときは安らかに死なせてくれること，無駄な延命措置はとらないこと，たとえ薬の副作用で多少死期が早まってもよいから可能な限り痛みが生じないような処置をとってくれるように，担当のB医師に頼みました。ある日，病状の悪化によりAさんは意識を喪失してしまいました。そのとき，Aさんが息苦しそうな呼吸をしているので，楽に呼吸できるような薬を投与しましたが，その薬物は心臓の働きを抑制する副作用があり，少々Aさんの死期を早める結果となりました。その後，Aさんは意識を回復しましたが，もうこれ以上苦しい思いをするのはいやであるから，安らかに死なせてほしいとB医師に懇願し，そこでB医師はAさんに心臓が徐々に停止し，穏やかに死亡する薬物を投与し，Aさんは死亡しました。
　B医師には刑法上の責任が生じるでしょうか。

point　①　治療行為が適法とされる理由は何か
　　　　②　医師が治療行為を中止しても刑事責任を問われない場合があるか
　　　　③　いわゆる安楽死は刑事責任を否定することになるか

必要な法知識

1　治療行為の適法性

　個人の自己決定権は，現代社会のさまざまな局面で問題となります。なかでも，医療行為の場面においては，人の生命にかかわるためきわめて難しい法的な判断をせまられることがあります。刑法では，**治療行為**を刑法35条の**正当行為**として扱い，その違法性を阻却するものとされます。しかしながら，あらゆる治療行為が適法なものと扱われるわけではなく，適法とされるには一定の要

件を満たしていることが必要です。具体的には，一般的に治療行為の適法性の要件としては，①治療の目的(医学的適応性)，②医学上一般に承認されている方法（医術的正当性），③患者の同意（**インフォームド・コンセント**）があげられています。

では，なぜこのような要件を満たさないと治療行為が違法だとされるのでしょうか。かつては，医者の行為であることが業務行為であることからただちにその違法性を阻却すると考えていました。医師の資格を有する者の行為であることが，医師法・医療法に基づきただちに正当化されるものとします。しかし，この考えによれば，患者の意思に反する治療でも適法であることになり，患者の人権を侵害する危険性があるものといえます。

現在では，むしろ患者の自己決定権に基づいて治療行為を正当化する考えが支配的になっています。治療行為は患者の生命や健康を回復し，維持することであり，どのような治療を受けるかは患者自身の自由な意思決定により決せられるべきものであるということになります。治療行為も個人の生活場面における自己表現の1つであり，個人の人格的な自律として憲法13条で保障されているというものです。

2　インフォームド・コンセント

このように患者の自己決定権を治療行為の適法性の根拠として理解する場合，患者の同意がその適法性の要件として重要になってきます。これを「**インフォームド・コンセント**（informed consent）」といいます。これをよく「説明と同意」と訳すこともありますが，英語が示すように，十分な情報を与えられた上での同意というほうが適切でしょう。すなわち，インフォームド・コンセントとは，治療を行うにあたり，医師は患者にたんに治療について同意を得ただけでは不十分であり，同意を得るにあたって，治療の内容を患者に説明し，その治療法がリスクや副作用を伴う場合には警告し，患者としてその治療を受けるべきかどうかについて十分な理解と知識をもったうえで，治療を選択できるようにしなければならないということを意味しています。

したがって，医師の側から患者に対して十分情報を提供しなかったときは，医師の治療行為は違法なものとなり，法的責任を負う可能性が生じます（第6

講参照)。右乳房が乳がんであると診断を受けた女性が、その部分の切除について同意しただけであるのに、医師が乳腺症である左乳房も将来がんになるとの判断から、左乳房まで切除したという事案で、裁判所は、病院側に慰謝料の支払を認めています（東京地判昭和46年5月19日下民集22巻5＝6号626頁）。これは民事事件でしか問題となっていませんが、刑法上の傷害罪が成立する可能性があるといえます。

3 専断的治療行為

医師が患者の同意を得ずに治療行為を行うことを専断的治療行為といいます。患者の自己決定権を尊重するならば、このような専断的治療行為は違法だということになります。もっとも、患者の同意がないすべての治療行為が違法であるというわけではありません。

例えば、交通事故で重傷を負い意識不明状態で病院へ搬送された患者については、救急医療を即座に施す必要があります。このような場合に、患者から同意を得ることは不可能です。だからといって、治療行為を違法とするのではなく、「**推定的同意**」があるとしてその治療行為の適法性を認めることが可能です。推定的同意とは、患者（被害者）が、事情を知ったならばおそらく同意を与えたであろうということができ、同意があるものとしてあつかう法理をいいます。ただし、上の例のような場合に、治療時には患者の同意が推測できても、患者の意識の回復後にその意思に反しているときには、難しい問題が生じます。キリスト教の一宗派であるエホバの証人の信者はその信仰から輸血を拒否し、輸血は信者にとって死を意味します。搬送されてきた患者にその救命の必要上輸血を施したところ、意識回復後、エホバの証人であったことが判明したとき、はたしてその治療行為は適法といえるのか、医師に法的責任は生じないかということが問題になりますが、判断のきわめて難しい微妙な問題です。

がん告知の問題との関連でも、患者本人の同意なき治療の適法性が問題になります。実際にはがんであるのに、別の軽い症状だと患者が考える病名を医師が患者に述べて治療行為を行った場合（胃がんを胃かいようと告知する場合など）、通常、医師の説明義務が十分つくされていないため、患者の真の同意（インフォームド・コンセント）がなく、医師の裁量による治療がなされたといえ

ます。患者の自己決定権を尊重しようという立場からは、このような治療行為は違法なものといえます。もっとも、患者の治療を適切に行うため、がんの告知をしないことが患者の利益になると合理的に判断できるときは、医師は患者の家族に十分な説明をすることによって、治療行為の同意を求めることで代替することは許されるといえます。ただし、これを広汎に認めることは、後述するどのように死を迎えるのかという権利を侵害する可能性があることに注意しなければなりません。

4 死ぬ権利

　患者本人の希望がどこまで通るのか、通すべきなのかということは、安楽死あるいは尊厳死という場面で、より切実なものとなってあらわれてきます。しかし、これらの問題を考える前に、個人の**死ぬ権利**についてわが国の刑法がどのような態度をとっているのかみてみることにします。

　わが国の刑法では、自殺（未遂も含む）は処罰されていません。もっともその不処罰の理由については争いがあります。現行刑法の立法時から根強くある考え方は、自殺は違法な行為であるが、その精神的に追い詰められた状況から自殺をした者を非難できないため、責任を問わないにすぎない（責任阻却説）とするものです。かつては、国民の生命は国家の財産であるとの考えから主張されていましたが、近年では、自殺という状況において、冷静な判断ができないため、個人は完全に自由に自己の生命を放棄することができず、その自殺者（被害者）の同意は有効ではないという点を根拠に主張されます。これに対して、生命はその持ち主自身でさえも放棄できない重要な法益であるため自殺は違法であるが、自殺の決意という自己決定の利益が実現されているため、個人のプライバシーの領域へ刑法が踏み込むことは刑法の謙抑性から妥当ではなく、処罰が可能なまでの程度の違法性はないとする見解（可罰的違法阻却説）が、最近では有力に主張されています。また、自殺行為それ自体が自己の生命という法益の処分である以上、死ぬ権利を認めるべきであり、自殺を適法とすべきであるとする見解（自殺適法説）もあります。

　このように見解の対立が生じるのは、刑法202条が自殺関与と嘱託・承諾殺人を処罰していることによります。被害者の同意により個人に完全に生命の放

棄を認めるのであれば，自殺だけでなく，それに関与する行為あるいは被害者の承諾を得て殺害する行為も，実質的な利益の侵害がなく，適法な行為であって，その処罰は妥当ではないことになるからです。上記の可罰的違法阻却説は，その意味で，個人の自己決定権を生命については及ぼさないことによって，自殺を違法として刑法202条の合理性を説明しようと試みます。しかしながら，個人の自己決定権の基礎にある思想は人間性・人格的な自律であり，人間が人間らしくあるのは精神的に自由であって，自己を支配することにあるといえます。とすれば，自己決定の利益は生命・健康に優越するものとして理解するほうが妥当でしょう。したがって，完全に自由な意思のもとに個人が自己の生命を放棄する場合には，その生命の侵害に刑罰をはじめとする法的責任を追及することは妥当ではありません。それでも，自殺関与あるいは嘱託・同意殺人が処罰されるのは，被害者がきわめて追い詰められた状況であるといえ，その精神状態が生命の放棄という自己決定を自由に行ったとはいえないため，その生命放棄が法的に有効なものとはいえないことにあるといえましょう。この意味で，完全に自由な精神状態のときには死ぬ権利はあるといえます。

5 安 楽 死
(1) 安楽死の概念

　安楽死は，死期が切迫している患者のたえることのできない激しい肉体的苦痛を緩和・除去して安らかな死を迎えさせることをいいます。しかし，その具体的方法によりいくつかの類型に分類されます。

① 「**純粋の安楽死**」は，生命の短縮を伴うことなしに患者の肉体的苦痛を緩和・除去しつつ，死を迎えさせることをいいます。これは，患者の生命の短縮を伴わないため，法的な問題は生じません。

② 狭義の安楽死として「**間接的安楽死**」があります。これは，苦痛の緩和・除去のためにとられた措置が生命の短縮という副作用を伴う場合をいいます。モルヒネなど麻薬系の鎮痛薬の投与が若干生命を短縮させるといわれています。間接的安楽死は，大幅な生命の短縮を伴うこともなく，死期も存命中にはそれほど明確にわかるわけではないことから，治療行為として正当化される場合には，適法なものといえます。

③ 「**不作為による安楽死**」は，医療措置を講じることで延命させることは可能であるが，そのような措置をとらずに患者に死を迎えさせることです。この場合も，患者が治療の継続を明確に拒否したときには，医師には治療を継続する義務はなく，治療の中止は合法であって，違法とはなりません。

④ 「**積極的安楽死**」は，患者の生命を短縮させることによって苦痛から解放することをいいます。積極的に生命の短縮をおこなうため，殺人罪（刑199条）もしくは承諾殺人罪（同202条）の構成要件に該当するため，このような行為が違法性を阻却するのかが問題となります。

⑤ 「**不任意の安楽死**」とは，生存に値しない人間に，その意思にかかわらず「あわれみの死」を与える場合をいいます。かつて，ナチス時代のドイツでは，優生保護の名のもとにユダヤ人の虐殺を不任意の安楽死として正当化していました。しかしながら，現在では，このような行為は殺人罪が成立することについて争いはありません。

(2) 積極的安楽死の適法性

以上のように，その行為の違法性が問題となるのは，積極的安楽死についてです。名古屋高裁（名古屋高判昭和37年12月12日高刑集15巻9号674頁）は，安楽死がその違法性を阻却する要件として，

① 病者が現代医学の知識と技術からみて不治の病に冒され，しかもその死が目前に迫っていること，
② 病者の苦痛がはなはだしく，何人も真にこれをみるに忍びない程度のものであること，
③ もっぱら病者の死苦の緩和の目的でなされること，
④ 病者の意識がなお明瞭であって意思を表明できる場合には，本人の真摯な嘱託または承諾のあること，
⑤ 医師の手によることを本則とし，これによりえない場合には医師によりえないと首肯するにたりる特別な事情があること，
⑥ その方法が倫理的にも妥当なものとして認容しうること

をあげましたが，この事件では，⑤と⑥の要件が欠けているとして嘱託殺人罪の成立を認めました。

④の患者の同意を厳密に要求していないことが示すように，この名古屋高裁

の立場は自己決定権を根拠として安楽死を容認するものではありません。患者側の事情よりも行為者側の事情をその要件の中心にすえていること，倫理的方法によることを要件としていることからみて，安楽死行為が倫理的な観点にその許容性の根拠をみるものであるといってよいでしょう。人道主義に基づいて，人間的同情からでた安楽死行為には広く違法性を認めるべきであるとする当時有力であった見解の影響を受けていると評する人もいます。しかしながら，個人個人によって異なる倫理的な価値観のみによって生命の抹殺を許容することは許されないというべきです。上述のナチスによる「不任意の安楽死」は，生きるに値しない生命にあわれみ，慈悲による死をもたらすことをこのような倫理的価値判断，人道主義によって正当化していた点にも注意をはらうべきです。

　それゆえ，安楽死を適法とするのであれば，その根拠はやはり患者の自己決定権に求めるのが妥当でしょう。東海大学安楽死事件判決（横浜地判平成7年3月28日判時1530号28頁）は，自己決定権を重視して
① 患者に耐えがたい激しい肉体的苦痛が存在すること
② 患者の死が避けられず，かつ死期が迫っていること
③ 肉体的苦痛を除去・緩和するために方法をつくし，他に代替手段がないこと
④ 生命の短縮を承諾する患者の明示の意思表示があること

を指摘しています。④の患者の承諾を要求する点で名古屋高裁の要件と異なっています。しかしながら，この患者の承諾を要件とするとしても，肉体的苦痛にさいなまれている状況下にある患者がはたして任意に承諾しうるのかということをさらに問題とする必要があります。普通の人間であれば，モルヒネなどの鎮痛薬がきかない状態におちいったとき，冷静な状況判断をすることは困難であり，安楽死の承諾という道に流れていきがちになるのではないでしょうか。とすれば，安易に安楽死を選択させた行為者について，その行為の違法性を否定することは妥当ではなく，真にやむえない事情が行為者に認められる場合にのみその責任を否定するほうがよいかもしれません。

　なお，オランダでは2001年4月に安楽死の執行を認める法律が成立しました。この法律では，①本人の自発的で明確な要請，②本人と医師の信頼関係，③たえがたい苦痛で改善の見込みがないこと，④代替治療がないこと，などを要件

として，医師には執行を認め，刑法の犯罪から除外されることになります。

6 尊　厳　死

　尊厳死は，生命回復の見込みがなく，生命維持装置によって生命を維持しているにすぎない患者に，この装置を取り外し，人間としての尊厳を保たせつつ，自然な死を迎えさせることをいいます。延命措置を講じないだけでなく，治療行為を積極的に中止するという点で法的責任の問題が生じます。ただし，尊厳死には，任意の尊厳死と不任意の尊厳死があります。

　任意の尊厳死は，患者の意思に基づいて行われるもので，患者の意識がある状態で治療のうちきりを要求しているのであれば，医師には治療継続の義務はなくなり，医師が生命維持装置を撤去しても法的問題は生じにくいでしょう。もっとも，治療行為にかかわる以上，医師は患者に十分な説明をすることが必要です。この場合には，病状，治療内容だけでなく，生命維持装置の除去により将来予想しうる事態について患者が十分に理解できていなければなりません。**不任意の尊厳死**は，植物状態にある患者のように，みずから延命のための治療の継続について自己の意思を表明できない場合に，延命のための治療を中止し，死を迎えさせることをいいます。死を迎える患者の意思に基づかないためその適法性が問題となります。

　不任意の尊厳死について，その名に従い，人間としての尊厳性，人道主義を根拠にこれを許容しようとする見解が，安楽死の場合と同様に存在しています。この場合も，やはり，人道主義の名のもとに国家の介在を認めることは，生きるに値しない人間に対する死を肯定する可能性を開く危険が存在しており，妥当ではありません。結局は，患者の自己決定権の延長線上にその正当性の根拠を求めるほかはなく，推定的同意の存在がその違法性を阻却するものと解されます。ただし，本人の意思の推定については慎重であるべきで，リビング・ウィル（生前の意思）もしくはアドバンス・ディレクティブ（事前の指示書）のような事前の明示的な意思表示を要求することが望ましいでしょう。

　上記の東海大安楽死事件の判決は，傍論で，
① 患者が治療不可能な病気に冒され，回復の見込みがなく，死が避けられない末期状態にあること

②　治療行為の中止を求める患者の意思表示が治療の中止を行う時点で存在すること，これがないときは，推定的同意によって許されるほか，患者の意思を推定させるにたりる家族の意思でも許されること
③　すべての措置が治療行為の中止の対象として許されること
を指摘しています。

解　決

　B医師が，死ぬときは安らかに死なせてくれること，無駄な延命措置はとらないこと，たとえ薬の副作用で多少死期が早まってもよいから可能な限り痛みが生じないような処置をとるようにとのAさんの意思を確認しています。したがって，意識喪失状態のとき，心臓の働きを抑制する副作用のある楽に呼吸できるような薬を投与したことについては，多少Aさんの死期が早まったとしても，治療行為の一環として，その行為は適法なものといえます。
　しかし，Aさんは意識を回復しましたが，もうこれ以上苦しい思いをするのはいやであるから，安らかに死なせてほしいとB医師に懇願し，そこでB医師はAさんに心臓が徐々に停止し，穏やかに死亡する薬物を投与し，Aさんは死亡したことについては，安楽死としてその行為が嘱託殺人罪にならないかが問題となります。
　いずれによせ，肉体的苦痛が他の手段によって緩和できないという状況がない限り，通常，安楽死としてその処罰を否定することは困難です。また，患者の同意をもって安楽死の適法性を認めるとしても，病苦にさいなまれている状態でその同意に任意性があるのかが問題となり，B医師の行為を適法とすることは困難でしょう。さらに，B医師はそれほど精神的に追い詰められた状況にあるとはいえないため，その行為について責任がないとすることもできません。

●関連する条文

　　　刑法　　35条・202条
　　　医師法　17条
　　　医療法　1条の2

〈刑法〉
　第35条（正当行為）

法令又は正当な業務による行為は，罰しない。
第202条（自殺関与及び同意殺人）
人を教唆し若しくは幇助して自殺させ，又は人をその嘱託を受け若しくはその承諾を得て殺した者は，六月以上七年以下の懲役又は禁錮に処する。

〈医師法〉
第17条〔医師以外の者の医業禁止〕
医師でなければ，医業をなしてはならない。

〈医療法〉
第１条の２〔医療提供の理念〕
① 医療は，生命の尊重と個人の尊厳の保持を旨とし，医師，歯科医師，薬剤師，看護婦その他の医療の担い手と医療を受ける者との信頼関係に基づき，及び医療を受ける者の心身の状況に応じて行われるとともに，その内容は，単に治療のみならず，疾病の予防のための措置及びリハビリテーションを含む良質かつ適切なものでなければならない。
② 医療は，国民自らの健康の保持のための努力を基礎として，病院，診療所，介護老人保健施設その他の医療を提供する施設（以下「医療提供施設」という。），医療を受ける者の居宅等において，医療提供施設の機能に応じ効率的に提供されなければならない。

〈練習問題〉

正誤を○×で答えなさい。

1　医師による治療は患者の健康を回復させるものであるから，患者の同意がなくとも適法に行うことができる。

2　医師は患者に病名を告げるだけで，その同意を得れば，いかなる治療を行ってもよい。

3　死期のまじかに迫った患者に十分な説明をした上で，患者自身がいたずらな延命措置を拒否する場合，医師は過剰な延命措置を中止してもかまわない。

4　安楽死は，人道主義的観点から，患者の意思の有無にかかわらず，つねに適法とすべきである。

第34講　脳死と臓器移植

問題提起

　甲病院に勤務するA医師は，担当していた患者乙が脳死状態になったことから，その臓器を摘出して，別の患者丙に移植しました。A医師のこのような行為について，法的にどのような問題が生じますか。また，患者乙が脳死状態になった後，乙にうらみをいだくBが乙さんの生命維持装置をはずした場合，Bさんは刑事責任を負うでしょうか。

point ①　臓器移植に関してなぜ脳死説が主張されるようになったか
　　　 ②　心臓死説から臓器移植を認めることは可能か
　　　 ③　臓器移植法はどのような要件のもとで移植のための臓器の摘出を認めているか

必要な法知識

1　医療技術の進展と「人」の概念

　「人」に対して攻撃を加える場合，その行為あるいは結果に応じて，殺人罪，傷害罪などの人身に対する犯罪が成立します。しかしながら，刑法上，「人」についてはなんら定義されていません。そのため，いつから「人」になり，いつ「人」でなくなるのかは解釈にゆだねられています。かつては，直接的な攻撃が可能になるという理由で，胎児が母体から一部露出した時点から「人」となると解されてきました。また，人の死は心臓死であるとされてきました。

　ところが，医療技術の進展は，人の生死について刑法上新たな問題をひきおこすことになりました。例えば，未熟児医療の発達は，かつては母体外にでると死亡したような未熟児であっても，十分健康に成育するようになっています。そのため，現行法のような堕胎罪と殺人罪・遺棄罪の区分が機能しない状況が

生じています。さらに，水俣病事件で明らかとなったように，母体内において胎児が有毒物質の影響を受け，障害をもって生まれたときに，「人」を傷害したといえるかどうかという問題も生じています。環境ホルモンの問題がクローズアップされるなか，こういった問題は今後さらにでてくるかと思われます。

　人の終期である「死」の概念も，医療技術の進展はその再考をせまるものとなっています。かつては脳死状態になればほどなく心臓も停止していましたが，現在では，脳の機能を完全に喪失し，回復不可能な脳死状態の人でも，生命維持装置によってなお呼吸と心臓の鼓動を継続させることができるようになっています。このような状態の人をはたして刑法上の「人」とみることができるか，あるい死亡したものとして「死体」として扱うべきであるかということが問題になります。

　人がいつ死亡したといえるのかという問題は，脳死状態の人の心臓を停止させる行為について殺人罪が成立するのか（心臓死を人の死と解する立場），それとも死体損壊罪（脳死を人の死とする立場）となるのかいう成立する犯罪のちがいだけにとどまりません。脳死を人の死とみるかどうかは，臓器移植をどのように法的に許容するのかという問題と関係します。

　心臓，肺臓，肝臓などの主要な臓器は心臓停止後に臓器を摘出しても，その移植は満足のゆく結果が得られません。そこで，脳死状態ではあるが，心臓など内蔵に損傷のない人から，その臓器を摘出し，移植することが必要となります。そうすると，脳死者から移植目的で臓器を摘出することがはたして法的に許容されるのか，またどのような要件で許容されるのかということを明確にしておく必要があるわけです。

2　人の終期

　人はその死亡によって，殺人罪などの客体から死体損壊罪の客体へと変ります。殺人罪はその法定刑が死刑まで規定されている重い犯罪です（刑199条）が，死体損壊罪は最高でも懲役3年の法定刑でしかありません。そのため，行為者によって攻撃を受けた人が刑法上生きているのか，死んでいるのかは，ひじょうに重要な問題となります。

　人の終期（人の死の概念）について，刑法上，従来は心臓の不可逆的停止を

もって人の死とする**心臓死説**がほとんど異論なく主張されてきました。そして，その判定方法として，**三兆候説**（呼吸，脈拍の不可逆停止および瞳孔の拡大をもって人の死を判定する）がとられていました。たしかに心臓の停止により血液の循環がとどこおることは，人の体を構成している細胞への酸素の供給を断つことになり，必然的に細胞死にいたることになります。ただし，心臓死説と三兆候説が不可分に一体化しているものとみることは妥当ではありません。従来，三兆候説がとられてきたのは，三兆候が認められることで，その人が，もはや細胞段階への死へといたることを阻止できない段階に達した（poin of no return といいます）といえ，人々がそれをもって死んだということを納得してきたからだといえます。三兆候説と心臓死説を結びつけることは，死をどのように判定するのかという問題と死とはなにかという問題を混同するものといえます。心臓死説も，臓器移植により脳死説が明確に主張されるまで存在しなかったのです。

　脳死説は，一般に全脳死をもって人の死と理解します。この点で，大脳死でしかない植物状態の患者は生きていることになります（そのため，尊厳死の問題が出てくるわけです。第33講参照）。この見解は，人の死を生理的現象としてとらえ，身体のうちでもっとも中枢的なものの停止が死の概念にとって決定的であると考えることを前提にしています。かつては感覚的に心臓や肺がもっとも中枢的なものであると考えられてきました（例えば心臓は心の臓器と書きます。英語でも heart です）。しかし，医療技術の発達によって，心臓や肺ではなく，脳こそがもっとも中枢的なもので，生命現象をつかさどることを認識させたといえます。

　心臓死説を主張する立場からは，脳死についての社会的合意がないということがよくいわれます。たしかに心臓の停止は感覚的に判断しやすく，死の概念を一般人の判断によるべきだとすれば，一理あるといえます。しかしながら，一般人のたんなる感覚的なことがらだけを問題にすることは，結局は，法的概念をあいまいにすることになるといえます。極論すれば，一般人が犯罪だと思えばすべて処罰してよいことになり，犯罪を法定することを無意味なものにしてしまいます。他方で，脳死を人の死として一元的に規定することも問題があります。脳，心臓，肺はある意味で生命機能の中心的な連関を形成しているから

です。たとえば，心臓が停止すれば酸素が脳に運ばれなくなり，脳は死にます。肺の停止も，十分な酸素を血液に取り込むことができなくなって，脳死へといたります。逆に，脳死は心臓や肺の停止へといたるものです。ですから，脳，肺，心臓のいずれかが不可逆的に停止することはいずれも身体を構成する全細胞の死を呼び起こすことになります。その意味で，脳死だけを人の死とすることも，生理学的にみて人の死としてよいかは疑問です。人の死が細胞段階の死へといたることを阻止できない段階に達したことであるならば，脳，肺，心臓のいずれかの不可逆的停止をもって人の死とする考えのほうが妥当であるように思われます。

3 臓器移植の適法性
(1) 脳死説からの構成

脳死を人の死とした場合，脳死患者から生命維持装置を取り外し，その臓器を摘出する行為は，刑法上それほど問題は生じません。臓器の摘出に際して，身体を傷つけるとしても，それは死体損壊罪の構成要件に該当するだけです。しかも，臓器移植の目的での摘出の場合，死体損壊罪の違法性は阻却されることになります。刑法では，構成要件に該当する犯罪行為のもつ利益侵害性をうわまわる利益がその行為にあれば違法性が阻却されると考えます。臓器を移植しないと死にいたる患者の生命を救うという利益が存在するのに対して，死体損壊の侵害する利益は死者に対する感情を害するにすぎません。

(2) 心臓死説からの構成

心臓死説をとった場合，臓器移植のための生命維持装置取り外し行為あるいは臓器摘出行為は，生きている人に対するその心臓を停止させる行為となります。それゆえ，その行為は殺人罪の構成要件に該当します。したがって，たとえ臓器移植のためとはいえ，そのような行為の違法性を否定することは刑法上はなはだ困難となります。つまり，1人の患者の命を救うために他方の患者の命を奪うということは，緊急避難(刑37条)にあたる場合以外，正当化することはできません。心臓死説をとった場合に臓器移植のために脳死状態の患者から臓器の摘出が許される（それ以前に生命維持装置を取り外すことが許される）のは，すぐに臓器を移植しないと死亡する患者がそばにいて，たまたま脳死状

態の患者がその病院で発生したという場合だけでしょう。

心臓死説のなかには，脳死状態の患者は死にゆく生命で，移植を受ける患者は生きゆく生命だから，両者を同等に評価する必要はないと主張する人たちもいます。しかし，生命にそのような価値的相違を認めることは妥当ではありません。そのような考えを発展させたところに，ナチスによるユダヤ人の虐殺の正当化の論理があったことを思い起こす必要があります（第33講参照）。

(3) 臓器移植法の要件

1997年に公布された臓器の移植に関する法律（いわゆる**臓器移植法**）は，臓器を提供する場合にかぎり脳死を人の死としています。すなわち臓器提供を予定している脳死体は死体であり，そうでない場合は生体であることになります。しかも，臓器移植法6条は「生存中に臓器を移植術に使用されるために提供する意思を書面により表示している場合」にのみ移植を認めていることから，結果的には，脳死は本人の臓器提供意思によってはじめて認められることになります。このことは，ある意味で，死の概念を本人に選択させているものに等しいといえます。このような不安定な死の二元的な法的規定は，相続関係など法律関係を複雑にする可能性があります。もっとも，死の概念について脳死，心臓死のいずれか早いほうとして，多元的にとらえるべきであるとの前提にたっているのだとみることもできます。

臓器移植のための臓器摘出が可能となるのは，上記の本人の意思が存在しているだけでなく，遺族が当該臓器の摘出を拒まないかまたは遺族がないということが要求されます。この本人の意思と遺族の意思の両方を要求することは，脳死説あるいは心臓死説からどのように説明できるでしょうか。

脳死説を徹底すれば，移植目的の臓器の摘出に本人の意思を必要としないでしょう。というのは，すでに死んでいる以上，本人の意思は摘出時に存在せず，死体は遺族の所有・所持にかかるものです。それゆえ，遺族の同意があれば移植のための摘出ができるといえます。臓器移植法が本人の意思を要求していることは，いわば遺言に類したものとして，本人の意思を尊重するのだと考えることになります。しかし，それならば，本人の意思が不明な場合にも，遺族の同意によって脳死体からの臓器の摘出を認めるべきだというのが，この見解の徹底した立場であるといえます。

他方で，心臓死説からは，生前の強い臓器提供意思の存在により臓器提供を一定の要件のもとで認めることができると主張します。しかし，現行刑法は同意殺人を処罰しているのであり（刑202条），この点と調和した説明は困難です。また，臓器移植法は，脳死体を，臓器摘出可能な脳死した身体（死体）とたんなる脳死体（生体）とにわけており，明らかに心臓死説にたって臓器移植のための臓器（とくに心臓）の摘出を否定するものとなっています。

解 決

A医師の臓器摘出行為は，臓器移植法の要件をみたしているとはいえません。そのため，心臓死説からすると，殺人罪の責任を負うべきものとなります。これに対して，脳死説からすると，死体損壊罪の構成要件に該当するものの，他の患者の生命を救うための移植目的であったことから，その違法性が阻却される可能性があります。また，臓器移植法の要件に合致する場合であっても，現在，臓器移植を受ける患者の選定を摘出する病院あるいは医師がすることはできず，臓器移植ネットワークのコーディネータが行うことになっています。そのため，それを無視した行為であることから，行政法上の責任を負う可能性があります。

B医師の行為も，心臓死説からすると，殺人罪になります。脳死説では，死体損壊罪が成立します。

●関連する条文

　　刑法　202条
　　臓器の移植に関する法律　6条

〈刑法〉

第202条（自殺関与及び同意殺人）

　　人を教唆し若しくは幇助して自殺させ，又は人をその嘱託を受け若しくはその承諾を得て殺した者は，六月以上七年以下の懲役又は禁錮に処する。

〈臓器の移植に関する法律〉

第6条（臓器の摘出）

　① 医師は，死亡した者が生存中に臓器を移植術に使用されるために提供する意思を書面により表示している場合であって，その旨の告知を受けた遺族が当該臓器の摘出を拒まないとき又は遺族がないときは，この法律に基づき，移植術に使用されるための臓器を，死体（脳死した者の身体を含む。以下同じ。）から摘出することができる。

②　前項に規定する「脳死した者の身体」とは，その身体から移植術に使用されるための臓器が摘出されることとなる者であって脳幹を含む全脳の機能が不可逆的に停止するに至ったと判定されたものの身体をいう。
③　臓器の摘出に係る前項の判定は，当該者が第一項に規定する意思の表示に併せて前項による判定に従う意思を書面により表示している場合であって，その旨の告知を受けたその者の家族が当該判定を拒まないとき又は家族がないときに限り，行うことができる。
④～⑥　（略）

〈練習問題〉

正誤を○×で答えなさい。

1　臓器移植法では，脳死を人の死と認めていない。
2　脳死説からすると，脳死状態の者から本人の明示的な意思がないのに，移植のために心臓を摘出する行為は殺人罪となる。
3　心臓死説からすると，たとえ臓器移植のための臓器の摘出について本人の明示的な同意が存在していも，その摘出行為は（同意）殺人罪を構成することになりうる。
4　臓器移植法は，本人の意思が明らかでない場合でも，遺族が同意したときには移植のために脳死体から臓器を摘出することを認めている。

第35講　情報の保護

問題提起

　携帯電話販売会社の甲店の店長であるAさんは，その店の顧客名簿を持ち出すという条件で，ライバル会社の取締役へつかないかという誘いがあったので，それを了承しました。そこで，Aさんは顧客名簿を持ち出し，ライバル会社に手渡しました。その手段として，次の方法をとった場合，それぞれAさんにどのような責任を問うことができるでしょうか。また，顧客名簿を保管していた販売会社はなんの責任も負わないでしょうか。

(1)　コンピュータに保管されているデータをそのままEメールで送信した場合
(2)　Aさんが管理する棚に保管している顧客名簿の書類をそのままライバル会社に渡した場合
(3)　(2)のファイルを一時的に店外に持ち出し，コンビニでコピーしそれを渡した場合
(4)　本社の顧客データベースに接続し（Aさんは接続権限があります），データを自分のパソコンへダウンロードした場合

point　①　現行法では情報はどのように保護されているのか
　　　　②　個人情報保護のための法的措置は必要であるか
　　　　③　情報窃盗に関する刑法の態度はどのようなものであるか

必要な法知識

1　情報自己決定権

　現代社会は，情報処理技術が発達し，生活のさまざまな分野にまで情報が大きな機能を果たすようになっています。さらに，コンピュータおよび通信技術の急速な発達は，情報の収集と拡散がかつてみられないスピードで行われることになります。このような情報化社会の展開は，情報にかかわる法律に新たな

問題をひき起こすことになります。また，人権の新たな展開を促すことになります。

　かつて**プライバシーの権利**は，不可侵の人格の保護にかかわる権利である「ひとりでいる権利」として理解されていました。これは，暴露記事を扱う新聞・雑誌に対抗する手段として出てきたものです。しかし，時代の進展により，プライバシーの権利は，個人の人格的自律の中核をになうもの，他者とのコミュニケーションにおいて自己の存在に関する情報を開示する権利として理解すべきものとされるようになりました。それにとどまらず，個人の尊厳に基づく個人の人格的自律を維持するためには，自己の情報に関して主体的にコントロールする権利を個人に認めるべきであることになります。これを**情報自己決定権**とよび，ドイツの憲法裁判所は憲法上保障された権利であるとしています。

2　個人情報の法的保護

　情報化社会の特徴は，ある情報について，その持ち主である所有者と情報を保持している管理者ないし所持者が一致しないということがあります。情報の所有者とは，情報内容によって決定されます。例えば，個人情報についてみれば，住民登録によって，市町村役所には登録された住民の生年月日，本籍地などの個人情報が蓄積されていきます。そういった情報の所有者は登録された個人その人でしかありません。しかし，その管理・支配は市町村役所が行っているわけです。このようなことはクレジットカード，携帯電話の申込，サラ金での借金，そのほか社会生活の多様な場面において，みられる現象です。人格権としての情報自己決定権を基礎とする場合，情報の所有者は，他人が管理・支配する自己の情報についてその権利に基づいて適切に扱うべきことを要求できることになります。とりわけ，公的機関の保有する情報については憲法的要請が直接働くため，このことが強く妥当します。たとえば，自己の情報について，誤った内容を公的機関が保有している場合は，その所有者は適切な内容に改めるべきことを要求する権利を有すると解すべきことになります。また，公的機関が保有する自己の情報については，その所有者はその具体的内容を自己に開示すべきこと要求する権利があるといえるでしょう（なお，カルテについては第6講参照）。

したがって，個人の情報コントロールの権利を確保するためには，個人についての情報の取得・収集，利用・伝播(ぱ)，保有の各段階において，法的なコントロールをする必要が出てくることになります。公権力が個人情報を取得・保有・利用する場合については，平成元年に施行された「行政機関の保有する電子計算機処理に係る個人情報の保護に関する法律」が一部規制を行っていますが，不十分なものでしかありません。一番の問題点は，意図的にプライバシーの権利，情報自己決定権を否定して制定されているところにあります。次に，保護の対象となる情報をコンピュータ処理されたものに限定して，保護対象を狭めていることも問題です。また，個人情報の収集・取得に制限をもうけておらず，目的外利用の制限もゆるやかです。

民間事業者に対する個人情報の保護の義務づけという面では，これまで消極的でした。例えば，電気通信事業者などに対する通信秘密の保護などの法的規制があるだけで，あとはわずかの業種における自主規制が行われるにとどまっています。法的規制を民間事業者に行わせることが営業の自由の制約になるという配慮があるのかもしれませんが，表現の自由を扱うマス・メディア以外の業種では，その営業の自由は人格的自律の核心部分に位置する情報自己決定権に譲歩すべきであるといえます。それでも，現行法の枠内においても，企業の保管する個人情報の流出については，企業の管理に問題があったために生じたことが判明した場合，個人のプライバシーの権利を侵害されたとして民法の不法行為責任を追及することは可能です。しかしながら，個人情報のようなプライバシーにかかわるものは，いったん侵害されてしまうとその被害の程度は甚(じん)大で，回復が困難であるといえます。したがって，侵害された後の事後的な修復ではなく，事前の予防を重視すべきであり，企業に対する個人情報保護の義務づけおよびその懈(け)怠に法的措置を講じることは，喫緊の課題であるといえます。

平成12年10月に個人情報保護基本法の制定にむけて「個人情報保護基本法制に関する大綱」が出されました。しかしながら，この大綱においても，プライバシーの権利や情報自己決定権をさけています。個人情報保護の中心的目的がプライバシーの保護にあることを希薄化することは，個人情報保護の名目で不当に国民の権利・自由が制約されることになります。例えば，公的機関の保有

する情報の公開は国民の知る権利に基づく（情報の所有者は，国民主権による以上，国民です）ものですが，個人情報保護を理由にいたずらに公開しないものとすることができるようになります。さらに，医療機関や教育関係の情報について，当該個人への情報内容の開示を制約する姿勢は，上記の観点からみて，はなはだ問題であるといえます。

3 財産的情報の保護

現行法において，財産的情報の保護も十分なものとはいえません。刑法は情報それ自体を保護の客体にしていません。企業秘密については，不正競争防止法2条が営業秘密を保護しているものの，その侵害について処罰はされません。そのほか，無体財産については，著作権法，特許法などにより保護がなされていますが，これらはむしろ公になっている情報の不正使用を防ぐという側面があります。

(1) 刑法における財物の意義と情報

具体的に現行法における財産的情報の保護はどのようになっているのでしょうか。現行刑法は財産犯の客体を「財物」あるいは「物」に限定しています。この**財物の意義**については争いがあります。物という言葉の語義，民法85条との類比を根拠にしてこれを有体物に限定すべきであるという立場（有体性説）と，財産犯は他人の財産の移転に本質があるということから，支配の移転に着目して管理可能なものが財物であるとする立場（管理可能性説）が対立しています。

有体性説によれば，財産的情報は有体性がないためそれ自体財物とはいえません。しかし，情報の化体したもの，企業秘密の書かれた書類，ディスク，フィルムなどは，媒体に有体性があるため，その限度において財物ということができるとします。これに対して，管理可能性説のなかには，情報は物理的な支配可能性がないとしてその財物性を否定する立場もあります。しかし，管理可能性説を徹底するならば，情報はその化体する媒体によって管理可能であるから，財物であるといえます。もっとも，その管理・支配は媒体によってなしうる場合だけを財物にすべきであるとしています。いずれにせよ，情報の化体した媒体を領得する場合には財産犯が成立する可能性があります。

(2) 情報の化体した媒体の領得と財産犯の成否

　刑法では，他人の管理・支配する財物をその意思に反して領得する場合，いわゆる盗取罪（窃盗および強盗）が成立します。他方，被害者の瑕疵ある意思に基づいてこれを領得する場合には交付罪（詐欺および恐喝）が成立します。盗取罪と交付罪をあわせて奪取罪とよびます（財物の支配の移転を伴うもの）。これに対して，他人の管理・支配に属さない財物を領得する場合を横領罪といいます。財産的情報の不正な取得は，これらの犯罪に該当する場合にのみ処罰され，その限度で保護されているといえます。

　判例は，企業秘密を化体した紙（書類）を窃取ないし横領した場合，それをコピーするため一時的に社外に持ち出し，コピー後戻しておいた場合，資料を会社のコピー用紙にコピーしてコピーを持ち出した場合に，財産犯の成立を認めています。これらの事例に共通しているのは，会社の所有にある書類（紙）を領得しているということです。したがって，自分のコピー用紙を用いてコピーした場合，カメラで書類を撮影した場合などに，犯罪の成立を認めることが困難になります。このように同じように情報内容を取得しているのに，一方では犯罪が成立し，他方の場合には犯罪が成立しないという不均衡が生じること，最近では疑問が提起されています。

　このような不均衡が生じるそもそもの原因は，情報それ自体の非移転的な性質にあります。情報を化体した資料が盗まれても，情報そのものは被害者の手元に残っている場合が多いといえます。入学試験の問題用紙を数枚盗まれたとしても，他の試験問題用紙が残されていれば，情報としての試験問題は盗まれたとはいいがたいでしょう。情報はその移転ではなく，コピーによって盗まれることにその特徴があるのです。ところが，財産犯は上でみましたように，被害者の領域から行為者の領域に移転させることをその内容としているのです。ですから，情報の化体した媒体の移転・領得によって財産犯の成立を認めざるをえなくなり，これは現行法の限界であるといえます。立法論的には，情報それ自体を盗む行為を処罰する規定をも受けることが望ましいといえますが，原本を暗記して情報を盗むような行為なども存在することを考慮するならば，無限定に情報窃盗を処罰することは，処罰範囲の不明確な刑罰規定を創出することになり，罪刑法定主義の点から疑念が生じます。厳密で明確な行為態様を確

定することが必要になるでしょう。さらに，特許制度との調整，報道の自由，知る権利との調和など慎重な考慮をすべき点も多いといえます。

(3) 情報の取得と2項犯罪

　刑法は，財産犯の客体として，財物以外にも，財産上の利益を規定しています。もっとも，財産上の利益を取得して処罰されるのは，強盗（236条），詐欺（246条・246条の2），恐喝（249条）に限られています。財物を客体とする財産犯と異なり，財産上の利益を客体とする犯罪（各条文の2項で規定されているため**2項犯罪**と一般にいわれます）では，客体の厳密な移転は要求されていません。ただし，財物の移転に相当する利益の取得が必要であるとされます。被害者に暴行・脅迫をくわえたり，だましたりして情報を取得した場合，被害者のもとにも情報は残ります。そのため，被害者の有する情報の価値が減り，行為者は情報の入手によりいくらかの財産的利得を得ますが，利益の増減関係は厳密に対応しているとはいえません。そのため，被害者の損害と行為者の利得とが厳密に対応すべきであるとするならば，2項犯罪の成立は困難であるといえます。

　なお，背任罪は，他人のために事務を処理する者が本人に損害を加える目的で本人に財産上の損害を加えたときに犯罪の成立を認めています。ですから，移転性は要求されていません。したがって，情報の漏示が当該情報を管理する立場にいる者によってなされ，それにより会社が財産的損害をこうむった場合には，背任罪の成立を認めることができます。

解　決

　Aさんが管理する棚に保管している顧客名簿の書類をそのままライバル会社に渡した場合やそのファイルを一時的に店外に持ち出し，コンビニでコピーしそれを渡した場合のように，会社の書類（顧客情報を化体した紙）を持ち出した場合には現行刑法の枠内で，財産犯の成立を認めることができます。この場合，Aさんは店長としてその店を管理する権限を有していますから，持ち出した顧客名簿を管理・支配していたといえます。したがって，自己の所持する会社の顧客名簿を横領したものとして，横領罪が成立することになります。なお，Aさんは会社の業務の一環として顧客名簿を所持していたものといえますから，

業務上横領罪が成立することになります。もし名簿を持ち出した者がたんなる従業員であった場合には、店長の所持する会社の名簿を領得したものとして、窃盗罪が成立することになります。

これに対して、デジタルデータとしての顧客名簿の取得・複製は、その化体する媒体による移転が存在しない以上、客体を財物に限定している窃盗罪や横領罪の成立を認めることはできません。コンピュータの操作によって取得していますから、人に対する暴行・脅迫・詐欺も存在していません。コンピュータの操作による財産上の利益の取得については、電子計算機使用詐欺罪があります。しかし、Aさんは虚偽の情報や不正な指令を与えたりしてはいませんから、この犯罪も成立しません。ただし、Aさんは店長としてその店の運営を一任されているといえます。そうしますと、背任罪の主体である「他人のためにその事務を処理する者」にあたります。顧客名簿のライバル会社への譲渡が会社に損害を与える結果となった場合には、背任罪の成立を認めることが可能です。

顧客名簿を持ち出された会社は、その個人情報の管理についてなんらかの不備があったときには、名簿に掲載されていた顧客によって不法行為（民法709条）による損害賠償請求を受ける可能性があります。

●関連する条文
　　　刑法　235条・236条・246条・246条の2・247条・249条・252条・253条
　　　不正競争防止法　2条

〈刑法〉
　　第235条（窃盗）
　　　　他人の財物を窃取した者は、窃盗の罪とし、十年以下の懲役に処する。
　　第236条（強盗）
　　　① 暴行又は脅迫を用いて他人の財物を強取した者は、強盗の罪とし、五年以上の有期懲役に処する。
　　　② 前項の方法により、財産上不法の利益を得、又は他人にこれを得させた者も、同項と同様とする。
　　第246条（詐欺）
　　　① 人を欺いて財物を交付させた者は、十年以下の懲役に処する。
　　　② 前項の方法により、財産上不法の利益を得、又は他人にこれを得させた者も、同項と同様とする。
　　第246条の2（電子計算機使用詐欺）
　　　　前条に規定するもののほか、人の事務処理に使用する電子計算機に虚偽の情報若しく

は不正な指令を与えて財産権の得喪若しくは変更に係る不実の電磁的記録を作り, 又は財産権の得喪若しくは変更に係る虚偽の電磁的記録を人の事務処理の用に供して, 財産上不法の利益を得, 又は他人にこれを得させた者は, 十年以下の懲役に処する。

第247条（背任）
　他人のためにその事務を処理する者が, 自己若しくは第三者の利益を図り又は本人に損害を加える目的で, その任務に背く行為をし, 本人に財産上の損害を加えたときは, 五年以下の懲役又は五十万円以下の罰金に処する。

第249条（恐喝）
① 人を恐喝して財物を交付させた者は, 十年以下の懲役に処する。
② 前項の方法により, 財産上不法の利益を得, 又は他人にこれを得させた者も, 同項と同様とする。

第252条（横領）
① 自己の占有する他人の物を横領した者は, 五年以下の懲役に処する。
② 自己の物であっても, 公務所から保管を命ぜられた場合において, これを横領した者も, 前項と同様とする。

第253条（業務上横領）
　業務上自己の占有する他人の物を横領した者は, 十年以下の懲役に処する。

〈不正競争防止法〉

第2条（定義）
　この法律において「不正競争」とは, 次に掲げるものをいう。
（一号ないし三号省略）
四　窃取, 詐欺, 強迫その他の不正の手段により営業秘密を取得する行為（以下「不正取得行為」という。）又は不正取得行為により取得した営業秘密を使用し, 若しくは開示する行為（秘密を保持しつつ特定の者に示すことを含む。以下同じ。）
五　その営業秘密について不正取得行為が介在したことを知って, 若しくは重大な過失により知らないで営業秘密を取得し, 又はその取得した営業秘密を使用し, 若しくは開示する行為
六　その取得した後にその営業秘密について不正取得行為が介在したことを知って, 又は重大な過失により知らないでその取得した営業秘密を使用し, 又は開示する行為
七　営業秘密を保有する事業者（以下「保有者」という。）からその営業秘密を示された場合において, 不正の競業その他の不正の利益を得る目的で, 又はその保有者に損害を加える目的で, その営業秘密を使用し, 又は開示する行為
八　その営業秘密について不正開示行為（前号に規定する場合において同号に規定する目的でその営業秘密を開示する行為又は秘密を守る法律上の義務に違反してその営業秘密を開示する行為をいう。以下同じ。）であること若しくはその営業秘密について不正開示行為が介在したことを知って, 若しくは重大な過失により知らないで営業秘密を取得し, 又はその取得した営業秘密を使用し, 若しくは開示する行為
九　その取得した後にその営業秘密について不正開示行為があったこと若しくはその営業秘密について不正開示行為が介在したことを知って, 又は重大な過失により知らないでその取得した営業秘密を使用し, 又は開示する行為
（10号ないし14号および2項以下省略）

〈練習問題〉

正誤を○×で答えなさい。
1　個人情報保護法は公的機関が保有するすべての個人情報の保護をはかるものである。
2　自分の勤めている会社の営業上の極秘書類を無断で持ち出す行為は犯罪となりうる。
3　会社の営業上の秘密を会社のパソコンで自分のフロッピーディスクにコピーして持ち出す行為は犯罪とならない。
4　現行法では個人情報の保護は不法行為に当たる場合以外ほとんど法的に保護されていない。

第36講　インターネットと刑法

問題提起

　Aさんは，甲放送会社のWWWサーバの管理者へ，サーバの認証コードを調べ，トロイの木馬を含むEメールを送り，管理者がそれを開いたため，認証IDとパスワードを入手することができました。そこで，いたずらごころから，そのIDとパスワードを使用して，そのサーバへ入り，公開されているホームページをわいせつな画像が添付されている自分の作成したものと入れ換えました。Aさんはどのような刑事責任を負うでしょうか。

point　① インターネットにおける不正行為にどのようなものがあるのか
　　　　② 無権限アクセスと不正アクセス禁止法
　　　　③ 現行刑法におけるコンピュータ犯罪の規定
　　　　④ ネットワークにおけるわいせつ画像の配布の問題

必要な法知識

1　インターネットをめぐる不正行為

　インターネットの急速な発展は，私たちの社会生活，ビジネスなどの様相を著しくかえつつあります。それに伴い，ネットワーク上には，適法あるいは合法な活動だけでなく，非合法な活動または不正行為も多発するようになっています。しかしながら，情報処理技術・インターネットの展開が急速であったために，法的対応が遅れがちになっている傾向もみられます。ここでは，まず，ネットワーク上の不正行為にどのようなものがあり，それらについてどのような法規制がなされているのか，概略をみることにします。
　インターネットをめぐる不正行為は大きく分けて，インターネットないしはコンピュータに対する加害行為とインターネットもしくはコンピュータを利用

する加害行為に分けることができます。

(1) インターネット上のコンピュータへの加害行為

もっとも直接的で明確なネットワーク上の不正行為はサービス妨害（Denial of Service）と無権限アクセスです。サービス妨害は，ネットワークに接続されたコンピュータに対して不正規なデータを多量に送出して，その使用を不可能ないし困難にさせるものです。一度に多量のデータを受け取るためその処理が間に合わないため，システムがダウンしてしまうことによります。

無権限アクセスはセキュリティに対する侵害の典型で，自己のアクセスする権限のないデータにアクセスすることをいいます。コンピュータについてしばしば情報処理という言葉が用いられることが示していますように，コンピュータシステムの中核に位置するのがデータです。システムの運用を円滑にすすめるにはデータの正確性（**情報のインテグリティ**といいます）が重要になります。ネットワークにおけるセキュリティが重要であるとよくいわれますが，それはデータに対するセキュリティの確保が重要だということにあります。あるデータについて，それにアクセスする権限のない者がいたずらにアクセスできることは，データの正確性を害し，情報処理の正確性・安全性を害することになりうるからです。無権限アクセスの形態としては，保存されているデータに権限なく（あるいは権限を越えて）アクセスする場合と保存ないし伝送されている暗号化されたデータを権限なく復号化して内容を取得する場合とがあります。

ネットワークにおけるデータの流通・伝送が増大したことにより，コンピュータ・ウィルス等の有害なコードの拡散・頒布も問題になっています。とりわけ1999年のメリッサ・ウィルス以降，Eメールに添付される形態のものが問題になっています。このような有害なコードの作用としては，システムをダウンさせるもの，無権限アクセスを可能にさせるものがあります。

(2) コンピュータ・ネットワークを利用する加害行為

コンピュータあるいはインターネットの発展は，従来の犯罪形態についても，新たな犯行態様をうみだしました。もっとも話題になったのが，ネットワークにおけるわいせつ画像の公開の問題です。そのほかにも，公開されている掲示板への名誉毀損発言の書込み，インターネットによる通信販売あるいはインターネット・オークションにおける詐欺，麻薬等禁制品の販売行為なども最近

では注目されています。ただし，これらの行為は，インターネットという新たな手段ができただけであり，従来の犯罪ととりたてて異なる問題はありません。むしろ，犯罪の国際化，証拠がデジタルデータになるためその収集方法，証明力，証拠能力など訴訟法上の問題が大きくなります。

2 無権限アクセスと不正アクセス禁止法

　無権限アクセスは，自己のアクセス権限がないデータにアクセスすることをいいます。しかし，現行法ではそのすべてが処罰されているわけではありません。2000年2月に施行された不正アクセス禁止法は，ネットワークを通じたコンピュータの利用について個人別の認証が必要な場合に，他人の認証を無断で使用して利用する行為および認証を回避して利用する行為（これを「**不正アクセス**」と法律で定義しています）を禁止し，これを処罰しています。あくまでコンピュータの不正利用に固執している点で，データセキュリティを十分に考慮しない法律となっています。これは法案を作成する段階から「不正アクセス」をサーバへアクセスするための他人の識別情報の詐称であるとしてきたことによります。このような識別情報の詐称を犯罪行為として処罰する根拠は，最終的には，他のネットワークを利用する犯罪の温床になりうるということに求めざるをえません（現在，日本の法律で，犯罪防止のみを処罰の根拠とする犯罪はこれだけでしょう）。言い換えますと，だれがその行為をしているのかがはっきりしない状況を作り出されると，摘発されにくいと考える者が出てきて，犯罪が誘発される上，犯罪が行われた際の捜査が困難になりうるということが処罰の根拠であるといえます。たしかに不正アクセス禁止法はその1条において「電気通信回線を通じて行われる電子計算機に係る犯罪の防止及びアクセス制御機能により実現される電気通信に関する秩序の維持を図り，もって高度情報通信社会の健全な発展に寄与することを目的とする。」としていますが，あくまで犯罪防止による秩序の維持，社会の健全な発展なのであり，情報処理，ネットワークのセキュリティは重要視されていないといえます。

　したがって，ネットワークを通じたコンピュータの利用について権限を有している者が行うセキュリティの侵害および暗号化されたデータの盗取はこの法律の適用を免れることになります。例えば，今後，インターネットを通じた電

子取引が盛んになることが予想されます。電子取引では，クレジットカードの番号や個人情報が暗号化されて伝送されるわけですが，その情報を傍受して独自に解読し，復号したとしても，その行為自体は処罰されません。しかし，これは暗号化されたデータへの無権限のアクセスであり，情報セキュリティをいちじるしく損なうものといえます。他人の識別情報を利用してネットワークを通じたコンピュータの利用をしても，それが保護されるべきデータの入手を含まず，かつその識別情報の本来の持主に付与された権限の範囲内の利用であれば，それほど情報セキュリティを侵害しいてるとはいえないのですから，実質的な侵害の面と処罰の対応が不均衡になっています。立法論的には，データに対する無権限アクセスの処罰が必要であるといえます。

3 サービス妨害・ウィルスの拡散

特定のデータを1つのネットワークサーバに対してその処理能力を越えて送出すると，そのサーバのシステムがダウンすることがあります。そのサーバが業務に使用されているものであれば，これを運営している会社の業務に支障が生じることになります。このような場合，電子計算機損壊等業務妨害罪が成立することになります。この罪は，物理的に電子計算機を損壊する場合だけでなく，不正な指令を与える場合にも成立します。また，業務妨害罪はその成立にげんにその業務を妨害したという結果は必要ではなく，妨害の危険性があればたりるとするのが判例です。ですから，サーバシステムがダウンする危険が生じただけで電子計算機損壊等業務妨害罪が成立するでしょう。

コンピュータ・ウィルスは，本来，感染機能をもつプログラムをいいますが，現在問題とされているのは，発病機能を有しているものです。例えば，ハードディスクを初期化するもの，システムのプログラムを破壊するものなどが典型的なものです。また，ハードディスクから他のハードディスクへ，あるいは，電子メールや他の転送メカニズムを介して自分のコピーを作成するワーム，使用者の意図しない動作をするトロイの木馬も問題になってきます。

メリッサに代表されるようなワームタイプのコードは，その大規模な拡散過程においてネットワークあるいはサーバシステムをダウンさせることになります。このような場合は，やはり上記の電子計算機損壊等業務妨害罪が成立する

ことになります。トロイの木馬は多様なタイプが存在しますが，その侵入によりセキュリティホールを作り出すタイプのものが，近年問題となっています。これは，場合により，上記の不正アクセス禁止法に抵触する場合もありますが，個人認証による利用制限が行われていないコンピュータ（個人がインターネットに接続して使用するものはほとんどこれに該当します）ではなんら犯罪を構成しませんし，その行為によってコンピュータに保存されているデータを不当にコピーしても，法的に問題はないことになります。

　ウィルスやトロイの木馬が，コンピュータのハードディスクを初期化したりあるいはシステムプログラムを破壊し，その起動を不可能にした場合には，それが業務にかかわるものであれば，やはり電子計算機損壊等業務妨害罪が成立します。また，個人の使用するパソコンであっても，その使用を不可能にしたといえます。このような場合，器物損壊罪が成立します。器物損壊罪における損壊とは，たんに物理的な損壊をもたらした場合だけでなく，その物の効用を失わせた場合であるとするのが判例です（最判昭和32年4月4日刑集11巻4号1327頁）。そこで，ハードディスクの初期化やプログラムの破壊により正常なコンピュータの使用ができなくなったわけですから，本罪の成立を認めることができるのです。さらに，ウィルスが公務所の用に供する電磁的記録や権利・義務に関する電磁的記録を消去・破壊した場合には，電磁的記録損壊罪が成立することになります。

4　わいせつデータの頒布

　インターネットの公開サーバにわいせつな画像データを閲覧可能な形で保存した場合，刑法175条の罪が成立するのかどうかということが問題とされています。175条はその客体を「文書，図画その他の物」に限定しているため，まず，そのような画像データがこれに該当するかどうかということが問題となります。つぎに，客体であるとしても，175条所掲のどの行為に該当するのかということが問題になります。下級審の判例はいずれも175条の犯罪の成立を認めています。例えば，会員制パソコンネットを開設し，そのホストコンピュータのハードディスクにわいせつな画像のデータを記録し，アクセスしてきた会員に閲覧させたという事案で，わいせつな画像のデータが記録されているハー

ドディスクそれ自体がわいせつ「図画」であり，アクセスしてきた不特定多数の者にデータをダウンロードさせて再生閲覧させる行為が「陳列」であるという判断が示されています（大阪高判平成11年8月26日判時1692号146頁）。

学説の多数もこのような判決に肯定的な態度を示しています。しかしながら，このような解釈ははなはだ問題が多いものといえます。

まず，1987年の刑法改正時に文書偽造罪・文書毀棄罪にあらたに**電磁的記録**を客体としてとりいれましたが，175条にはいれられませんでした。罪刑法定主義の考えを徹底する立場からは，デジタルデータとしての画像データは「文書，図画その他の物」に含めることは文言の意味，解釈の限界を超えているとして否定的に考えるべきでしょう。これを肯定する立場は，175条の罪が性道徳をみだすことが処罰の根拠であるとする立場から，わいせつな画像を表現できる以上，デジタルデータも通常の写真もその反道徳的な点に異なることはないということを根拠にしているように考えられます。そのような反倫理性を根拠に条文の文言をこえて処罰の範囲を拡張することは問題があります。個人の尊厳を貴重にその人格的な自律を基礎とする現行憲法においては，個人の価値の相違を無視することは許されず，一定の価値観や倫理観から条文の文言を拡張することは許されないといえます。また，画像データを客体に含めるとしても，これを陳列したとするのは妥当ではありません。画像データは通信回線を通じてホストサーバから利用者・閲覧者のパソコンへ取り込まれていますから，これはデータの陳列ではなく，データの頒布です。しかしながら，175条の頒布や販売は物の移転前提にしているといえ，このような解釈は困難であるといえます。

さらに，わいせつな画像のデータを記録したハードディスクである「わいせつ物」を「陳列」したというのも変な解釈です。閲覧者が目にするのは自己のパソコンであり，そこにとりこまれディスプレーに表示された画像です。サーバあるいはそのハードディスクを直接目にすることはないのです。つまり，このような解釈はあまりに擬制的なものといえます。また，このような解釈では，すでにデジタルデータそれ自体を規制している諸外国に対する司法共助において証拠としてわいせつ画像のデータを差押えることはできなくなります。なぜなら，証拠物としてのわいせつ物はあくまでハードディスクですから，これを

証拠物として送付すべきことになるからです。ハードディスクの検証により取り出された画像データはあくまで検証の過程での産物でしかありません。

　なお，いずれの立場にせよ，インターネット上のサーバにデータをアップしただけでただちに陳列であるとするのは妥当ではありません。陳列とは，不特定多数の人の観覧しうる状態におくことですから，データの所在を不特定多数の者が認知しうる状況になければいけないのです。ネットワーク上のサーバのある箇所にデータをおいても，それだけではアクセス可能にはなりません。その所在を周知しないといけないでしょう。あるいは，つねに不特定多数の人がアクセスするところにデータをおくことが必要です。裁判で問題となっている事案が，会員制あるいは多数の者がアクセスするページへのリンクがあったものであるのは，そのかぎりでは妥当といえます。

　このように，インターネットにおけるわいせつ画像の問題は，再度，十分な検討を行い，立法的に解決することが望ましいといえます。なお，児童ポルノに関しては，文言的にあいまいではありますが，一応デジタルデータを客体にふくめています（児童買春児童ポルノ処罰法）。

5　著作権問題

　情報技術の発展は，従来の媒体を離れたデータのみの流通・頒布を可能にしています。そのため，プログラムや音楽の複製について，その使用権限を超えて行われ，著作権をおびやかす事態が生じてきました。とくに，音楽CDをもとにmp3（Mpeg1 Layer-3）というファイル形式により比較的音質の劣化をともなわずに，簡単にデジタルデータにすることができるようになりました。それにともない，CDからとりこんだ音楽の無制限な配布が問題にされています。とくにNapsterやGnutellaといった音楽データの検索・ダウンロードのプログラムの出現により問題が一層大きくなっています。

　ただ，現行の著作権法は私的使用については無制限に許容していますから，私的使用としての複製とそうでない複製の限界をどこにもとめるかは難しい問題であるといえます。今後，デジタルデータでの著作物の増大が考えられる以上，従来の有体物という媒体を基礎にした現行法はもはや限界にあり，デジタルデータに対応した新たな法的枠組みを構築する必要があるといえましょう。

解　決

　Aさんが認証コードを調べてAさんに送るトロイの木馬を使用したことについては，現行法上，犯罪を構成することはありません。しかしながら，そのようにして取得した認証コードによって，放送局の運営するサーバに侵入したことは，不正アクセス禁止法における不正アクセス行為に該当します。

　公開されているホームページを改ざんして，わいせつな画像を張りつけたことは，判例の立場からすると，わいせつ物陳列罪と業務妨害罪に該当します。業務妨害罪は，円滑な業務遂行を阻害する危険があれば成立しますから，わいせつ画像のはりつけにより，ホームページの運営が阻害された場合，本罪が成立することになります。

●関連する条文

　　　刑法　　7条の2・161条の2・175条・234条の2・246条の2・258条・259条
　　　児童買春，児童ポルノに係る行為等の処罰及び児童の保護等に関する法律
　　　　2条
　　　不正アクセス行為の禁止等に関する法律（不正アクセス）　3条・4条
　　　著作権法　30条

〈刑法〉
　第7条の2
　　　この法律において「電磁的記録」とは，電子的方式，磁気的方式その他人の知覚によっては認識することができない方式で作られる記録であって，電子計算機による情報処理の用に供されるものをいう
　第161条の2（電磁的記録不正作出及び供用）
　　①　人の事務処理を誤らせる目的で，その事務処理の用に供する権利，義務又は事実証明に関する電磁的記録を不正に作った者は，五年以下の懲役又は五十万円以下の罰金に処する。
　　②　前項の罪が公務所又は公務員により作られるべき電磁的記録に係るときは，十年以下の懲役又は百万円以下の罰金に処する。
　　③　不正に作られた権利，義務又は事実証明に関する電磁的記録を，第一項の目的で，人の事務処理の用に供した者は，その電磁的記録を不正に作った者と同一の刑に処する。
　　④　前項の罪の未遂は，罰する。
　第175条（わいせつ物頒布等）
　　　わいせつな文書，図画その他の物を頒布し，販売し，又は公然と陳列した者は，二年以下の懲役又は二百五十万円以下の罰金若しくは科料に処する。販売の目的でこれらの物を所持した者も，同様とする。
　第234条の2（電子計算機損壊等業務妨害）

人の業務に使用する電子計算機若しくはその用に供する電磁的記録を損壊し，若しくは人の業務に使用する電子計算機に虚偽の情報若しくは不正な指令を与え，又はその他の方法により，電子計算機に使用目的に沿うべき動作をさせず，又は使用目的に反する動作をさせて，人の業務を妨害した者は，五年以下の懲役又は百万円以下の罰金に処する。

第246条の2（電子計算機使用詐欺）

前条に規定するもののほか，人の事務処理に使用する電子計算機に虚偽の情報若しくは不正な指令を与えて財産権の得喪若しくは変更に係る不実の電磁的記録を作り，又は財産権の得喪若しくは変更に係る虚偽の電磁的記録を人の事務処理の用に供して，財産上不法の利益を得，又は他人にこれを得させた者は，十年以下の懲役に処する。

第258条（公用文書等毀棄）

公務所の用に供する文書又は電磁的記録を毀棄した者は，三月以上七年以下の懲役に処する。

第259条（私用文書等毀棄）

権利又は義務に関する他人の文書又は電磁的記録を毀棄した者は，五年以下の懲役に処する。

〈児童買春，児童ポルノに係る行為等の処罰及び児童の保護等に関する法律〉

第2条（定義）

（1項および2項省略）

③ この法律において「児童ポルノ」とは，写真，ビデオテープその他の物であって，次の各号のいずれかに該当するものをいう。

　一　児童を相手方とする又は児童による性交又は性交類似行為に係る児童の姿態を視覚により認識することができる方法により描写したもの

　二　他人が児童の性器等を触る行為又は児童が他人の性器等を触る行為に係る児童の姿態であって性欲を興奮させ又は刺激するものを視覚により認識することができる方法により描写したもの

　三　衣服の全部又は一部を着けない児童の姿態であって性欲を興奮させ又は刺激するものを視覚により認識することができる方法により描写したもの

〈不正アクセス行為の禁止等に関する法律〉

第3条（不正アクセス行為の禁止）

① 何人も，不正アクセス行為をしてはならない。

② 前項に規定する不正アクセス行為とは，次の各号の一に該当する行為をいう。

　一　アクセス制御機能を有する特定電子計算機に電気通信回線を通じて当該アクセス制御機能に係る他人の識別符号を入力して当該特定電子計算機を作動させ，当該アクセス制御機能により制限されている特定利用をし得る状態にさせる行為（当該アクセス制御機能を付加したアクセス管理者がするもの及び当該アクセス管理者又は当該識別符号に係る利用権者の承諾を得てするものを除く。）

　二　アクセス制御機能を有する特定電子計算機に電気通信回線を通じて当該アクセス制御機能による特定利用の制限を免れることができる情報（識別符号であるものを除く。）又は指令を入力して当該特定電子計算機を作動させ，その制限されている特定利用をし得る状態にさせる行為（当該アクセス制御機能を付加したアクセス管理者がするもの及び当該アクセス管理者の承諾を得てするものを除く。次号において

同じ。）
三　電気通信回線を介して接続された他の特定電子計算機が有するアクセス制御機能によりその特定利用を制限されている特定電子計算機に電気通信回線を通じてその制限を免れることができる情報又は指令を入力して当該特定電子計算機を作動させ，その制限されている特定利用をし得る状態にさせる行為

第4条（不正アクセス行為を助長する行為の禁止）

何人も，アクセス制御機能に係る他人の識別符号を，その識別符号がどの特定電子計算機の特定利用に係るものであるかを明らかにして，又はこれを知っている者の求めに応じて，当該アクセス制御機能に係るアクセス管理者及び当該識別符号に係る利用権者以外の者に提供してはならない。ただし，当該アクセス管理者がする場合又は当該アクセス管理者若しくは当該利用権者の承諾を得てする場合は，この限りでない。

〈著作権法〉

第30条（私的使用のための複製）

著作権の目的となつている著作物（以下この款において単に「著作物」という。）は，個人的に又は家庭内その他これに準ずる限られた範囲内において使用すること（以下「私的使用」という。）を目的とするときは，次に掲げる場合を除き，その使用する者が複製することができる。

（一号略）

二　技術的保護手段の回避（技術的保護手段に用いられている信号の除去又は改変（記録又は送信の方式の変換に伴う技術的な制約による除去又は改変を除く。）を行うことにより，当該技術的保護手段によつて防止される行為を可能とし，又は当該技術的保護手段によつて抑止される行為の結果に障害を生じないようにすることをいう。第百二十条の二第一号及び第二号において同じ。）により可能となり，又はその結果に障害が生じないようになつた複製を，その事実を知りながら行う場合

〈練習問題〉

正誤を○×で答えなさい。

1　ハードディスクを初期化する機能を有するウィルスを他人のパソコンに侵入させ，その発病により，コンピュータの使用が不能になったときは，器物損壊罪が成立する。

2　わいせつな画像のデジタルデータをインターネットのサーバに不特定多数人の観覧しうる態様で蔵置した場合，わいせつ物陳列罪となりうる。

3　他人のパソコン内に記録されているデータを無断でネットワークを通じてコピーしたとしても，個人認証によるアクセス制限がない限り，不正アクセス行為として処罰されない。

4　現実に業務を妨害しなくても，業務の円滑な遂行の危険があれば，業務妨害罪が成立しうる。

解 答

Ⅰ 第1講　答　1（×）　2（×）　3（×）　4（×）
Ⅱ 第2講　答　1（×）　2（×）　3（×）　4（○）
　 第3講　答　1（×）　2（×）　3（×）　4（○）　5（○）
　 第4講　答　1（×）　2（×）　3（×）　4（×）
　 第5講　答　1（○）　2（×）　3（×）
　 第6講　答　1（×）　2（○）　3（×）　4（×）
　 第7講　答　1（×）　2（○）　3（×）　4（×）　5（×）
　 第8講　答　1（○）　2（○）　3（○）
　 第9講　──
　 第10講　答　1（○）　2（×）　3（×）
　 第11講　──
　 第12講　──
　 第13講　答　1（×）　2（×）　3（○）
Ⅲ 第14講　答　1（○）　2（×）　3（○）　4（○）　5（×）
　 第15講　答　1（×）　2（×）　3（○）　4（○）　5（×）
　 第16講　答　1（○）　2（○）　3（×）　4（×）　5（×）
　 第17講　答　1（×）　2（×）　3（○）
　 第18講　答　1（×）　2（○）　3（×）
Ⅳ 第19講　答　1（×）　2（○）　3（○）　4（○）
　 第20講　答　1（○）　2（○）　3（×）　4（○）
　 第21講　答　1（○）　2（×）　3（×）　4（○）
　 第22講　──
　 第23講　答　1（○）　2（×）　3（×）　4（×）
　 第24講　答　1（×）　2（○）　3（×）　4（○）
　 第25講　答　1（○）　2（×）　3（○）　4（○）
　 第26講　答　1（○）　2（○）　3（×）　4（○）
　 第27講　答　1（×）　2（○）　3（×）　4（○）

解答

	第28講	答	1	(○)	2	(×)	3	(×)	4	(×)
	第29講	答	1	(×)	2	(×)	3	(○)	4	(○)
V	第30講	答	1	(×)	2	(×)	3	(○)	4	(○)
	第31講	答	1	(×)	2	(○)	3	(○)	4	(○)
	第32講	答	1	(×)	2	(○)	3	(×)	4	(○)
	第33講	答	1	(×)	2	(×)	3	(○)	4	(×)

※ この事件は，意識喪失状態の患者の家族，とくに長男の脅迫的な要請によって，心臓停止効果のある薬剤が投与されたものですから，厳密には安楽死の事案ではありません。

第34講	答	1	(○)	2	(×)	3	(○)	4	(×)
第35講	答	1	(×)	2	(○)	3	(○)	4	(○)
第36講	答	1	(○)	2	(○)	3	(○)	4	(○)

事項索引

あ行

- 新しい人権 …… 156
- 安楽死 …… 254
- 違憲立法審査権 …… 141
- 遺言 …… 113
- 遺産分割 …… 113
- 意思能力 …… 119
- 慰謝料 …… 33
- 違法収集証拠の排除 …… 229
- 違法性 …… 31
- 違法性阻却事由 …… 31
- 遺留分 …… 112
- 医療過失 …… 36
- 因果関係 …… 32
- インターネット犯罪 …… 278
- インフォームド・コンセント …… 28, 252
- 疑わしきは被告人の利益に …… 228
- 産まない自由 …… 198
- 産む自由 …… 197
- 売主（買主）の義務 …… 62
- 営業の自由 …… 181
- ADR …… 25
- 親子関係 …… 106

か行

- 解雇 …… 89
- 外国人 …… 159
- 解雇権濫用法理 …… 91
- 介護サービス計画（ケアプラン） …… 128
- 介護保険法 …… 127
- 隔絶地遺言 …… 115
- 学問の自由 …… 176
- 貸金業の規制に関する法 …… 45
- 過失 …… 30
- 過失責任主義 …… 30
- 過失相殺 …… 33
- 家庭裁判所 …… 22
- 株式 …… 81
  - ——の引受価額 …… 76
- 株式会社 …… 76
- 株主 …… 82
- 株主平等の原則 …… 85
- 簡易裁判所 …… 22
- 慣習 …… 7
- 間接適用説 …… 177
- 危急時遺言 …… 115
- 帰責事由 …… 16
- 既判力 …… 24
- 基本的人権の構造 …… 157
- 教育を受ける権利 …… 203
- 強制競売 …… 26
- 強迫 …… 11
- 業務 …… 37
- 居住・移転の自由 …… 180
- 緊急避難 …… 31
- 金銭消費貸借契約 …… 43
- 具体的権利説 …… 204
- 国親思想 …… 245
- クーリング・オフ …… 12
- 形式的意味の憲法 …… 138
- 刑事訴訟 …… 21
- 刑法の機能 …… 235
- 契約 …… 10
- 契約自由の原則 …… 56
- 厳格な合理性 …… 182
- 憲法十七条 …… 137
- 憲法の種類 …… 141

290　事項索引

権利侵害 …………………… 30
権利の濫用 ………………… 91
故　意 ……………………… 30
合意解約 …………………… 92
行為規範 …………………… 2
公共の福祉による制限 …… 183
後　見 …………………… 122
合憲限定解釈 ………… 230, 237
後国家的権利 …………… 155
公　示 …………………… 123
合資会社 ………………… 75
皇室外交 ………………… 220
公職選挙法 ……………… 213
公正証書遺言 …………… 114
交戦権の放棄 …………… 146
高等裁判所 ……………… 22
幸福追求権 ……………… 189
公　法 …………………… 7
合名会社 ………………… 75
合理性の基準 …………… 182
国事行為 ………………… 218
個人情報 ………………… 269
個人の尊厳 ……………… 226
国家からの自由 ………… 203
国家による自由 ………… 204
国家賠償請求権 ………… 184
固有性 …………………… 154
雇傭契約 ………………… 88
雇用保険 ………………… 93
婚　姻 …………………… 99
婚姻障害 ………………… 99
コンピュータ・ウィルス …… 280

さ行

罪刑法定主義 …………… 229
最高裁判所 ……………… 22
最高法規性 ……………… 140
財産権の保障 …………… 180

財産的損害 ……………… 32
在宅サービス …………… 129
裁判規範 ………………… 2
財　物 …………………… 271
債務不履行 …………… 12, 16
債務不履行責任 ………… 37
詐　欺 …………………… 11
参政権 …………………… 210
三兆候説 ………………… 264
自己決定権 ………… 194, 238
自己破産 ………………… 46
辞　職 …………………… 92
私人間効力 ……………… 177
思想・良心の自由 ……… 172
質　権 …………………… 52
執行力 …………………… 25
実質的意味の憲法 ……… 138
実体の真実主義 ………… 227
私的自治の原則 ……… 11, 119
死ぬ権利 ………………… 254
実親子関係 ……………… 106
自筆証書遺言 …………… 114
私　法 …………………… 7
資本の三原則 …………… 84
社会権 …………………… 156
社会法 …………………… 7
社会保険 ………………… 128
自由権 …………………… 156
授権規範性 ……………… 140
出生前診断 ……………… 196
準　正 …………………… 109
障害者の人権 …………… 199
消極目的規制 …………… 181
肖像権 …………………… 190
承　諾 …………………… 10
象徴天皇制 ……………… 217
少年審判 ………………… 247
少年非行 ………………… 242

消費税	167	全件送致主義	246
情報自己決定権	269	前国家的権利	155
条　理	7	戦争・武力の放棄	145
職業選択の自由	180	戦力の不保持	146
女性の自己決定権	196	臓器移植	264
所得税	167	臓器移植法	265
所有と経営の分離	82	捜　査	227
信教の自由	172	相　殺	52
人工授精	105	相　続	111
新戸籍	100	相続人	112
人身の自由	226	相続分	112
心臓死説	263	相対的平等	165
人的担保	49	相当因果関係説	32
信頼の原則	39	租　税	162
推定的同意	253	租税公平主義	163
政教分離の原則	173	租税法律主義	163
制限規範性	140	損害賠償	32
精神活動の自由	171	損害賠償請求権	34
精神的損害	32	尊厳死	257
生存権	203		
生存権保障	206	**た行**	
生活保護	205	体外受精	105
制定法	7	大学の自治	176
性転換の自由	195	第9条の解釈	145
正当行為	38, 251	代襲相続人	112
正当事由	68	退　職	92
正当な保障	184	退職勧奨	92
正当防衛	31	建物買取請求権	68
性と生殖の自由	195	堕落する自由	239
成年後見制度	131	単独行為	113
成年後見登記制度	123	地域福祉権利擁護事業	131
成文法主義	7	地上権	65
整理解雇	91	地方裁判所	22
責任能力	31	嫡出推定	106
積極目的規制	181	抽象的権利説	204
絶対的平等	165	調査前置主義	246
選挙権	211	調停前置主義	101
——の五原則	212	著作権	283

治療行為 …………………………… 251
賃借権 ……………………………… 67, 65
定期借地権 ………………………… 69
定着物 ……………………………… 59
抵当権 ……………………………… 50
手付 ………………………………… 61
デュー・プロセス（適正手続）…… 226
典型契約（有名契約）……………… 57
電子計算機損壊等業務妨害罪 …… 280
電磁的記録 ………………………… 282
天　皇 ……………………………… 158
　──の公的行為 ………………… 219
　──の私的行為 ………………… 219
動　産 ……………………………… 59
到達主義 …………………………… 58
特別養護老人ホーム ……………… 130

な行

内閣の助言と承認 ………………… 219
二元説 ……………………………… 211
２項犯罪 …………………………… 273
二重の基準論 ……………………… 175
任意後見制度 ……………………… 122
根抵当権 …………………………… 51
脳　死 ……………………………… 261
脳死説 ……………………………… 263

は行

売買の予約 ………………………… 60
発信主義 …………………………… 58
判　決 ……………………………… 24
判例法主義 ………………………… 8
非行少年 …………………………… 243
被選挙権 …………………………… 211
非嫡出子 …………………………… 108
非典型契約（無名契約）…………… 58
人の終期 …………………………… 262
非犯罪化 …………………………… 238

秘密証書遺言 ……………………… 115
表現の自由 ………………………… 174
夫婦別産制 ………………………… 101
不可侵性 …………………………… 154
不完全履行 ………………………… 12, 17
複　利 ……………………………… 44
不正アクセス ……………………… 279
普通担保 …………………………… 49
物的担保 …………………………… 49
不動産 ……………………………… 59
普遍性 ……………………………… 154
不法行為 …………………………… 29, 37
プライバシー権 …………………… 188, 269
プログラム規定説 ………………… 204
平和主義 …………………………… 144
法　益 ……………………………… 235
法　人 ……………………………… 158
法定後見制度 ……………………… 120
法定相続分 ………………………… 112
法による国家強制 ………………… 4
法の下の平等 ……………………… 165
法律主義 …………………………… 229
保護観察 …………………………… 248
保護処分 …………………………… 247
保護性 ……………………………… 246
保　佐 ……………………………… 121
補　助 ……………………………… 120
保証人 ……………………………… 49
母体保護法 ………………………… 199

ま行

未成年者 …………………………… 159
民事執行 …………………………… 26
民事訴訟 …………………………… 21
無限責任社員 ……………………… 75
無罪の推定 ………………………… 228
明確性の原則 ……………………… 230
申　込 ……………………………… 10

や行

有限会社 …………………………… *76*
有限責任 …………………………… *82*
有限責任社員 ……………………… *75*
許された危険の法理 ……………… *39*
養親子関係 ………………………… *106*
要介護状態 ………………………… *127*
要介護認定 ………………………… *128*
要式行為 …………………………… *113*
予告手当 …………………………… *90*

ら行

履行遅滞 ………………………… *12, 16*
履行不能 ………………………… *12, 17*

離 婚 ……………………………… *101*
離婚制度 …………………………… *101*
利息制限法 ………………………… *44*
立憲的意味の憲法 ………………… *138*
累進税率 …………………………… *167*
令状主義 …………………………… *228*
連帯保証 …………………………… *50*
労働基準法 ………………………… *89*
労働基本権 ………………………… *208*
労働組合法 ………………………… *89*
労働三権 …………………………… *203*

わ行

ワイマール憲法 …………………… *204*

プレビュー 法　学

2001年5月10日　第1版第1刷発行
2003年4月5日　第1版第2刷発行
2003年12月24日　第1版第3刷発行

Ⓒ著者　中　村　昌　美
　　　　村　田　　　彰
　　　　石　井　徹　哉
　　　　増　田　英　敏
　　　　石　田　道　彦
　　　　松　浦　千　誉
　　　　松　村　比奈子

発行　不　磨　書　房
〒113-0033 東京都文京区本郷 6-2-9-302
TEL 03-3813-7199／FAX 03-3813-7104

発売　㈱信　山　社
〒113-0033 東京都文京区本郷 6-2-9-102
TEL 03-3818-1019／FAX 03-3818-0344

制作：編集工房INABA　　　印刷・製本／松澤印刷
2003, Printed in Japan

ISBN4-7972-9071-4 C3332

不磨書房

戒能民江 著（お茶の水女子大学教授）　　山川菊栄賞受賞
ドメスティック・バイオレンス
本体 3,200 円（税別）

導入対話による **ジェンダー法学**　浅倉むつ子監修（東京都立大学教授）
戒能民江・阿部浩己・武田万里子ほか　　9268-7　■ 2,400 円（税別）

キャサリン・マッキノン／ポルノ・買春問題研究会編
マッキノンと語る　◆ポルノグラフィと売買春
性差別と人権侵害、その闘いと実践の中から　9064-1　四六変　■ 1,500 円（税別）

横田洋三著（中央大学教授／国連大学学長特別顧問）
日本の人権／世界の人権
9299-7　四六変　■ 1,600 円（税別）

◆女性執筆陣による法学へのいざない◆
Invitation 法学入門 【新版】
9082-x　■ 2,800 円（税別）
岡上雅美（新潟大学）／門広乃里子（実践女子大学）／船尾章子（神戸市立外国語大学）
降矢順子（玉川大学）／松田聰子（桃山学院大学）／田村陽子（山形大学）

これからの 家族の法 （2分冊）　奥山恭子 著（帝京大学助教授）
　1　親族法編　9233-4　　2　相続法編　9296-2　　■各巻 1,600 円（税別）

法学校義〔第2版〕　新里光代 編著（北海道教育大学名誉教授）
篠田優（北海道教育大学旭川校）／浅利祐一（同釧路校）／寺島壽一（同札幌校）
永盛恒男（函館大学）／土井勝久（札幌大学）　9086-2　■ 2,600 円（税別）

◆　市民カレッジ　シリーズ　◆
1　知っておきたい **市民社会の法**　金子晃（慶應義塾大学名誉教授）編　■ 2,400 円（税別）
2　市民社会における **紛争解決と法**　宗田親彦（弁護士）編　■ 2,500 円（税別）
3　市民社会における **行 政 と 法**　園部逸夫（弁護士）編　■ 2,400 円（税別）
4　市民社会と **公　益　学**　小松隆二・公益学研究会 編■ 2,500 円（税別）